백유경 이야기

오심 스님 지음

1판 2쇄 발행 | 2012. 3. 15

발행처 | Human & Books
발행인 | 하응백
기　획 | 법안
출판등록 | 2002년 6월 5일 제2002-113호

서울특별시 종로구 경운동 88 수운회관 1009호
기획 홍보부 02-6327-3535, 편집부 02-6327-3537, 팩시밀리 02-6327-5353
이메일 | hbooks@empal.com

값은 뒤표지에 있습니다.

ISBN 978 - 89 - 6078 - 057 - 6　03320

인간의 어리석음을 깨우쳐 주는 부처님 말씀

백유경 이야기

| 오심 스님 지음 |

Human & Books

□ 백유경을 펴내면서

웃으면서 깨닫는 삶의 지혜

지난 6개월 동안 불교 TV에서 《백유경》을 강의하면서 사람들에게 한결같이 들은 이야기가 있습니다.
"어쩜 이렇게 어리석은 사람들이 있을 수가 있을까요?"
《백유경》에 나오는 주인공들은 대개 자신이 처한 상황을 극단적으로 밖에 보지 못하는 인물들입니다. 자신의 욕심을 다스리지 못해 수렁에 빠지는 사람, 사리 분별력이 없어 옳고 그름을 가리지 못하는 사람, 상대를 몹시 미워하는 사람 등등 모두가 어리석은 사람들 뿐입니다.
이렇듯 주위 환경에 대해 적응하지 못하고 눈앞 상황에만 눈이 멀어 자신들의 주장만 고지식하게 펼치는 사람들이 이 《백유경》이라는 무대에 옹기종기 모여 있습니다. 그런데 더욱 재미있는 건 이 경전을 읽고 있는 오늘날의 사람들이, 자신들의 모습이라는 걸 새까맣게 모르고 오히려 "어리석다"라며 주인공들을 비웃고 있다는 점입니다. 마치 거울을 서로 맞닿아 비춰보면 거울 속에는 끊임없이 상대편 거울에 반사되어 상(相)이 투영되고 있는데, 그 모습이 자신의 모습이 아닌 것처럼 말입니다.

《백유경》의 무대는 우리가 살고 있는 이 세상이며 여기서부터 성찰은 시작되어야 합니다. 내 부모 형제가 주인공일 수 있고, 내 이웃과 직장 상사, 친구 그리고 내가 주인공일 수 있습니다.

대부분 불교 경전이 엄숙하고 진중하여 일반인들은 쉽게 접근할 수 없습니다. 이에반해, 이 경전은 자신이 하는 행동이 잘못인지조차 모르는 사람들에게 직접 지적하기보다는 해학과 유머로써 삶의 지혜를 가르치고 있습니다.

《백유경》을 처음 읽을 때는 대부분 세 가지 느낌 변화를 경험하게 됩니다. 첫 번째, '어쩜 이렇게 어리석은 사람이 있을 수 있을까?' 하며 상대방을 측은지심(惻隱之心)으로 생각하고, 두 번째, '혹시 나는 이 주인공처럼 어리석은 짓을 행한 적은 없나?' 하며 주인공과 자신을 역지사지(易地思之)하게 됩니다. 마지막으로 '나도 어리석은 일을 한 적이 있구나. 다음부터는 그러지 말아야지.' 하는 자아 반성(自我 反省)을 하게 됩니다.

《백유경》은 5세기 인도의 상가세나(Saghasena 僧伽斯那) 스님이 일반 대중들에게 불교적 깨우침을 주고자 100개의 이야기로 지었으나 오늘날에는 98개의 짤막한 교훈적 우화들만 전해 내려 오고 있습니다.

하지만 불교 TV에서는 선재동자가 53분의 선지식을 찾아가는 과정처럼 거기에 의미를 두고, 또한 오늘의 실상에 맞는 이야기만을 간추려 53가지만 강의를 했습니다.

세상에는 각양각색의 사람들이 살고 있습니다. 부처님은 진리의 가르침을 중생들에게 펼칠 때도 그에 맞게 적절하게 설법을 펼쳤는데 어떤 때는 호랑이가 되기도 하고, 어떤 때는 자애로운 어머니가 되고, 친구가 되기도 하셨습니다. 즉, 채찍과 당근을 적절히 잘 사용하셨습니다.

《백유경》은 21세기에 살고 있는 우리들에게 많은 교훈들을 던져주고 있습니다. 마치 아이가 잘못을 했을 때는 회초리로 때리기보다는 사탕을 주듯 달랩니다. 때로는 언중유골(言中有骨) 같은 가르침으로 불자들에게 많은 진리를 깨닫게 합니다. 말하자면 이 속에는 출가자나 세속인을 막론하고 누구나 쉽게 불교의 진수를 맛볼 수 있는 해학과 위트가 살아 있습니다. 그러므로 《백유경》은 진실에 입각한 불교 경전입니다.

더욱이 일천 오백년 전에 지은 경전이라고는 믿기지 않을 정도로 그 비유가 매우 독특하여 상가세나 스님의 지혜가 곳곳마다 살아 번득이고 있습니다. 각 이야기의 전개 방식은 인도 논리학과 같은 5단 논법이나 일반적으로 쓰이는 3단 논법을 사용한 게 아니라 단순한 2단 논법, 즉 먼저 비유를 먼저 들고 나서 이를 불교의 교리내용 중에서 발췌하여 보여주는 형식으로 아주 간단하게 구성되어 있어 읽기가 쉽습니다. 하지만 삶의 지혜는 어떤 책보다 깊고 넓습니다.

부처님 말씀은 팔만사천경으로 표현해도 부족합니다. 부처님이 그 많은 경전 속에서 우리 중생들에게 가르치신 요지는 정견(正見)을 가지고 정직하게 살라는 데에 있기 때문입니다.

오늘날 많은 사람들은 불교 교리를 실제 생활과 동떨어진 것으로 생각하는 경향이 많으며 또 불교를 처음 접하는 사람들은 불교를 매우 어려운 것이라고 오해하거나, 그저 기복 신앙정도로 왜곡하기도 합니다. 이것은 불교가 마음의 종교이며 지혜의 종교이며 철학적 종교임을 모르기 때문에 빚어진 형상입니다. 《백유경》은 이러한 사실을 잘 설명하고 있습니다.

불교는 생활 속에서 우리와 함께 숨쉬고 있습니다. 다만 등잔 밑이 어둡듯이, 공기가 눈에 보이지 않아도 우리를 존재하게 하듯이, 부처님의 진리는 우리 생활 속에 영원히 흐르고 있습니다.

자! 그럼 진리의 보물섬이 그려진 《백유경》이라는 지도를 펼쳐 지혜 여행을 시작해 보겠습니다.

불기 2552년 섣달 달빛고을적 월봉사에서
오심 합장

차례

4 • 백유경을 펴내면서

13 • 어리석은 상인들의 항해
19 • 삼층 누각
28 • 제 자식을 죽인 바라문
34 • 석밀장을 달이는 사람
41 • 자신의 허물을 못 보는 사람
48 • 농사를 망친 사람
54 • 부인의 코를 자른 남편
61 • 이백 리 길을 일백 리로 줄여준 임금
68 • 왕의 행동을 흉내낸 신하
74 • 반 푼의 빚과 네 냥의 손해
81 • 선인(仙人)을 보고 활을 쏜 아버지
91 • 아버지와 아들의 약속

물에 금을 그은 사람 ● 98
나무통에게 화낸 어리석은 사람 ● 106
금족제비와 독사 ● 115
거울 속의 자기(自己) ● 121
매 맞는 계집종 ● 129
서른여섯 개의 상자를 짊어진 신하 ● 136
물속의 금 그림자 ● 142
가짜 귀신에 놀란 사람들 ● 150
말로만 배를 잘 운전하는 사람 ● 156
발로 장자의 입을 찬 하인 ● 163
떡 하나 때문에 도둑맞은 부부 ● 171
낙타와 독을 모두 잃은 사람 ● 177
남을 해치려다 손해 본 사람 ● 185
음식을 급히 먹는 남편 ● 191

- 198 • 공주를 사모한 농부
- 205 • 엉뚱한 약을 먹은 사람
- 213 • 꿩 한 마리만 먹은 환자
- 219 • 말하는 원앙새
- 227 • 어떤 왕의 어리석음
- 234 • 말똥을 상체에 바른 사람
- 240 • 옹기장이 대신 나귀를 사 온 제자
- 247 • 과일을 일일이 맛보고 사는 사람
- 254 • 나무를 베어 버린 사람
- 262 • 대머리로 고민한 의사
- 267 • 두 귀신의 다툼
- 276 • 대문과 나귀와 밧줄만 지킨 하인
- 285 • 소를 훔친 사람
- 293 • 털 한 줌을 놓고 다툰 어린 아이

왕의 거짓말 • 302
스승의 다리를 부러뜨린 두 제자 • 309
뱀의 머리와 꼬리가 서로 다툰 이야기 • 315
재산을 둘로 나눈 형제 • 321
소금의 맛 • 330
말라버린 소젖 • 336
배에 맞아 상처 난 이야기 • 343
거짓으로 죽은 아내 • 351
목마른 사람의 어리석음 • 360
두 아들을 죽인 아버지 • 368
재물 때문에 형이라고 부른 남자 • 376
스스로 붙잡힌 도적 • 384
아들의 자랑 • 391

어리석은 상인들의 항해

 어떤 상인들이 큰 바다를 항해하게 되었습니다. 그러나 먼 바다를 항해하기 위해서는 반드시 바다 길을 잘 아는 길잡이가 필요했습니다.

 그래서 그들은 수소문 끝에 길잡이를 구하였습니다. 길잡이를 따라 바다로 나가는 도중에 어떤 섬에 내려 쉬게 되었는데 그곳에는 한 제사장이 있었습니다. 그는 천신(天神)을 모시고 제사를 지내는 사람이었습니다.

 상인들은 그에게 물었습니다.

 "어찌하면 무사히 먼 바다를 항해할 수 있겠습니까?"

 "천신에게 사람을 죽여 제사를 지낸 뒤에야 무사히 항해를 할 수 있습니다."

 상인들은 제사장의 말을 듣고 의논하였습니다.

 "우리는 모두 친한 친구들이다. 어떻게 죽일 수 있겠는가. 생각해보니

저 길잡이가 제물에 적당하다."

그리하여 상인들은 곧 길잡이를 죽여서 제사를 지내게 되었습니다. 그런데 제사를 마친 상인들은 항해 길을 몰라 헤매다가 끝내는 지쳐서 죽고 말았습니다.

인생은 고행의 바다, 좋은 도반을 만나라

부처님은 인생을 두고 '고행(苦行)의 바다'라고 하셨습니다. 또한 "인간의 육신은 배와 같고 감정은 물과 같아, 물이 배를 뒤집고 가라앉힐 수 있듯 인간의 감정 또한 능히 자신의 육신(肉身)을 해칠 수 있기 때문에 몸과 마음을 조화롭게 해야만 평안을 구할 수가 있다"고 하셨습니다.

요즘 우리는 심심찮게 유명인의 자살 사건을 대합니다. 물론 오죽하면 자살을 선택했겠나 하는 생각이 들지만 실로 안타까운 일이 아닐 수 없습니다. 이를 불교적 관점에서 보면 자살도 '살생(殺生)의 악업(惡業)'을 짓는 일입니다. 말하자면 자살도 타살이라는 말씀입니다. 그들이 일찍 부처님의 법을 만나 마음의 평안을 구했다면 그러한 극단적인 선택을 하지 않았을지도 모른다는 생각이 들었습니다.

인생의 험난한 항해를 접고 사람이 스스로 목숨을 끊는 것은 제

몸의 주인공인 '마음'을 잘 다스리지 못했기 때문입니다. 그럼, 이런 험난한 인생 항해를 극복하기 위해 우리는 어떻게 해야 할까요? 이를 잘 인도할 항해사가 필요합니다. 부처님은 일찍이 "마음 하나 잘 쓰면 세상 못할 일이 없다."고 하셨습니다.

본론보다 서두가 너무 길었습니다만 오늘의 주제가 바로 '어리석은 상인들의 항해'이기 때문입니다. 여러분은 이 이야기를 읽고 무엇을 느낄 수 있습니까?

이 세상은 자신이 아무리 뛰어나더라도 혼자서는 살아갈 수 없습니다. 아리스토텔레스는 인간을 두고 '사회적 동물'이라고 하였습니다. 사회는 더불어 사는 세계입니다. 그 세계는 철저히 분업(分業)화되어 있고 세분화되어 있습니다.

세상의 직업은 농민, 어민, 기술자, 설계사, 선생, 의사, 변호사 등등 이루 말할 수 없을 정도로 다양하게 존재하고 있습니다. 이 사람들은 인생을 살아가는 데 반드시 필요합니다. 우리가 오늘 먹는 이 곡식은 어디에서 나옵니까? 몸에 병이 나면 누가 고쳐 줍니까? 농민이며 의사입니다.

세상은 이렇듯 유기적인 공동체 안에서 이루어진 뗄레야 뗄 수 없는 불가분 속에 놓여져 있습니다. 물론 이 이야기의 주제에서 약간 벗어난 이야기일 수도 있습니다만 우리는 이를 두고 '관계'라고 합니다.

배를 타는 상인들에게 가장 필요한 사람은 뱃길을 아는 항해사입니다. 그런데 사악한 제사장의 말만 믿고 눈앞의 이익만을 앞세워 가장 소중한 항해사를 죽여 제물로 바치고 말았습니다. 그로 인하여 뱃길을 잃고 자신들조차 굶어 죽고 말았던 겁니다. 여기에 바로 지은이가 하고자 하는 이야기의 주제가 숨겨져 있음을 우리는 눈치챌 수 있습니다.

    사람은 적게는 70년, 많게는 100년이란 결코 짧지 않은 인생을 살아갑니다. 그런데 우리 인생 길을 인도하는 길잡이는 과연 누구일까요? 불교적 관점에서 보면 아까도 말씀드렸지만 바로 '나'입니다. 여기에서 더 나아가면 부처님, 스승, 아내, 자식도 될 수 있습니다. 심지어 우리 옆에 살고 있는 이웃도 될 수 있습니다.

    하지만 그것보다 더 중요한 게 있습니다. 뛰어난 길잡이가 있다고 해도, 혹은 항해사가 있다고 해도 이를 받아들이는 사람이 제대로 하지 않는다면 아무 소용이 없다는 사실입니다. 사람이 세상을 살아가는 동안 좋은 종교, 좋은 스승을 만나는 것도 큰 복입니다.

    《초발심자경문》에 보면 '대자위형 소자위제(大者爲兄 小者爲弟)'라는 글이 있습니다. 즉 '먼저 계를 받는 이가 형이요, 나중에 계를 받는 이가 동생'이라는 뜻인데 불법을 빨리 만나는 게 좋다는 말입니다. 또 '선지지범개차(善智持犯開遮)'라는 말도 있습니다. 즉 '계를 지키고 범하고, 열고 막을 줄 잘 알아야 한다.'는 말입니다. 사람은 실수로 계를 범할 수 있지만 이를 지혜로써 잘 다스려야 합니다.

    오늘 《백유경》의 이야기는 바로 눈앞의 이익만을 추구하다가 더 큰 화를 당한다는 게 요지입니다. 마치 토끼를 잡고 나면 충실했던 사냥개도 쓸모가 없어져 잡아먹게 된다는 '토사구팽(兎死狗烹)'과 다르지 않습니다.

　이와 같이 오늘날 세상 사람들은 어리석어 앞을 내다보는 지견(智見)을 가진 이가 드뭅니다. 이런 사람이 어찌 부처의 법을 알겠습니까? 상인들이 미신을 일삼는 제사장의 말에 현혹되어 길잡이를 죽이는 과오를 범하는 것과 어찌 다르다고 할 수 있겠습니까? 이는 불교에서 말하는 선행(善行)을 하지 못해 생사의 늪에서 헤매는 것과 같습니다. 이런 사람은 지옥도, 축생도, 아귀도의 삼악도(三惡道)에 빠져 헤어나지 못합니다. 불자 여러분! 부단하게 선행을 닦아 많은 복을 지으시기를 바랍니다.

삼층 누각

 미련한 자가 있었는데 그는 너무나 어리석어서 아무것도 아는 것이 없었습니다.
 그러던 어느 날 다른 부잣집에 가서 3층 누각을 보았습니다. 아주 높고 넓으며 웅장하고 화려하며 시원하고 밝았습니다. 그는 그 삼층 누각이 너무 부러워서 이렇게 생각하였습니다.
 "내가 가진 재물은 저 사람보다 절대로 뒤지지 않는다. 그런데 나는 왜 이제껏 이렇게 멋있는 누각을 짓지 않았던가!"
 그리고 그는 곧 마을에서 가장 뛰어난 목수를 불러 물었습니다.
 "자네는 저 집의 아름다운 삼층 누각처럼 집을 지을 수 있겠는가?"
 "그 삼층 누각은 바로 제가 지은 집입니다."
 목수가 대답을 하였습니다.

"그렇다면 많은 보수를 주겠으니 지금 나를 위해 누각을 지어라."

목수는 곧 땅을 고르고 나무를 깎아 벽돌을 쌓고 누각을 지었습니다.

그 모습을 보자 미련한 사람은 의혹이 생겨 목수에게 다시 물었습니다.

"어떤 집을 지으려 하는가?"

목수가 대답하였습니다.

"3층 집을 지으려 합니다."

"허허, 나는 아래 두 층은 가지고 싶지 않다. 제일 먼저 삼층부터 지어라."

그러자 목수가 말하였습니다.

"어찌 그리 미련하십니까. 아래층을 짓지 않고 어떻게 둘째 층을 지을 수 있으며, 둘째 층을 짓지 않고 어떻게 셋째 층을 지을 수가 있겠습니까?"

그러나 미련한 사람은 끝까지 고집을 피웠습니다.

"지금 내게 필요한 건 3층뿐이다. 맨 위층을 먼저 지으라."

목수는 그 소리를 듣자마자 짐을 챙겨 그 집을 떠나고 말았습니다.

이 모습을 본 많은 사람들은 모두 비웃으면서 말하였습니다.

"미련한 사람, 어떻게 맨 아래층을 짓지 않고서 위층을 지을 수 있겠는가."

불법승 삼보(佛法僧 三寶)에 귀의하라

이것은 우리 스님들이 불자들에게 법문할 때 가장 많이 인용하는 내용입니다. 여기에서 말하는 삼층 누각은 '불법승(佛法僧) 삼보(三寶)'에 관한 겁니다.

불(佛)은 보통 석가모니 부처님을 가리키지만 우리들의 보이지 않는 마음인 부처를 뜻하기도 합니다. 그래서 '이 마음이 곧 부처인 심즉불(心卽佛), 부처가 곧 마음인 불즉심(佛卽心)'이라고 표현하는 스님도 있습니다. 법(法)은 보통 부처님 이후 제자들에 의해 집대성한 팔만사천경 모두를 의미하지만, 때로는 오만 가지 생각을 만드는 이 마음의 흐름을 상징하기도 합니다. 승(僧)은 출가하여 수행을 하는 스님들을 지칭하는 말입니다. 때론 번뇌의 생각과 기억들이 저편으로 사라지는 것을 승이라고 하기도 합니다.

이 때문에 '불법승 삼보에 귀의하라'고 하는 겁니다. 어쩌면 우리의 마음은 불법을 만난 순간 이미 불법승 자체에 귀의하고 있지만 어리석게도 이를 깨닫고 있지 못할 뿐입니다. 때문에 중생은 자신의 마음속에 삼보가 들어 있음에도 불구하고 그저 삼독(三毒)에 젖어 허공 같은 생을 보내고 있는 겁니다.

이 《백유경》에서 들려주는 주된 요지는 바로 여기에 있습니다. 남이 지은 아름다운 삼층 누각을 보고, 어리석은 사람이 자신은 훨씬 더 많은 재산을 가지고 있음에도 불구하고 그런 삼층 누각을 짓지 못하는 데에 대한 시기심을 비유한 것입니다.

집은 기초가 튼튼해야 백년, 천년을 견딜 수 있습니다. 불교 유산으로 남은 다보탑, 석가탑 등이 무려 천년이 지났음에도 불구하고 무너지지 않고 아름다운 자태를 아직도 지니고 있는 건 바로 강한 불심으로 정성껏 지어졌기 때문입니다. 이와 같이 우리의 불심(佛心)도 마찬가지입니다.

불법승 삼보 중 어느 것 하나라도 신심(信心)이 허약하면 성불을 이룰 수 없습니다. 말하자면 이 이야기처럼 불을 만나지 못하고 또한 법을 만나지 못하면 승을 이룰 수 없다는 말입니다. 바꾸어 말하면, 승이 불과 법을 소홀히 하면 또한 온전히 성불을 할 수 없다는 뜻이기도 합니다. 참으로 보배로운 가르침이 아닐 수 없습니다.

부처님 재세시 부처님이 포살(布薩)을 하실 때 하신 법문이 있습니다.

"비가 새는 것은 지붕이 있기 때문이다. 지붕이 없다면 비가 새지 않는다. 그러므로 덮개를 걷어라. 그러면 비가 새지 않을 것이다."

포살이란 비구들이 보름마다 한곳에 모여 자신의 행동을 반성하고 죄를 지은 비구는 고백하고 참회하는 행사를 말하는데, 이때 잘못한 제자를 꾸짖을 때 하신 말씀입니다.

우리는 이 법문을 듣고 부처님이 왜 위대한가를 깨우치게 됩니다. "비가 새는 것은 지붕이 있기 때문이다."는 '이것이 있으므로 저것이 있다.'는 인과법(因果法)에 대한 말씀인데 이것을 '지붕과

비'에 비유한 겁니다.

　불법승 삼보도 이와 같습니다. 불이 있어야 법이 있고 승이 있습니다. 이 세 가지 중 한 가지라도 떨어져 있으면 삼보에 귀의할 수 없다는 것을 우리 불자들은 알아야 합니다.

　사람이 고통과 괴로움을 겪는 이유는 바로 자신의 죄로 인해서입니다. 자신이 지은 죄는 자신이 참회하고 깨달아야 합니다. 사람이 육도 윤회를 거듭하는 탓도 이 때문입니다.

　눈에 보이지 않는 자연도 순리가 있는데 하물며 건물을 짓는 데도 순서가 마땅히 있어야 하지 않겠습니까? 일층과 이층이 없는 삼층이 있을 수 없다는 겁니다. 이와 같은 어리석은 생각을 하는 사람이 바로 우리 중생들이 아니고 누구이겠습니까? 모든 일에는 이와 같이 순리가 있는 법입니다.

　첫 발심수행자의 지침서이며 처음 출가한 사미승의 기본서 《초발심자경문》에는 "일체중생을 위해서 자비심을 갖고 윗사람을 공경하고 아랫사람을 사랑하라."고 했습니다. 이 말씀은 바로 모든 수행의 근본인 '자비심'을 갖으라는 뜻입니다. 자비심이 없는 사람이 삼보에 귀의한다고 한들 무슨 소용이 있겠습니까? 이것은 마치 《백유경》 속의 어리석은 사람처럼 일층과 이층은 짓지 않고 삼층만 지으라는 것과 다름없으며, 또한 불과 법은 무시하고 승(僧)만 빨리 취하려고 하는 것과 어찌 다를 수 있겠습니까?

　제가 쉬어가는 코너로 사찰에 얽힌 재미있는 전설을 들려주겠습니다. 이 이야기도 불법승 삼보와 매우 깊은 관계가 있기 때문입니다.

고려 광종 때 충남 논산에 지어진 관촉사에 얽힌 이야기입니다. 반야산 기슭에 사는 한 여인이 고사리를 꺾다가 아이 우는 소리를 듣고 가보았더니 아이는 없고 큰 바위가 땅속으로부터 솟아나고 있었습니다. 이 소식을 들은 조정에서는 바위로 불상을 조성할 것을 결정하고 금강산에 있던 혜명 대사를 불러 이 일을 맡겼습니다. 하지만 혜명 대사는 불상이 너무 거대하여 세우지 못하고 걱정하고 있다가, 사제총에서 동자 두 명이 삼등분된 진흙 불상을 만들며 놀고 있는 것을 보게 되었습니다.

동자들은 먼저 땅을 평평하게 하여 그 아랫부분을 세운 뒤 모래를 경사지게 쌓아 그 중간과 윗부분을 세운 다음 모래를 파내었는데, 이 모습을 본 혜명 대사는 돌아와서 그와 같은 방법으로 불상을 세웠습니다. 이 동자들은 그후 문수보살과 보현보살이 화현하여 혜명 대사에게 가르침을 준 것이라고 오늘날까지 전해지고 있습니다.

이 불상을 세우는 데 무려 30년이 걸렸다고 합니다. 불상이 세워지자 하늘에서는 비가 내려 불상의 몸을 씻어 주었고 서기(瑞氣)가 21일 동안 서렸으며, 미간의 옥호(玉毫)에서 발한 빛이 사방을 비추었다고 합니다. 참으로 기이한 일이 아닐 수 없습니다.

이와 같이, 아무리 어렵고 힘든 일이라 할지라도 불심으로 이루어지지 않는 것은 없다는 걸 깨닫게 해 줍니다.

관촉사의 은진미륵은 오늘날의 뛰어난 건축술로도 감히 하지 못할 일을 혜명 대사의 기이한 원력으로 세운 것입니다. 이 또한 부처님의 자비로운 사상 때문이 아니고 무엇이겠습니까? 불자 여러분도 항상 마음의 원(願)을 세우고 온 힘을 다해 정진하십시오. 그렇게 하면 그 어떤 어려운 일도 반드시 이루어지게 될 것입니다.

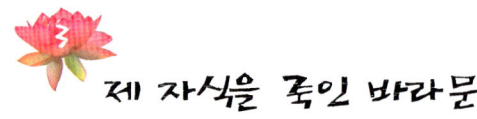
제 자식을 죽인 바라문

옛날 어떤 바라문이 스스로 많은 것을 안다고 자랑하고 다녔습니다.

그는 하늘에 떠 있는 별을 보고 앞으로 일어날 미래를 안다고 했으며 또한 갖가지의 기예를 스스로 통달하였다고 했습니다.

그는 이와 같이 언제나 자신의 재주만을 믿고 남들에게 보여주기 위해 애를 썼습니다.

그러나 다른 사람들은 그를 믿으려고 하지 않았기 때문에 어떤 묘안을 짜내기에 이르렀습니다.

어느 날 그는 다른 나라에 가서 자신의 자식을 안고 울고 있었습니다.

자신의 재주를 믿고 남에게 그 덕을 나타내려고 속임수를 쓰려고 했던 겁니다. 이것을 본 어떤 사람이 그에게 물었습니다.

"그대는 왜 어린 아이를 안고 울고 있는가?"

"이제 이 아이는 이틀 만에 죽을 것인데 일찍 죽는 것이 가여워 웁니다."

그것을 본 사람이 이렇게 말하였습니다.

"사람의 병은 알기 어려워서 죽음의 때를 알기가 쉽지 않은데 왜 미리부터 울고 있는가?"

바라문은 이렇게 이야기했습니다.

"곧 해와 달이 어두워지고 많은 별들이 하늘에서 떨어지는 날이 있더라도 반드시 내 예언은 틀림없을 겁니다."

그는 자기의 예언을 증명하기 위해 이틀째가 되자 스스로 자식을 죽이고 말았습니다.

그 후 많은 세상 사람들은 그가 예언한 대로 그 아이가 죽었다는 말을 듣고 모두 고개를 끄덕였습니다.

"참으로 지혜가 많은 사람이다. 그의 말이 모두 맞았다."

많은 사람들은 진정으로 탄복하면서 그를 마음으로 믿고 우러러 공경하기 시작했습니다.

세상에서 가장 귀한 것은 자비와 지혜이다

여러분들은 지금 어떻게 하루를 지혜롭게 보내고 계십니까? 저는 날마다 부처님의 가르침을 따라 수행하고 실천하는 삶을 살기 위해 노력하고 있습니다. 인생은 '참회의 연속'이라는 말이 있습니다. 내가 하루를 지혜롭게 보냈는가? 혹은 잘 살았는가? 스스로 반성하는 기회를 가져야만 사람은 보다 나은 삶을 기대할 수 있습니다.

어떤 철학자가 길을 가다가 강가에 이르러 사공에게 이렇게 물었다고 합니다.

"당신은 어떻게 인생을 보내었다고 생각하십니까?"

사공이 대답했습니다.

"나는 누구보다도 열심히 잘 살고 있습니다."

이 이야기를 듣고 철학자가 사공에게 다시 물었습니다.

"그럼, 당신은 철학을 알고 있습니까?"

"나는 철학의 철자도 잘 모릅니다."

사공의 대답을 듣고 있던 철학자가 퉁명스럽게 말을 던졌습니다.

"당신은 자신이 살아온 삶 중 절반은 잘못 살았습니다."

이 소리를 들은 사공은 화가 나 철학자를 강물로 밀어버렸습니다. 순간, 균형을 잃은 철학자는 강물에 빠져 허우적거리기 시작하다가 마침내 "살려 달라!"고 고함쳤습니다.

그때 사공이 철학자에게 이런 말을 했습니다.

"나는 내 인생의 절반은 철학을 모르고 살았다. 하지만 당신은 수영을 못하기 때문에 곧 죽을 것이다. 그러므로 당신은 인생의 전부를 잘못 산 것이다."

자기 자랑도 지나치면 '화가 된다.'는 점을 알아야 합니다. 무조건 자신의 생각이나 행동만이 옳고 남이 하는 행동은 옳지 않다는 시각을 가지는 건 삶의 바른 자세가 아닙니다.

오늘 이야기는 '제 자식을 죽인 바라문'입니다. 바라문은 부처님 당시 인도에서 가장 높은 계급인 제사장입니다. 부처님 재세시 인도에는 인간을 네 계급으로 나눈 '카스트'라는 4성제도(四姓制度:Caste)가 있었습니다. 브라만(사제족), 크샤트리야(무사족), 바이샤(농공상의 평민족), 수드라(노예족), 이렇게 나닙니다.

부처님은 계급의 모순을 알고 '평등'을 주창하셨습니다. 이것이 바로 부처님이 위대하다는 증거입니다. 부처님은 이러한 관습을 두고 이렇게 말씀하셨습니다.

"사람이 고귀하고 비천하게 되는 원인은 그 사람의 생각, 그 사람의 말, 그 사람의 행위에 의해 위대한 사람이 되고 천박한 천민이 된다. 원래 사람이라는 존재는 태어나면서부터 모두가 평등한 존재다. 이것이 바로 절대적인 평등인 것이다. 그러므로 카스트제도란 인간이 사악한 마음으로 만든 하나의 제도이기 때문에 필요없다. 우리는 이것을 타파(打破)하지 않으면 안 된다. 우리는 철옹성 같은 계급사회에서 과감하게 탈출해야 한다. 인간이란 존재는 모두 절대 평등하기 때문이다."

여기에서 우리가 주지해야 할 사실이 하나 있습니다. 그것은 부처님이 말씀하시는 절대 평등입니다. 오늘날 사람들은 모두 평등하다고 주장하지만 사실 조건부 평등에 지나지 않습니다. 즉, 구겨진 평등에 불과하다는 겁니다. 그러나 부처님이 주장하신 절대 평등은 이러한 전제와 모든 조건을 타파한 평등을 말합니다. 바라문은 부처님이 말씀하신 평등주의를 망각하고 남보다 우월해지기 위해 자식을 죽여 천륜의 죄를 범했던 겁니다. 이런 어리석은 사람이 바라문이 되었다는 것은 실로 우스운 일이 아닐 수 없습니다.

이 세상에는 자기 멋에 사는 사람들이 참 많이 있습니다. 흔히, 많이 배운 사람들은 못 배운 사람들에 비해 상당한 우월감을 가지고 있습니다. 하지만 이 세상에는 지식보다 더 소중한 게 있습니다. 그건 '자비심과 지혜'입니다.

오늘 상가세나 스님이 《백유경》에서 들려주는 가르침은 바로 부처님의 제자들에게 던져 주는 경종입니다. 초기 부처님 곁엔 네 무리의 각각 다른 제자들이 있었는데 자신의 도가 높다고 서로 자랑하고 사칭하였습니다. 그들은 스스로 자신의 도(道)가 아직 못 미친다는 것을 알았지만 이를 고백하기는커녕, 오히려 도를 뽐내었습니다. 그들은 자신의 수행이 부족하고 아직 깨달음에 이르지 못하고 있음을 스스로 괴로워하면서도 거짓말을 자주 했습니다.

이와 같이 우리 주변에도 실상은 그렇지 못하면서 마치 자신이 뛰어난 사람인 양, 남을 기만하여 이익을 취하려는 사기꾼들이 많이 있습니다. 이것은 바라문이 자기의 재주와 자기의 능력을 과시하기 위하여 제 자식을 죽이고서 나중에 큰 고통에 빠지는 것과 다를 바가 없습니다.

불자 여러분! 이 세상을 살아가는 데 있어 진실로 소중한 것은 무엇일까요? 능력과 재주도 매우 중요하지만 이보다 더 소중한건 바로 '진실성'입니다. 왜냐하면 진실이란 눈에 보이지 않지만 행하는 그 사람의 마음속에 있기 때문입니다. 그러므로 마음이 진실한 사람은 괴로움이 자리하지 않습니다.

재미있는 일화가 있습니다. 어느 날 당대(唐代) 시인 백낙천은 항주에 사는 도림 선사를 찾아갔습니다. 그때 도림 선사는 경내의 아찔한 노송 위에 올라 좌선을 하고 있었는데 이를 본 백낙천은 "스님! "나무에서 떨어질까 위험합니다." 이에 도림 선사는 "오히려 자네가 더 위험하네." 하였습니다. 이에 백낙천은 "저는 당대에 최고의 벼슬을 하고 있습니다. 어찌 위험하다고 하십니까?" 하였더니 도림 선사는 "티끌 같은 세상의 지식으로 교만심만 늘고 번뇌와 탐욕이 쉬지 않으니 어찌 위험하지 않겠는가." 라고 했습니다.

이와 같이 선자(先者)의 눈에는 법과 도가 한꺼번에 다 보입니다.

남에게 알량한 재주를 드러내기 위해 자식마저 죽이는 바라문처럼, 오늘날에도 천륜을 배반하는 사람들이 많이 있습니다. 우리 불자님들은 이런 어리석은 사람이 되어서는 안 됩니다. 진정한 공부는 깨달음입니다. 그래야만 마음의 안락을 구할 수 있음을 불자들은 명심해야 합니다. 우리 불자들은 항상 지혜로운 행동을 하는 불자가 되었으면 합니다.

4 석밀장을 달이는 사람

옛날 어떤 한 어리석은 사람이 검은 석밀(石蜜)장을 불 위에 얹어 놓고 달이고 있었습니다.

때마침 어떤 사람이 그의 집에 가게 되었습니다.

그러자 그 어리석은 사람이 생각하였습니다.

"나는 이 석밀장을 그에게 주리라."

그리하여 불 위에 얹어진 석밀장을 빨리 식게 하기 위해 불속에 물을 조금 떨어뜨리고 부채질을 하였습니다. 그러나 불은 부채 바람에 의해 더욱 활활 타 마침내 석밀장조차 못쓰게 되고 말았습니다.

이를 옆에서 본 사람이 말하였습니다.

"밑불이 꺼지지도 않았는데 어째 부채로 부친다고 불이 식겠는가."

사람들은 모두 이를 보고 비웃었습니다.

지혜가 삶의 가장 귀중한 덕목

이번 이야기는 '석밀장을 달이는 사람'입니다. 여기에 나오는 사람은 착하고 어진 사람인 것 같지만 사실은 우둔한 사람입니다. 우리는 흔히 '마음은 착한데 일은 제대로 하지 못한다.'는 말을 가끔 합니다. 아마 이런 사람을 두고 하는 말인 것 같습니다.

요즘 경제가 어려워서 그런지 취직하지 못한 고학력자들이 꽤 많다고 합니다. 실로 안타까운 현실입니다. 그런데 만약, 일할 사람을 구하고자 할 때 우리는 어떤 사람을 써야 현명할까요? 사람을 쓸 때는 여러 가지 전제조건을 필요로 합니다.

즉, '착하기만 하고 지혜가 없어 일을 제대로 못하는 사람', '착하고 일도 잘하고 지혜로운 사람', '행실은 나쁘지만 지혜가 있어 일을 잘하는 사람', 이 세 사람 중 어느 사람을 뽑겠습니까?

물론, 두 번째 사람을 뽑겠지요. 하지만 세상은 이 같은 사람을 뽑기란 실로 어렵습니다. 그래서 '인재는 구하기 힘들다'는 말이 생긴 것이 아닐까요? 때문에 대개 차선책으로 세 번째 사람을 뽑는 사례가 의외로 많다고 합니다.

이 《백유경》의 주제와는 조금 동떨어진 이야기입니다만, 어리석은 사람보다 행실은 나쁘지만 차라리 머리가 좋고 지혜로운 사람이 낫다는 말입니다. 오히려 이런 사람을 잘 인도해 주면 더 크게 성장할 수 있습니다. 때문에 부처님은 인간의 삼독(三毒) 중에 어리석음을 강조하신 것이 아니겠습니까?

사람만 착하다고 해서 좋을 건 없습니다. 착한 성품을 가지고 있되 지혜가 있어야 합니다. 우리가 일반적으로 '착하다, 착하지 않다.'라는 말속에는 지혜라는 것이 포함되어 있습니다. 여러분은 제가 무슨 말을 하는지 이미 알고 계실 것입니다.

이렇듯 이 세상은 착함만 가지고 살아갈 수 없는 곳입니다. 그래서 부처님은 불교 경전에서 인간의 삼독 중에 어리석음을 지적했던 겁니다. 어찌 보면 불교는 매우 철학적이며, 현실적이고 냉철한 종교임을 알 수 있습니다.

늘 남에게 손해만 보고 세상을 살 수는 없습니다. 또한 그렇게 살아서도 안 됩니다. 때론 이익도 손해도 볼 수 있습니다. 이익과 손해는 사람의 지혜에 달려 있는데, 그렇다고 도둑질을 하거나 남에게 사기를 치라는 말은 아닙니다. 이것이 바로 부처님이 말씀하신 경제 논리입니다. 부처님은 무조건 남에게 손해만 보라고 하지 않았습니다. 현명한 지혜를 통해 그것을 적절하게 조절하라고 하셨던 겁니다.

그럼, 어떻게 사는 게 행복하고 지혜롭게 사는 것일까요? 이 석밀장을 달이는 사람처럼 사물의 이치나 세상의 순리조차 분별하지 못하는 어리석은 인간이 되어서는 안 된다는 말입니다. 세상의 모든 일과 사물에는 그에 따른 이치(理致)가 있습니다.

이치를 깨닫는 데는 삶의 지혜가 필요합니다. 석밀장을 식히기 위해서는 찬 공기가 있는 밖으로 들어내면 되는데 오히려 물을 붓고 불을 붙이는 행위는 사물이 가진 성질을 판단하지 못해 생기는 일입니다. 어리석다 못해 참으로 우둔한 행동입니다. 이런 사람은 착한 사람이 아니라는 말입니다. 일에도 그에 맞는 순서가 있으며 사물도 그에 알맞은 장치가 있어야 합니다.

예를 들면, 여기 자동차가 있습니다. 그런데 자동차라는 사물이 도로를 달리기 위해서는 무엇이 필요합니까? 바퀴가 있어야 하고 엔진도 있어야 하고 기름도 있어야 합니다. 이렇듯 하나의 사물이 세상에 존재하기 위해서는 여러 가지를 필요로 합니다. 봄에 꽃이 피는 것도 마찬가지입니다. 꽃도 그냥 피는 게 아닙니다. 꽃이 피기 위해서는 공기가 필요하고 생장할 햇빛과 물이 필요합니다. 이것이 자연의 순리입니다. 이런 사물의 이치와 순리조차 깨닫지 못하는 사람은 지혜로운 사람이 될 수 없습니다.

하지만, 오늘《백유경》에서 상가세나 스님이 우리에게 들려주고자 하는 말씀은 어리석은 사람에 대한 이야기가 아닙니다. 즉, 바른 법을 이해하지 못하는 외도(外道)들의 어리석음을 꾸짖기 위함입니다. 석밀장은 인간이 가진 번뇌를 말하는 것이고, 불은 끄지 못하는 번뇌의 불길을 비유한 것입니다. 인간의 마음은 항상 번뇌에 휩싸여 있습니다. 이런 번뇌의 불을 끄기 위해 부채질을 하는 건 오히려 더욱 번뇌 속으로 빠지게 되는 원인이 된다는 말씀입니다.

인간의 번뇌는 그런 작은 수행만으로 사라지지 않습니다. 이것은

마치 수행자가 나는 열심히 수행하고 있다는 것을 가식적으로 보이기 위해 일시적으로 남 앞에서 가시덤불에 몸을 눕혀 자신의 위대함을 보이는 것과 다름없습니다. 이것은 수행이 아니라 남을 기만하는 행위에 지나지 않습니다.

깨달음이란 가식적인 수행으로 이루어지는 것이 아닙니다. 진실로 깨달음을 구하겠다는 신실한 마음으로 열심히 수행하고 공부를 해야만 성불을 이룰 수가 있으며 진정한 지혜를 얻을 수가 있습니다. 이때 우리가 가진 번뇌에서 벗어날 수가 있는 겁니다.

이것이 오늘 《백유경》에서 우리가 구하고자 하는 교훈입니다.

《법구경》의 「노모품(老母品)」에는 '제 아무리 호화로운 임금의 수레도 세월이 지나면 부서지고 말듯이 인간의 몸도 늙으면 병들고 고통을 받는다. 그러므로 늙음의 고통 속에서 벗어나는 길은 오직 선(善)한 덕(德)을 베풀면서 사는 길 뿐이다.'라고 적혀 있습니다.

사람은 누구나가 다 생로병사의 고통을 겪습니다. 이 때문에 번뇌의 고통을 당합니다. 사람이 이러한 고통에서 진정으로 벗어나기 위해서는 욕심을 버려야만 합니다. 번뇌란 벗어나려고 몸부림치면 칠수록 더 생기기 때문입니다. 이것은 마치 석밀장을 식히기 위해 밑불에 부채질을 하는 것과 다름없습니다.

그러므로 열심히 마음공부를 한 사람에게 있어서는 번뇌도 한낱 먼지에 불과합니다. 다시 말해서 번뇌라는 건 나쁜 생각, 나쁜 잡념 같은 것을 말하는데 항상 바른 정견(正見)을 가지고 바른 마음을 가진 사람에게 일순간 번뇌가 왔다고 해도 일시에 먼지처럼 사라지기 때문입니다.

　그럼 우리 같은 스님에게도 번뇌가 있을까요? 물론, 스님들도 사람이고 인간이기 때문에 끝없는 번뇌에 휘둘립니다. 하지만 오래 이를 소유하지는 않습니다. 왜냐하면 스님들의 일생은 무엇인가를 계속 버리기 때문입니다. 그래서 버림은 선가의 속어(俗語)로도 많이 일컬어집니다. 불자 여러분들도 그런 잡념들이 찾아오면 일순 쳐내려 하지 말고 잘 받아들여 그것을 지혜로써 슬기롭게 넘겨야 합니다.

　《천수경(千手經)》「발사홍서원(發四弘誓願)」에 보면 '끝없는 번뇌를 다 끊으리라'라는 '번뇌무진서원단(煩惱無盡誓願斷)'이란 법문이 있습니다.

　하지만 매일 같이 일어나는 번뇌를 어찌 차마 끊을 수 있겠습니까? 번뇌도 오는 것을 받아들여 잘 다스린다면 유익할 수 있습니다. 아이들에게도 억지로 공부를 시키는 것보단 이를 현명하게 유도하면 공부가 더 잘 되듯이, 우리 불자들도 찾아오는 번뇌를 지혜롭게 조절하면 우리의 삶도 건강하고 항상 행복할 것입니다.

5. 자신의 허물을 못 보는 사람

옛날, 남의 흉을 잘보는 사람이 여러 사람들과 함께 방 안에 앉아서 밖에 있는 어떤 사람의 흉을 보고 있었습니다.

"그 사람에게는 두 가지의 허물이 있는데, 하나는 화를 시시때때로 잘 내는 것이며 또 하나는 항상 일을 경솔히 처리하는 것이다."

그때 문 밖에서 이 말을 듣고 있던 어떤 사람이 이내 방으로 들어와서 그의 멱살을 움켜잡고 주먹으로 때렸습니다.

"이 버릇없고 나쁜 사람아. 어디 감히 내 흉을 보느냐."

이 모습을 본 옆 사람이 물었습니다.

"왜 그를 때리는 것인가?"

문밖에서 들어온 사람이 말하였습니다.

"내가 언제 화를 잘 내며 경솔했기에 이 사람이 나의 흉을 보는 것인가.

그래서 주먹으로 때린 것이다."

옆에서 본 사람이 말하였습니다.

"네가 자초지종을 말하지도 않고 먼저 화를 내고 경솔하게 행동하는 것을 지금 보여주지 않았는가. 사실이 그런데도 왜 당신은 이를 인정하지 않는 것인가?"

그제야 그는 머리를 끄덕이며 미안하게 생각하였습니다.

옆에 있는 사람이 다시 흉을 본 사람에게 이야기하였습니다.

"자네도 남의 흉을 보지 말게. 그러니 남에게 주먹으로 맞고 있지 않는가."

 남의 흉을 보기 전에 자신의 허물을 살펴라

사람들은 하루 한번쯤 거울을 봅니다. 저 역시 가끔 거울을 봅니다. 여러분들은 그럴 때마다 자신의 얼굴을 바라보고 무슨 생각을 하십니까? 나는 거울 속의 내 얼굴을 들여다보면서 가끔 '내게 허물은 없는가?'라고 반성을 해 보기도 합니다. 내 마음속을 들여다볼 수 있는 맑은 거울이 있다면 얼마나 좋겠습니까?

옛날 중국에 달마 대사라는 분이 계셨습니다. 이 분은 여래의 청정선인 조사선(祖師禪)을 주창하셨는데, 이 조사선이 한국 불교에 많은 영향을 끼쳤습니다.

"도(道)를 깨치려는 수행자는 무엇보다도 잡된 학문과 모든 반연을 물리쳐야 하며 무엇을 구하지도 말고 집착하지 말고 아주 맑고 깊은 법을 듣더라도 맑은 바람이 귓가에 잠깐 스쳐 지나간 듯이 여겨야 하며 이를 쫓아가서는 안 된다."

이 말씀은 수행자는 그 어떤 것에도 집착하지 말고 오직 모든 것을 가벼이 하고 깨끗이 하여야만 도를 이룰 수 있다는 말입니다. 비단, 이것은 우리 같은 스님뿐만이 아니라 불자 여러분도 명심해야 할 말씀입니다. 집착은 곧 화를 만들고 욕심을 만들고 어리석음을 만들기 때문입니다.

오늘 공부는 '자신의 허물을 보지 못하는 사람'입니다. 대개 사람들은 남의 허물은 잘 보지만 자신의 허물은 보지 못합니다. 이는 자기 잘못이라기보다 이 땅에 사는 모든 인간들의 습관입니다. 아마 사람이 자신의 잘못된 점을 남이 지적하지 않더라도 미리 알고 있다면 이는 성인에 가까워질 겁니다. 자기 자신을 안다는 건 이처럼 어렵습니다.

절에 사시는 스님들 중에 고승들이 많이 계십니다. 그런데 그런 큰스님들이 기거하시는 곳에 항상 댓돌이 있습니다. 여기에서 유래된 단어가 있는데 바로 '조고각하(照顧脚下)'입니다.

'발밑을 살펴라.'라는 뜻인데, '자기가 신발을 벗어놓고 온 자리를 한번 되돌아보라'는 말입니다. 이것은 옛날 '등잔 밑이 어둡다.'라는 속담과 상통하지만 선가에서의 이 의미는 매우 큽니다.

아이들은 집에 들어올 때 철이 없어 쫓겨 들어오듯이 신발을 한 번 '팽' 하고 팽개치고 집에 들어옵니다. 한마디로 아이들다운 행동입니다. 하지만 어른이 되면 신발 하나 벗는 것도 조심스러워지기 마련인데 절집에서는 신발을 벗는 것도 수행의 과정으로 봅니다.

선가(禪家)에서 신발이란 자신의 얼굴과도 같다고 합니다. 댓돌에 얹힌 신발이 가지런한 사람은 항상 마음이 고요하고 깨끗한 사람입니다. 때문에 자신이 벗은 신발이 잘 놓였는가를 뒤돌아보라는 겁니다. 지금 자신이 하고 있는 공부가 제대로 되었는가? 혹은 자신의 마음속에 허물은 없는가?를 되돌아보라는 깊은 뜻이 담겨져 있습니다. 이것이 바로 조고각하입니다.

불교가 타종교와의 차이점이 있다면 바로 삼생(三生)이 있다는 것입니다. 그래서 불교에서 강조하는 게 바로 전생을 알려거든 내가 지금 받고 있는 모습을 보면 알 수 있고 내생을 알려거든 자기가 지금 하고 있는 모습을 보면 알 수 있다고 했던 겁니다.

만일, 자신이 지금 받고 있는 모습이 행복하고 좋은 모습이면 전생에 복을 많이 지은 것이고, 내생을 알려거든 자기가 지금 하고 있는 모습이 착한 일인지 나쁜 일인지 종합해 보면 다음 생을 확연히 알 수가 있다는 겁니다. 불교가 얼마나 철학적이고 현실적인가를 단적으로 알 수 있습니다.

부처님은 그래서 제자들에게 항상 포살(布薩)과 자자(自恣)를 동시에 행하게 했습니다. 자자란 안거를 끝내는 날 함께 공부하던 대중들이 모인 가운데 자신의 죄를 고백하고 참회하여 꾸중 듣기를 청하는 것을 말하며, 포살은 보름과 그믐에 대중들이 모여 《계경(戒經)》을 다시 한번 들어가며 잘 지켰는가를 대중 앞에서 고백하는 의식입니다. 결국 불교는 종교이기 이전에 깨달음과 참회의 종교라고 할 수 있습니다.

우리 불자님들도 자기 전에 하루 한번쯤은 오늘 하루를 잘 살았는가? 착한 일을 한 가지라도 했는가? 하는 그런 반성의 시간을 가져 보는 것도 좋습니다.

우리는 세상을 살아가면서 남의 허물에 대해 너무 많이 이야기를 합니다. 하지만 이런 말들은 어느 날 좋지 않은 결과를 낳아 자신에게 몇 배의 불이익으로 돌아올 때가 있다는 걸 명심해야 합니다.

제가 재미있는 이야기를 하나 하겠습니다. 경남 창원에서 내려오는 '노힐부득과 달달박박'인데요. 삼국유사(三國遺事) 권제3(卷第三) 탑상(塔像)편에 실려 있습니다.

옛날 신라의 진산으로 알려진 백운산(지금의 창원) 어느 마을에 '노힐부득과 달달박박'이라는 두 총각이 살았습니다. 두 사람은 스무 살 때 수행을 하기 위해 깊은 산속으로 들어갔습니다. 남쪽 절에는 노힐부득이 살고 북쪽 절에는 달달박박이 살았습니다. 그러던 어느 날 북쪽 절에 아름다운 한 여인이 찾아가 시를 한편 읊었습니다.

'갈 길 먼데 해는 져서 먼 산에 어둠이 내리니 길은 막히고 성은 멀어 인가도 아득하네. 오늘 이 암자에서 자려 하오니 자비스러운

스님은 노하지 마소서.'

이 시를 들은 달달박박은 여인에게 대뜸 이렇게 말을 했습니다.

"여인이 지금 무슨 소리를 하고 있습니까? 여기는 스님이 수행하는 곳인데, 안 됩니다. 정 잘 곳이 없으면 저기 남쪽에 있는 암자에 가서 알아보시오."

여인은 할 수 없이 남쪽 절에 있는 노힐부득에게 찾아가 다시 시를 읊었습니다.

"해 저문 깊은 산길에 가도 가도 인가는 보이지 않네. 대나무와 소나무 그늘은 그윽하기만 하고 시내와 골짜기 더욱 새로워라. 길 잃어 잘 곳 찾은 것이 아니고 존자를 인도하려 함이니 원컨대, 내 청을 들어주시고 길손이 누군지 묻지 마시오."

그 순간 노힐부득은 예사로운 여인이 아님을 한 눈에 알아보고 윗목에서 글을 읽고 여인을 재웠습니다. 그런데 갑자기 그 여인이 아기를 낳았습니다. 그래서 물을 덥혀 여인이 목욕을 했는데 난데없이 아기는 사라지고 물은 황금색, 여인은 관세음보살님으로 변하고 노힐부득 자신도 미륵불이 되어 성불을 해버렸습니다.

다음날이었습니다. 달달박박은 노힐부득이 그 여인의 유혹에 넘어가 계를 범했을 것이라 생각하고 남쪽 절로 달려갔습니다. 이 모습을 본 미륵불 노힐부득이 "너도 빨리 그 황금빛 물에 목욕을 해라. 그러면 성불할 것이다."라고 말했습니다. 이 소리를 들은 달달박박도 목욕을 하자 미륵불이 되었습니다.

노힐부득은 나중 금당의 '미륵 불상'이 되었으며 달달박박은 '아미타 불상'이 되었는데 금색이 조금 모자라 얼룩이 졌다고 합니다. 이 사실을 알게 된 경덕왕은 나중 백월산에 큰 절을 세워서 본당에 미륵불을 모시고 강당에는 아미타불을 모셨다는 그런 이야기가 있습니다. 비록 전설에 지나지 않지만 수행이란 어떤 것인가를 여실히 보여주고 있습니다.

　우리 불자들도 기분 나쁜 일이 있더라도 화를 내지 말고, 또한 남의 허물에 대해 흉을 보는 일을 삼가하는 게 좋습니다. 이 또한 복을 짓는 일이며 건강에도 좋다는 것을 명심하시기 바랍니다.

6 농사를 망친 사람

옛날 어진 두 사람의 농부가 사탕수수를 심으면서 서로 내기를 하였습니다.

"밭에 좋은 종자를 심은 사람에게는 상을 주고 좋지 못한 종자를 심은 사람에게는 나중에 무거운 벌을 주자."

그때 그 중의 한 사람이 골똘히 생각하였습니다. 이 내기에서 이기기 위해서는 어떤 묘안이 있어야 했기 때문입니다. 그는 온갖 방법들을 짜내었습니다. 그리고 마침내 실천에 옮겼습니다.

"사탕수수는 매우 달다. 만일 즙을 짜서 그 나무에 다시 뿌려 주면 그 맛은 다른 어떤 것보다 달 것이다."

그리하여 그는 곧 사탕수수를 모조리 짜서 다시 사탕나무에 바르고 때를 기다려 그 열매의 맛이 좋아지기를 기다렸습니다. 그러나 설탕을 바른 나무들은 햇볕에 단단해지고 껍질은 모조리 상하게 되었습니다.

결국 그는 좋은 사탕수수의 종자를 못 쓰게 만들고, 그또한 많은 사탕수수를 잃어버리고 말았습니다.

 ## 한 생각이 잘못되면 백 가지가 잘못된다

오늘의 이야기는 '농사를 망친 사람'에 대한 이야기입니다. 농사꾼이 욕심이 앞서 단맛이 나는 사탕수수의 즙을 짜서 나무에 발라 농사를 망쳤듯이, 우리도 가끔 어떤 일을 하다가 욕심 때문에 이를 크게 그르치는 경험을 합니다. 이 모든 것은 '잘못된 한 생각이 원인'이 되어 빚어지는 현상으로 볼 수 있습니다.

한용운 스님은 인간의 잘못에 대해《채근담》에서 '일념착 변경백행개비(一念錯 便覺百行皆非) 한 생각이 잘못되면 백 가지의 행동도 잘못되기 쉽다.'라고 하셨습니다. 이와 같이 사람이 어떤 일을 할 때는 철저하게 분석하여 미리 계획을 세워 일을 해야 합니다. 처음 생각한 한 가지가 잘못되면, 나중에 하는 백가지의 일도 다 잘못되기가 쉽다는 말씀입니다. 마치 튜브에 바늘구멍 하나만 생겨도 바다 위에서 재난을 당하기 쉽다는 말과 상통합니다. 그래서 한용운 스님은 또 '방지당여도해부낭 물용일침지하루(防之當如渡海浮囊 勿容一針之罅漏), 바다를 건널 때는 공기배에 바늘구멍도 없게 방지해야

한다.'고 하셨던 것입니다.

　우리는 일을 할 때 이와 같이 너무 쉽게 생각하는 경향이 있지는 않는지 돌이켜 보아야 합니다. 아무리 일을 잘하다가도 그 중 한 가지라도 잘못되면 큰 오점으로 남을 수 있기 때문입니다. 사려 깊은 생각과 마음으로 능숙하게 일을 처리하는 사람이 바로 일 잘하는 사람입니다.

　오늘, 상가세나 스님이 불자들에게 들려주고자 하는 교훈은 농사법이 아니라 불법에 관해서입니다. 불법을 닦을 때도 항상 신중하게 열심히 하라는 뜻입니다. 특히 요즘같이 경제가 어렵고 살기 힘든 때일수록 불자들은 자신의 일에 항상 신중하게 처신해야 합니다.

　종교를 믿을 때도 마찬가지입니다. 여러분은 불교를 두고 어떤 종교라고 생각하십니까? 불교는 단적으로 말해 '인천교(人天敎)이며 진인교(眞人敎)'입니다.

　그럼, 왜 불교를 두고 사람과 하늘의 뜻인 인천교라고 할까요? 우리가 사는 이 우주는 물질적인 요소와 생명의 근원인 정신적인 요소가 결합되어 이루어져 있습니다. 이것은 부처님이 말씀하신 것처럼 철저한 인과관계에 의해 유지되어 인간의 목숨도 여기에 좌지우지되기 때문입니다. 즉, 인간의 목숨은 하늘에 달려 있다는 뜻입니다. 여기에서 말하는 하늘이란 신을 뜻하는 게 아니라 천명(天命)입니다.

　또한, 불교가 진인교인 것은 사람이 중심이 된 종교이기 때문입니다. 부처님의 핵심은 참다운 인간성을 회복하는 데 있습니다. 부처님의 가르침을 통해 청정심(淸淨心)을 증득하고 지혜와 자비가 어우러진 큰 깨달음을 성취하는 게 바로 불교의 목표입니다. 그러므로 불교는 진짜사람 되는 법을 가르치는 종교임이 틀림없습니다.

때문에 신을 중심으로 하는 타종교와는 근본적으로 다릅니다. 과연 신이 사람을 가르칠 수 있다고 생각하십니까? 신이란 사람이 원시신앙 때 지력이 미약해 만들어 놓은 한갓 우상에 불과한 존재입니다. 그러므로 이 세상에서 가장 위대한 존재는 바로 참사람인 것입니다. 이를 모르고, 어떤 분들은 종교의 본질을 잘 몰라 이상한 종교에 많이 빠지기도 합니다. 하지만 우리 불자들은 지혜롭기 때문에 불교라는 인생의 항해사를 만나 이렇게 행복하게 살 수 있는 겁니다.

오늘날 사람들은 권력과 재물에 대해 욕심을 지나치게 가지고 있습니다. 이것은 농부가 이미 맛있고 단 사탕수수를 경작하고 있음에도 불구하고 더 좋은 사탕수수를 얻기 위해 노력하다가 자신이 가진 것조차 모두 잃게 되는 것처럼, 화를 당하게 되는 원인이 될지도 모릅니다.

인도의 유명한 독립 운동가이며 무소유의 실천가인 마하트마 간디는 영국을 들어가다가 입국 심사대에서 물품 검사를 받게 되었습니다. 그런데 물품을 보니까 수상이라는 분이 발우 하나에 만년필만 달랑 있어 크게 놀랐다는 이야기입니다. 그는 자신에게 돌아온 선물들을 자신이 취하지 않고 항상 가난한 사람들에게 나누어 주었다고 합니다.

무소유로 유명한 법정 스님은 어떤 분에게서 비싼 난(蘭)을 선물 받았는데 그 난을 애지중지하게 되었다고 합니다. 이제나 저제나 걱정, 외출할 때 걱정, 그렇게 걱정만 하다 보니까 혹시 누가 가져가지 않을까 하는 그런 생각마저 갖게 되었다고 합니다. 안 되겠다 싶어 그 난을 남에게 주고 나니 마음이 편해졌다고 합니다. 이렇듯이 가져도 걱정, 없어도 걱정인 게 물질입니다.

제가 사는 곳 가까운 축서암에 선서화(禪書畵)를 그리시는 수완 스님이란 분이 계십니다. 어느 날 수완 스님은 어떤 신도한테 손목시계를 선물 받았다고 합니다. 그런데 그 시계가 워낙 비싸 아까워서 끼지도 못하고 있었다고 합니다.

어느 날 수완 스님은 방문을 열어놓고 예불하러 들어갔습니다. 그런데 갑자기 예불을 하다가 시계가 자꾸 생각이 나더랍니다. 혹시 누가 가져가지는 않았을까? 의구심이 예불 중에 자꾸 일어났던 겁니다. 그래서 예불을 마치고 얼른 내려와 보니까 시계가 그대로 있었다고 합니다. 그 순간 수완 스님은 많은 깨달음을 얻게 되어 그 때부터 그림을 그려서 불우이웃 돕기 등 좋은 일을 하게 되었다고 합니다. 이렇듯 무소유의 실천도 하나의 계기가 있어야 합니다.

여러분들도 욕심을 버리고 무소유의 삶을 실천하신다면, 언젠가는 무량대복(無量大福)을 얻을 수 있게 될 겁니다.

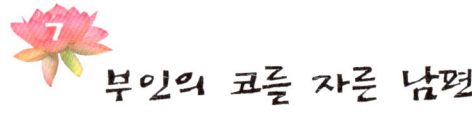
부인의 코를 자른 남편

어리석은 사람이 있었습니다. 그의 부인은 매우 아름다웠으나 코가 흉하였습니다.

그는 밖에 나가 남의 부인의 얼굴을 쳐다보게 되었습니다. 그 부인의 얼굴은 매우 아름다웠고 특히 코도 예쁘게 생겼다고 생각했습니다.

"지금 저 코를 당장 베어다가 내 아내의 얼굴에 붙이면 좋지 않겠는가."

그리하여 그는 남의 집에 몰래 들어가 남의 아름다운 부인의 코를 베어 가지고 집으로 돌아와 급히 그의 부인을 불렀습니다.

"부인, 빨리 나오시오. 당신한테 예쁜 코를 주리다."

부인이 나오자 그는 흉한 코를 베어 버리고 남의 코를 그 자리에 갖다 붙였습니다. 그러나 그 코는 끝내 붙지 않았습니다. 결국 그의 부인은 코만 잃어버리고 큰 고통을 당하며 살게 되었습니다.

마음속의 분별심을 버려라

오늘 이야기는 '자기 부인의 코를 자른 남편'입니다. 요즘 사람들은 자신의 외모에 많은 관심을 가집니다. 키가 작은 사람은 키가 컸으면 좋겠고, 코가 낮은 사람은 코가 높았으면 좋겠고, 못생긴 사람은 더욱 잘생기기를 원합니다. 이는 사람의 욕망입니다.

얼마 전 제가 아는 스님이 쓴 책인데 '가난해도 얼굴 못생긴 것만큼 서러운 것은 없다.'라는 글이 있었습니다. 물론 이 이야기의 주제는 결국 '마음이 예뻐야 행복하다.'로 결론지어졌지만 어쨌든 현대인들은 외모에 상당한 관심을 가지고 있습니다.

《금강경》에 보면 '범소유상 개시허망 약견제상비상 즉견여래(凡所有像 皆是虛妄 若見諸像非像 卽見如來)'라는 구절이 있습니다. 이를 풀이하면 '무릇 상이 있는바 이것은 모두 다 허망하며 만약 모든 상을 상 아닌 것으로 볼 수 있게 되면 곧 여래를 볼 수 있다.'라는 뜻입니다. 수행이 깊지 않은 사람이 이 뜻을 이해하기란 퍽 힘들 것입니다.

우선 여기에서 중요한 단어는 바로 상(相)인데, 그럼 상은 무엇을 말할까요? 상이란 눈과 마음으로 보이는 모든 것을 말하는데, 실상의 일체입니다. 그런데 이러한 상은 인간의 집착에 의해 만들어지고 사라지기 때문에 실제로는 허상에 지나지 않습니다. 말하자면 상이 가진 본래의 진리(眞理)를 모른다는 말입니다. 만일 이러한 진리를 사람이 볼 수 있다면 그 사람은 곧 여래를 만날 수 있을지 모릅니다. 그러므로 이 게송의 뜻을 이해하고 뜻대로 행할 수만 있다면 보살의 경계에 들어서게 됩니다. 모름지기 수행자가 열심히 수행을 하는 것도 여래를 만나 성불하기 위함입니다. 물론, 조사선에서는 문자도 하나의 상에 지나지 않습니다. 이러한 나의 해석도 하나의 상에 지나지 않습니다.

오늘 주제인 아내의 코를 자른 남편의 이야기도 '예쁜 코'라는 하나의 상에 집착하여 일어나는 이야기입니다. 사람이 눈앞에 놓인 하나의 상인 돈, 명예, 욕심 따위를 무시하고 살기는 힘듭니다. 만약 사람이 이조차 버리면 곧 도인(道人)이기 때문입니다. 하지만 여기서 말하는 주제는 인간의 쓸데없는 욕망에 관한 겁니다.

요즘에는 하도 성형을 많이 하니 예나 지금이나 얼굴 예뻐지려는 욕망은 똑같은가 봅니다. 따라서 《백유경》 속의 이야기와는 맞지 않을 것입니다.

우리 옛 속담에 '마음 씀씀이가 고우면 얼굴도 예뻐진다.'는 말이 있습니다. 이 말은 무엇을 뜻할까요? 고운 마음씨가 곧 최고라는 말이 아니겠습니까? 그런데 요즘 사람들은 '얼굴 예쁜 사람이 마음씨도 곱다.'라는 편견을 가지고 있습니다. 이러한 생각은 하나의 상에 머물러 있기 때문입니다.

《금강경》에 보면 '아상(我相), 인상(人相), 중생상(衆生相), 수자상(壽者相)'이 나옵니다. 여기에서 아상의 아(我)는 나를 뜻하며 상(相)

은 남과의 관계를 말합니다. 인상은 사람들을 구분하는 마음 또는 분별심을 뜻하며, 중생상은 수많은 사람은 물론 생명 있는 모든 동물을 말합니다. 수자상은 모든 생명은 수명에 대한 집착이 있으며 때문에 몸을 어떻게 하면 건강하게 오래 살 수 있을까 하는 그런 상을 말하는 겁니다.

그런데 이 네 가지 상은 사실 사람의 마음이 만들어 냅니다. 부처님은 《금강경》에서 이 네 가지 상을 버려야만 성불을 이룰 수 있으며 곧 여래를 만날 수 있다고 말씀하셨습니다. 범부로서는 실로 이루기 힘든 과제입니다.

부처님의 방편은 "현실세계에 집착이 많은 사람에게는 삼라만상이 모두 허무한 상(相)이라 하지만 막상 그 허무를 체득한 사람에게는 그 허무한 물질이 다시 진실됨을 가지고 있다.'라고 하셨습니다. 이를 두고 '약견제상비상'이라고 합니다.

세상에는 속일 수 없는 것이 많습니다. 자기가 살아온 모습은 얼굴과 몸, 행동에서 나타나기 마련입니다. 그래서 옛날부터 어른들은 '수심 수신(修心 修身) 마음도 닦고 몸도 닦으라'고 말씀했던 겁니다.

저희 은사이신 월하 큰스님께서도 "사람은 마음이 중심이 되어 살아야지 육체가 중심이 되어서는 안 된다."는 말씀을 하셨습니다. 말하자면 나의 주인공은 '마음'이기 때문에 내 육체가 좋아하는 일을 해서는 안 된다는 말입니다.

불교에서 이 세상은 지수화풍(地水火風) 사대(四大)로 이루어져 있다고 합니다. 즉 흙과 물, 불, 바람입니다. 또한 지수화풍 사대로 만들어진 것도 우리의 육신입니다. 이렇듯이 우리의 몸은 허망하기 짝이 없습니다.

우리는 손금을 수상(手相)이라고 합니다. 그리고 발은 족상(足相), 얼굴은 관상(觀相), 마음은 심상(心相), 그 다음에 있는 것이 용심(用心)이라고 합니다. 물론 불교에서는 상을 보지 말라고 했습니다. 이 중 수상, 족상, 관상, 심상은 변합니다. 이 네 가지 상을 움직이게 하는 것은 용심입니다. 즉, 마음을 어떻게 쓰느냐에 따라서 심상이 변하고 관상이 변하고 족상이 변하고 수상도 변한다는걸 알아야 합니다. 그래서 불교에서는 자신의 운명도 능히 자신이 바꿀 수 있다고 합니다.

그럼에도 불구하고 "이게 내 운명이고 내 팔자니까 못생겼으니까 이렇게 살아야지." 하는 사람이 있습니다. 이런 사람은 자신의 주어진 업대로 세상을 살아갈 수밖에 없습니다.

우리 불자들은 용심을 내어 기도를 많이 하시기를 빕니다. 기도를 열심히 해서 자신의 업을 바꾼 유명한 배휴 거사의 이야기를 하겠습니다.

옛날 송나라 때 배휴라는 거사가 있었습니다. 그는 절도사 지위에까지 오른 고위 관료로서 규봉종밀 선사에게 화엄과 선을 배우고 황벽 선사 밑에서 깨달음을 얻은 사람입니다. 이후 황벽 선사의 말씀을 기록하여 뒷날 《전심법요(傳心法要)》와 《완릉록(宛陵錄)》이라는

어록을 발간하였습니다. 그는 자신이 쓴 서문까지 넣어 정성껏 이 어록을 썼습니다. 배휴 선사에 얽힌 깨달음의 기연(奇緣)은 아직도 불가에서 많이 회자되고 있습니다.

배휴 거사는 원래 얻어먹는 거지 운명으로 세상에 태어났는데 열심히 기도를 하면 업장이 바뀐다는 한 스님의 말씀을 듣고 날마다 부처님께 참회의 기도를 올리기 시작했습니다. 그리하여 마침내 그의 인생이 뒤바뀌게 되었습니다. 그의 인생이 바뀌게 된 것은 부처님 앞에 자기 서원을 세우고 자신과 주위의 서원을 위해 원불을 모셨기 때문입니다. 그 후 그는 열심히 공부하여 육년 만에 과거에서 장원급제를 하게 되었는데, 그때 겨우 열다섯 살이었습니다.

배휴 거사는 재상을 지내면서도 불심으로 자비를 행하며 이후 황벽 선사를 만나 깨달음을 얻어 《규봉종밀선사와 구마라집》, 《완릉록》에 이르기까지 많은 저서를 남기게 됩니다. 중국의 초당사에는 그의 비문이 아직도 남아 있습니다.

이렇듯 사람의 업과 상은 자신의 노력으로 바꿀 수 있습니다. 여러분들도 열심히 기도하여 자신이 가진 업을 녹이도록 해야겠습니다.

8. 이백 리 길을 일백 리로 줄여준 임금

어떤 마을이 있었습니다. 그 마을은 왕이 있는 성에서 이백 여리나 떨어져 있었습니다.

그런데 그 마을에는 아주 맛이 좋고 신비한 우물이 있었습니다.

왕은 마을 사람들에게 매일 그 물을 왕궁으로 보내도록 명령하였습니다.

동네 사람들은 왕의 명령에 기꺼이 따랐으나 여러 해가 지나자

몹시 피곤해 하고 괴로워하였습니다. 그래서 차라리 마을을 떠나거나 우물을 메워 버리는 것이 좋겠다고 생각하였습니다.

그때 마을의 촌장이 앞에 나서서 가로막고 말을 하였습니다.

"너희들은 이곳을 떠나지 말라. 내가 너희들을 위해 왕에게 아뢰어 마을에서 왕궁까지의 거리를 줄이겠다. 즉, 이백 리 길을 일백 리로 고쳐 너희들이 왕궁으로 가는 길이 고단하지 않게 말이다."

마을 촌장은 곧 왕에게 아뢰었습니다.

왕은 촌장의 말대로 이백 리를 일백 리로 이정표를 고쳤습니다.

마을 사람들은 이를 듣고 매우 기뻐했습니다.

왕은 어느 날 마을 사람들을 모두 불러 모아 말을 하였습니다.

"그렇지만 그것은 여전히 본래의 이백 리 길에서 아무것도 달라진 것이 없다. 그것은 너희들의 마음이 움직였던 것이다."

마을 사람들은 그 후 왕의 말을 믿었기 때문에 그곳을 떠나지 않았습니다.

 ## 모든 것은 자신의 마음이 지어낸다

불자 여러분은 이 글을 읽고 어떤 느낌이 듭니까? 잘못 읽으면 촌장이나 임금님의 꾀에 속아 넘어간 어리석은 백성들의 이야기라는 생각이 들겠지요. 하지만 여기에서 말하는 교훈은 그런 게 아닙니다. 이 글의 핵심 주제는 바로 인간의 '마음'입니다.

요즘은 고속도로가 많아 차로 다니기가 좋고, 또 먼 길은 비행기로 다니면 되니 크게 시간에 구애받지 않아도 되는데 예전에는 교통수단이 없고 걸어 다녔으니 참으로 힘들었을 것입니다. 이백 리는 무려 80km나 되는 거리입니다. 서울에서 경기도 포천쯤 되는 거리인데, 걸어서 간다면 이틀은 꼬박 걸릴 겁니다. 그러니 백성들의 고통도 이만저만이 아니었겠지요.

하지만 현명한 임금은 백성들의 마음의 짐을 줄이기 위해 이정표를 일백 리로 줄였던 겁니다. 실제 거리를 줄일 능력이 임금에게는 없었지만 백성들은 예전 거리와 똑같은 거리임에도 불구하고 백 리로 느꼈던 겁니다. 요즘 이런 이야기를 하면 어린 꼬마조차 '핏' 하고 웃고 말겠지요.

임금이 백성들에게 거짓말을 한 것은 하나의 방편입니다. 원래, 부처님은 거짓말은 안 되지만 방편(方便)은 해도 된다는 말씀을 하셨습니다. 힘들고 우매한 백성의 마음을 조금이라도 풀어 주기 위해 방편을 쓴 임금의 지혜가 돋보입니다.

《화엄경(華嚴經)》에는 '일체유심조(一切唯心造)'라는 구절이 있습니다. 이는 '모든 것은 마음이 짓는다.'는 뜻인데, '아무리 힘들고 고된 일도 사람의 마음에 달려 있다'는 뜻입니다. 이것이 오늘 《백유경》의 핵심 주제라고 할 수 있습니다.

경허 스님과 만공 스님의 재미있는 일화를 하나 소개할까 합니다. 간화선의 중흥조인 경허 스님의 자유자재한 행각(行脚)은 일찍이 많이 회자되어 불자라면 많이 알고 있을 것입니다.

볕이 쨍쨍 내리쬐는 한여름이었습니다. 경허 스님과 만공 스님이 탁발을 하고 있을 때였는데, 그날 탁발을 많이 해 만공 스님은 등에 짊어진 짐이 무거워서 제대로 걷지를 못했습니다. 그때 경허 스님이 만공 스님에게 물었습니다.

"발바닥이 아픈가?"

"예, 발바닥이 아파 걷지를 못하겠습니다."

그때 경허 스님이 묘안(妙案)을 짜내었습니다.

"내가 그 아픈 발바닥을 단박에 낫게 해 주지."

그때 목화밭에는 젊은 부부가 김을 매고 있었습니다. 경허 스님이 일을 하고 있는 부부를 부르자 여인이 먼저 달려왔습니다.

"스님, 웬일로 부르십니까?"

"여기 아픈 사람이 있소."

"네, 그러면 어떻게 해야 합니까?"

만공은 그저 스승이 하는 대로 길 위에서 보고만 있었습니다. 그 순간 경허 스님은 젊은 부인의 입술에다가 키스를 하고 말았습니다. 이 모습을 지켜본 남편은 호미를 들고 뒤쫓아 왔습니다. 만공과 경허는 죽을힘을 다해 뛰다가 얼마나 지났을까? 돌아보니 벌써 절 앞에 와 있었던 것입니다.

그 순간 만공 스님은 경허 스님에게 물었습니다.

"스님, 왜 그런 짓을 하였습니까?"

"나는 잊었는데 너는 아직도 그것을 생각하고 있느냐?"

만공 스님은 그때 크게 깨달았다고 합니다.

우리는 경허와 만공 스님의 일화에서 다음과 같은 두 가지 교훈을 얻을 수 있습니다. 하나는 '어떤 일도 사람은 마음먹기에 따라 능히 해 낼 수 있다는 것'이며, 두 번째는 '마음이 사람을 움직이게 한다.'는 겁니다. 이와 같이 사람이 가진 '이 마음'은 위대합니다. 그럼 사람의 마음을 움직이게 하는 그 주인공은 무엇일까요? 바로 불교에서 말하는 '신심(信心)'입니다.

《원각경》에 다음과 같은 구절이 있습니다.

信爲道元功德母 長養一切諸善法(신위도원공덕모 장양일체제선법)
斷除疑網出愛流 開示涅槃無上道(단제의망출애류 개시열반무상도)

믿음은 도의 으뜸이며 공덕의 어머니다. 일체의 선법을 증장시키고, 의심의 그물을 끊고, 삼독의 흐름에서 나오게 하며, 열반과 무상도를 열어 보이게 한다.

이와 같이 불교에서의 '신심'은 매우 중요합니다. 신심이 없으면 종교는 오래가지 않습니다. 그래서 불교에서는 '바로 믿고, 바로 알고, 바로 행하고, 바로 깨닫는 것'을 강조하고 있는 겁니다. 그래야만 지혜를 얻을 수 있으며 혜안(慧眼)을 가질 수 있습니다.

결국 오늘의 이야기도 바로 '마음과 신심'입니다. 임금이 이백 리 길을 일백 리로 줄였다고 해도 백성들이 믿지 않으면 그만입니다. 하지만 백성들은 그것을 믿고 따라 마음의 평안을 얻었습니다. 《백유경》에서 들려주는 비유는 우매한 사람의 마음을 동시에 깨쳐주는 부처님의 법이기도 합니다.

특히 부처님은 방편(方便)으로 일승(一乘)의 법을 보살승, 연각승, 성문승으로 분별하여 말씀하신 적이 있었는데, 소승(小乘)들은 그 법을 듣고 '이것은 행하기 쉽다.'고 생각하여 스스로 선을 키워 덕을 닦고 생사를 건너고자 하였지만 곧 싫증을 느껴 바른 법을 따라가지 않았습니다. 이것은 우매하기 짝이 없는 일입니다. 소승들이 법을 믿지 않은 것은 '신심'이 부족한 탓이라 볼 수 있습니다.

그러므로 우리 불자들은 '신심'을 돈독하게 하여 부처님의 법을 따르는 것이 곧 '복을 구하는 일'임을 명심해야 합니다.

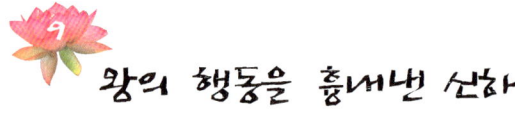
왕의 행동을 흉내낸 신하

옛날 어떤 신하가 왕의 환심을 사려고 다른 사람들에게 물었습니다.

"어떻게 하면 왕으로부터 많은 환심을 살 수 있겠는가?"

이야기를 듣고 있던 사람이 말하였습니다.

"네가 왕의 환심을 사려거든 왕의 형상을 보고 본을 받아라."

그런데 그 왕의 왼쪽 눈은 심하게 실룩거렸습니다.

그는 왕의 모습을 닮기 위해 자신도 똑같이 눈을 실룩거리기 시작했습니다.

그것을 본 왕이 신하에게 물었습니다.

"너는 무슨 눈병에 걸렸기에 눈을 나처럼 실룩거리는가? 혹은 거센 바람에 눈을 다쳤는가?"

"저는 눈병에 걸리지도 않았고 또 거센 바람에 눈을 맞지도 않았습니다.

다만 왕의 환심을 얻기 위해 그것을 본받은 겁니다."

왕은 이 말을 듣고 크게 노하여 사람을 시켜 갖가지 벌을 준 뒤에 멀리 귀향을 보내고 말았습니다.

 ## 자기 자신을 속이지 말라

이 이야기를 듣고 불자님들은 오늘 무슨 생각을 하셨습니까? 세상을 살다보면 권력을 가진 사람이나 부자들에게 아첨하는 사람들이 더러 많이 있습니다. 하지만 무슨 대가를 가지고 접근하다 보면 금방 탄로가 나는 것이 바로 아부입니다. 아부를 다른 말로 하면 작의(作意)입니다. 즉, 마음에는 없으나 어떤 이익을 위해 꾸미는 걸 말합니다.

하지만 이런 사람은 대개 오래가지 않습니다. 비록 지금은 힘들더라도 진실하고 깨끗하게 상대를 대하면 언젠가는 더 큰 이익을 얻을 수 있다는 것을 불자들은 알아야 합니다.

옛날 말에 이르기를 '군자는 목숨을 무릅쓰면서 정의에 살고, 소인은 의리를 사사로운 개인의 이익에 관련시킨다.'고 하였습니다. 자신의 이익만을 먼저 생각하는 사람은 나중 더 큰 손해를 보게 되는 게 인생사입니다. 따라서 훌륭한 사람이 되려면 항상 자신의 이익보다 남의 이익을 먼저 생각해야 합니다. 그렇게 하다 보면 자연스럽게 자신도 더 큰 이득을 보게 됩니다.

사람이 훌륭해지기 위해서는 남의 행동을 무조건 따라 하기보다는 좋은 점은 배우고 나쁜 점은 취하지 않는 자신만의 소신이 필요합니다. 이것이 남보다 강한 사람이 될 수 있는 지름길이며 방법입니다.

그렇다고 무조건 아부를 하지 말라는 뜻은 아닙니다. 미국의 전 대통령이었던 레이건은 "저는 국민의 지혜를 믿었을 때 한번도 실패한 적이 없었습니다."라고 했습니다. 이는 그가 재임 때 자주 국민들을 상대로 한 말인데, 얼마나 품격 있는 아부입니까? 상대에게 호감을 표시하고 상대의 존경심을 끌어내는 이 '훌륭한 아부'는 우리들에게 많은 걸 배우게 합니다.

제가 예전에 어린이 법회에서 법문을 한 적이 있었습니다. 그때 한 아이가 "스님, 거짓말은 무조건 나쁜 것이죠?"라고 물었던 적이 있습니다. 나는 그 아이의 질문에 매우 망설이다가 "물론 나쁘지만 때론 좋을 때도 있단다."하고 대답했습니다. 그 아이가 내게 묻는 진의를 나는 이미 알고 있었기 때문입니다.

그전에 저의 절에서 운영하는 룸비니 유치원에서 학예회가 열렸었는데, 한 아이가 노래를 열심히 불렀습니다. 그런데 음정과 박자가 전혀 맞지를 않았습니다. 노래가 끝난 뒤에 그 아이가 내게 쪼르르 달려와서 "스님, 저 노래 잘 불렀습니까?"하고 물었습니다. 나는 "그럼, 제일 잘 불렀다." 칭찬을 했던 겁니다. 그때 옆자리의 아이가 하는 말이 "핏, 제일 못 불렀다."하고 놀렸습니다. 노래를 불렀던 아이는 그 아이의 놀림에 그만 울음보를 터뜨리고 말았습니다. 나는 그 순간 안절부절 못했습니다.

나는 그 아이에게 거짓말에 대해 "거짓말은 선의가 있고 나쁜 것이 있다. 부처님도 선의의 거짓말은 해도 좋다는 말씀을 하셨다."고 말했습니다. 하지만 아직 그 아이는 선의와 악의의 거짓을 구별할 수 있는 나이가 아니었습니다. 이렇듯 불자님들도 아이들에게 말을 할 때 항상 잘 가려서 해야 합니다.

제가 아부에 대한 재미있는 일화를 하나 소개하겠습니다. 물론, 이 이야기는 부처님의 법과 동떨어져 있지만 인간의 마음이 어떠한 것인가를 들려주기 위함입니다.

옛날 한 남자가 본처와 첩을 동시에 데리고 살았습니다. 그런데 이 남자는 첩을 애지중지하고 본처는 천대했습니다. 그러던 어느 날, 남자가 몹시 아파 드러눕게 되었습니다. 첩은 얼굴만큼 예쁘게 매일 끓여 오는 탕약의 양이 정성스럽게도 똑같았습니다. 이에 반해 본처가 끓여 오는 탕약의 양은 줄었다 늘었다 했습니다. 그래서 남자는 본처가 더욱 미워졌습니다. 어느 날 이 남자는 우연하게 탕약 달이는 것을 보게 되었는데, 첩은 약이 많으면 부어 버리고 모자라면 물을 더 넣어서 가지고 오는 것이었습니다. 본처는 탕약을 달이다가 약이 적으면 적은 대로, 많으면 많은 대로 가지고 왔던 겁니다. 이것을 본 남자는 그제야 자신의 무지를 깨달았습니다. 말하자면 첩은 남자에게 아첨을 떨기 위해 그랬던 것이고, 본처는 진실로 남편을 위했던 겁니다. 남자는 그 이후부터 첩을 쫓아내고 본처와 잘 살았다는 이야기입니다. 물론, 이 이야기가 아부와 아첨을 설명하는 데 적절한 예가 되는지는 잘 모르겠습니다.

석탑을 지은 석공 이야기를 하나 할까 합니다. 옛날에 어떤 못된 왕이 있었습니다. 이 왕은 세상에서 가장 높은 석탑을 짓기 위해 한 석공을 불렀습니다. 석공은 밤낮없이 돌을 날라 쪼고 하여 마침내 석탑을 완공하였습니다. 그런데 왕은 완공식 날 석공이 자신의 석탑보다 더 높은 탑을 다른 나라에 가서 만드는 것을 방지하기 위해 탑에서 내려오는 모든 길을 없애 버렸습니다.

밤이 되자. 석공은 지혜를 짜내어 자신의 옷을 찢어 가는 끈을 만들어 석탑 아래에 있는 가족들에게 내려 보냈습니다. 가족들은 그 끈에 밧줄을 올려 보내 마침내 굵은 밧줄을 만들어 석공을 석탑에서 내려오게 하였습니다. 석공은 석탑을 내려오면서 '지혜는 굵은 밧줄'이라는 노래를 불렀습니다.

믿는 마음은 남루한 가는 끈이런가.
다문(多聞)과 지계(持戒)는 굵은 끈,
계율(戒律)과 선정(禪定)은 가는 밧줄
지혜는 굵은 밧줄이로다.
이를 의지하여 생사(生死)의 탑에서 내려오다.

이 노래를 음미해 보면 깊은 뜻이 숨어 있음을 알 수 있습니다. 믿는 마음은 비록 남루한 끈에 지나지 않지만 그 끈은 다문과 지혜의 굵은 끈이 될 수 있다는 말입니다. 그런 믿음이 계율과 선정을 만들어 내어 마침내 지혜의 굵은 밧줄이 되어 생사의 탑에서 자신을 내려오게 했다는 이야기입니다. 이게 바로 '부처님의 법'입니다.

인간을 나쁘게 하는 것은 바로 의도입니다. 사람의 마음은 항상 쾌락을 추구하려는 본능을 가지고 있습니다. 때문에 자신도 모르게 어떤 욕망에 집착하는 경향이 있습니다. 이를 두고 의도라고 합니다. 하지만 이러한 의도와 작의는 하나의 잔꾀에 지나지 않습니다. 이 때문에 부처님은 설령 법을 알아도 순간적으로 사람들은 선(善)을 잃고 만다고 지적을 했던 겁니다. 이로 인해 세 갈래 나쁜 길인 삼악도(三惡道)에 떨어진다고 하셨습니다.

《백유경》의 오직 왕의 선심을 사기 위해 나쁜 버릇마저 흉내내는 간사한 신하와도 다를 바 없습니다.

우리는 이렇게 얕은 지식과 잔꾀로써 남을 속이고 속고 하면서 순간의 괴로움과 순간의 기쁨에 젖어 일희일비(一喜一悲)하고 살아가고 있으며, 또한 말초적 본능에 휩싸여 진실함을 잃어버리고 살고 있는지도 모르겠습니다. 인생은 결코 긴 시간이 아닙니다. 그러므로 미래를 보는 안목을 가지고 열심히 지혜롭게 살아가야 합니다. 순간의 이익을 위해 진실을 외면하고 나쁜 길로 빠지는 불자가 되어서는 아니 되겠습니다.

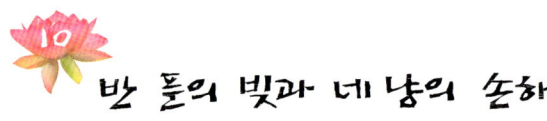
반 푼의 빚과 네 냥의 손해

어떤 상인이 남에게 돈 반 푼을 빌렸는데 오랫동안 갚지 못하였습니다.

그는 고민을 하다가 반 푼의 빚을 갚기 위해 먼 길을 떠났습니다. 그는 극히 작은 반 푼의 돈 때문에 그에게는 중요한 신의와 명예를 잃을 수도 있다는 생각이 들었기 때문입니다.

그가 가는 앞길에는 큰 강이 있었습니다.

그는 강을 건너 빚을 갚으려고 하였으나 뱃삯으로 두 냥을 주어야만 건널 수 있었습니다. 그마저도 사람을 만나지 못하고 돌아와야만 했습니다.

그는 강을 건너기 위해 쓴 두 냥과 돌아오기 위해 쓴 두 냥 등 반 푼의 돈을 갚기 위해 네 냥의 돈을 쓰고야 말았습니다.

이 같은 사연을 들은 사람들은 오히려 그를 '어리석다'고 꾸짖었습니다.

그러나 그는 끝까지 그들의 말을 듣지 않았습니다.

신의가 금보다 더 소중하다

　옛날에는 장리쌀이라는 제도가 있었습니다. 이것은 일 년에 이자가 오 할이 넘는 무서운 양식입니다. 가난한 사람들은 보릿고개가 되면 가만히 앉아 굶어 죽을 수가 없어 살인적인 이자에도 불구하고 이 장리쌀을 구해 먹어야만 했는데, 이 때문에 아무리 열심히 일을 해도 가난에서 벗어날 수가 없었다고 합니다.

　하지만 요즘 사람들은 배고픔은 벗어났지만 인간적으로 보면 더 힘든 사회에 살고 있다는 생각이 듭니다. 사람이 세상을 살면서 남의 돈을 꾸지 않고 살 수만 있다면 얼마나 좋겠습니까? 하지만 요즘은 이렇게 사는 것도 쉽지 않습니다. 오늘 이야기의 주제는 어리석음에 대한 이야기이지만 여러 가지 견해를 가질 수 있습니다. 아무리 작은 돈이라 할지라도 신의를 잃지 않으려면 손해를 보더라도 반드시 갚아야 한다는 견해와, 적은 돈이기 때문에 나중에 갚아도 된다는 견해, 또는 갚지 않아도 된다는 견해입니다. 그런데 우리는 첫 번째와 두 번째 견해에 대해서는 동의를 하지만 세 번째 견해는 잘못된 판단임을 알 수 있습니다.

　상가세나 스님이 이야기하고자 하는 주제는 사람이 세상을 살아가면서 가져야 할 마음가짐에 대한 것입니다. 물론 꼭 약속을 지키기 위해서는 어떤 희생을 감수하고서라도 그 약속을 지켜야 하지만, 그렇지 않고 조금 뒤로 미룰 수 있으면, 또 사안의 경중을 따져서 지혜롭게 하는 것도 괜찮습니다. 세상을 살면서 먼저 해야 할 일이 있고 나중에 해야 할 일이 있을 수 있습니다. 지혜 있는 사람은 선과 후를 잘 파악해야 합니다.

요즘 사회는 경제적으로나 심리적으로 매우 힘듭니다. 하지만 이런 때일수록 우리가 의지해야 할 곳은 바로 신의입니다. 사람이 사람과의 신의를 저버리면 살아가기가 매우 힘듭니다. 물론 반 푼의 빚을 갚기 위해 네 냥의 돈을 쓰는 것은 낭비일지 모릅니다. 그러나 비록 반 푼의 빚이라 할지라도 이것을 갚음으로써 얻는 마음의 풍요는 대단히 클 것입니다.

저는 어릴 때 큰스님들이 절약하시면서 수행하는 모습을 보고 자라왔기 때문에 참으로 느끼는 게 많았습니다. 특히 그 중에서도 성철 스님의 일화 하나를 소개하겠습니다.

하루는 어떤 신도가 자신의 아들이 시험에 합격했다고 당시로는 엄청나게 비싼 라도(Rodo) 시계를 보시하였다고 합니다. 신도가 가고 나서 스님은 시자를 불러서 이렇게 말했습니다.

"이게 라도 시계라는 것인데 너 처음 보재. 사람들이 모두 가지고 싶어 하는 거다."

스님은 이 말을 하고 난 뒤 그 비싼 라도 시계를 나무토막 위에 얹어 놓더니 난데없이 돌을 하나 집어 들었습니다. 이것을 본 시자가 깜짝 놀라 물었습니다.

"아아, 스님 무엇을 하려고 하십니까?"

그 말이 끝나자마자 스님은 돌로 쳐서 시계를 부숴버렸다고 합니다.

"자식아, 이 깊은 산중에서 수행승이 시계가 무슨 소용이 있노. 공부하는 놈은 시계를 볼 시간도 없다."

만약 이 같은 일을 신도가 알았다면 섭섭하게 생각할지도 모릅니다. 성철 스님은 바로 시자에게 탐욕의 경계를 가르치기 위해서 기꺼이 그 비싼 라도 시계를 희생했던 겁니다.

《백유경》의 이야기와 성철 스님의 이야기는 상반된 주제입니다. 하나는 신의를 저버리지 않기 위해 남들이 '어리석다'고 해도 돈을 갚아 신의를 지키려는 행위와 신도가 준 비싼 시계를 부숴버린 성철 스님의 행위의 공통점은 '탐욕의 경계'입니다. 검약 정신에 대해 한 가지 더 하겠습니다.

예전에 있었던 일입니다. 큰스님이 한밤중에 절 안을 순찰하다가 원주실에서 이상하게 보글보글 음식 끓는 소리가 들렸다고 합니다. 큰스님께서 방문을 살짝 열어보니 원주 스님이 음식을 끓여 먹고 있었던 겁니다. 다음날 큰스님은 대중들을 불러 모아 원주 스님에게 대중공사를 시작했습니다. 대중공사란 절 안의 모든 스님들을 모아 놓고 잘못을 한 스님에게 벌을 주는 걸 말합니다.

"수행하는 스님이 깊은 밤에 무슨 음식을 끓여 먹었는가?"

원주 스님은 조용히 자리에서 일어나 방으로 가서 냄비를 가져와 대중들에게 보여주었습니다. 그런데 그 냄비 속에는 하수구에서 건져 올린 콩나물, 나물 찌꺼기, 쌀, 그런 것들이 있었는데, 스님은 그것을 주워 깨끗이 씻어 다시 먹었던 겁니다. 그날 대중공사를 진행했던, 큰스님은 오히려 눈시울을 붉히고 돌아섰다는 이야기입니다.

불자들은 설마 그랬을까 하는 의심이 들겠지만 이 이야기는 불가에서 많이 회자되고 있습니다. 여러분들도 그런 절약정신을 서울삼아 항상 아끼면서 살아가야 하겠습니다.

저는 어릴 적부터 절에 살면서 큰스님들이 절약하시던 모습을 많이 보고 살았습니다. 요즘에야 통신이 워낙 발달해 편지 쓸 일이 거의 없지만 예전에 주된 통신수단이 편지였습니다. 그래서 편지가 오면 큰스님은 편지 봉투를 곱게 다려 반대로 접어 봉투를 만들어 쓰곤 했습니다. 말하자면 물건 하나라도 헛되게 버리는 법이 없었습니다.

공덕에 관한 이야기를 하나 더 하겠습니다.

신통력을 가진 한 도사가 동자와 함께 살고 있었습니다. 어느 날 그 도사는 동자의 수명이 이제 7일 밖에 남지 않았음을 알고 '만일 여기에 있다가 죽으면 그 아이의 부모는 틀림없이 나에게 동자를 죽게 했다고 원한을 품을 것이다.'라고 생각했습니다.

도사는 고민을 거듭하다가 동자를 불러 놓고 "너는 집으로 돌아가서 부모님을 뵙고 여드레가 되는 날 오거라." 했습니다. 동자가 집으로 가는 도중에 큰 비를 만났습니다. 마침 땅에 개미구멍이 있었는데 빗물이 구멍으로 들어가려 하자 동자는 구멍을 흙으로 막아

주었습니다. 그리고 8일째 되는 날 아침에 스승에게로 돌아갔습니다. 스승이 멀리서 동자의 모습을 보고는 '7일 만에 죽어야 했는데 이게 무슨 일일까?' 하고는 곧 삼매에 들어가서 관찰해 보니 동자가 개미를 구해 주었기에 수명이 늘게 되었음을 알아냈습니다.

"너는 큰 공덕을 지었는데 네 자신은 그것을 알고 있느냐?"

"7일 동안 집에서만 있었고 다른 공덕을 지은 일은 없습니다."

"너의 수명은 벌써 끝났어야 했는데 엊그제 개미를 구해 주었기 때문에 지금 너의 수명이 늘어났다."

개미를 살려준 작은 공덕이 한 사람의 인생을 바꾸어 놓았던 겁니다. 이것이 바로 불교에서 말하는 자리이타(自利利他) 정신입니다.

선행도 이와 같습니다. 생각하기에는 대수롭지 않게 보이는 작은 일들도 그것이 쌓이고 쌓이면 큰 보시가 된다는 것을 여러분들은 알아야 합니다.

11 선인(仙人)을 보고 활을 쏜 아버지

옛날 한 아버지와 아들이 함께 길을 가게 되었습니다. 아들이 숲속에 들어갔다가 곰을 만나게 되었습니다. 곰의 발톱에 온몸에 상처가 난 아들은 아버지에게 돌아왔습니다. 그의 아버지는 아들의 온몸에 난 상처를 보고 이상히 여겨서 물었습니다.

"아들아, 너는 어째서 온몸에 그런 상처를 입었느냐?"

아들은 대답하였습니다.

"몸에 잔뜩 털이 난 어떤 동물이 와서 나를 해쳤습니다."

아버지는 곧 활을 가지고 아들에게 상처를 입힌 그 동물을 찾아 숲으로 들어갔습니다.

그때 숲에는 긴 수염을 가진 선인(仙人)이 있었습니다. 그 아버지는 선인을 보자 그가 아들을 해친 동물로 착각하여 활을 쏘려고 하였습니다.

그것을 본 옆사람이 그의 아버지에게 말하였습니다.

"왜 선인을 쏘려고 하십니까? 저 사람은 아무런 해를 입히지 않았습니다."

 삼사일언(三思一言), 삼사일행(三思一行)하라

자초지종도 묻지 않고 선인을 곰으로 착각하여 활을 쏘려고 하는 아버지는 굉장히 성질이 급한 사람인 것 같습니다. 이런 사람은 세상을 살아가기가 힘듭니다. 사람이 허물이 있으면 말로 먼저 다스리는 게 순리입니다.

일에는 선후(先後)가 있습니다. 먼저 일을 판단하고 생각해서 이것이 바른 일인가 아닌가를 결정내리고 나서 행하여도 늦지 않습니다. 그런데 오늘날 사람들은 무척 성질이 급해 옳은 일도 잘못하여 그르치는 일이 종종 있습니다. 심지어 자초지종도 알기 전에 사람을 먼저 때리는 일도 비일비재합니다.

'삼사일언(三思一言), 삼사일행(三思一行)'이란 말이 있습니다. '말을 할 때는 적어도 세 번은 생각하고 한 번 말하고, 세 번 생각하고 한 번 행동하는 것'을 말합니다. 우리는 세상을 살면서 수도 없이 많은 착각을 합니다. 어느 것이 진짜인지 가짜인지 모르고 사는 사람들이 참으로 많습니다. 《법구경》에는 다음과 같은 구절이 있습니다.

'잠을 이루지 못하는 사람에게 밤은 길고 지친 나그네에게 길은 아득하듯이, 불법을 모르는 어리석은 사람에게는 생사의 밤길은 멀고 아득하여라.'

이것은 '부처의 불법을 모르는 사람에겐 삶과 죽음에 대한 깨달음은 멀 수밖에 없다'는 진리의 말씀입니다.

절에 와서 스님의 좋은 법문을 듣고, 혹은 경전의 좋은 말들을 읽는 것은 자신의 삶을 풍요롭게 하기 위해서입니다. 그런데 불법(佛法)을 만나지 못하고 그저 자신이 학식이 높다거나 재산이 많다고 우쭐대는 사람을 보면 실로 안타깝다는 생각이 듭니다. 우리 불자들은 이들보다 차원이 다른 세계를 살고 있다는 생각이 듭니다.

절에서는 49재를 지냅니다. 49재란 망자가 아무리 죄가 많은 분이라 해도 사후 부처님의 불법에 귀의하고 깨달아서 성불을 하여 지옥에 빠져 고통스럽거나 축생의 윤회를 하게 되는 일을 벗어날 수 있도록 빌기 위해서입니다. 또한 제사를 통해 살아 있는 자손들이 일생동안 편안하고 어려움 없이 살 수 있도록 복을 받기 위함입니다. 망자와 자손들을 위해서 지내는 49재는 매우 중요한 제사입니다. 때문에 스님들이 재를 지낼 때 좋은 경전을 많이 읽는 것입니다.

우리는 항상 참된 길이 어떤 길인가를 잘 판단하고 살아야 합니다. 지금 우리는 물질 만능 속에서 인간성을 상실한 채로 세상을 살아가고 있습니다. 하루하루 그야말로 숨도 제대로 쉬지 못할 그러

한 치열함 속에서 살아가고 있습니다. 그러나 진정 되돌아보면 이 세상은 이것만이 다가 아님을 알아야 합니다. 미래를 제대로 바라보고 살아야 한다는 것입니다.

학생은 열심히 공부를 하고, 직장인은 주어진 일에 최선을 다하고, 선생은 학생들을 열심히 가르치는 일, 말하자면 자신의 주어진 일에 최선을 다하는 것이 올바른 삶입니다.

법정 스님의 책 중에 '오해'라는 내용이 있습니다. 한번 읽어보겠습니다.

'나는 당신을 죽도록 사랑합니다. 라는 말의 정체는 나는 당신을 죽도록 오해합니다 일지도 모른다. 누가 나를 추켜세운다고 해서 우쭐댈 것도 없고 헐뜯는다고 해서 화를 낼 일도 못 된다. 그건 모두가 한쪽만을 보고 성급하게 판단한 오해이기 때문이다. 오해란 이해 이전의 상태가 아닌가. 문제는 내가 지금 어떻게 살고 있는가에 달린 것이다. 실상은 말 밖에 있는 것이고 진리는 누가 뭐라 하든 흔들리지 않는다. 온전한 이해는 그 어떤 관념에서가 아니라 지혜의 눈을 통해서만 가능하다.'

우리는 세상을 살아가면서 알게 모르게 남을 오해하고 또한 오해를 받기도 하는데, 이는 대상을 바라보는 직관(直觀)이 부족하기 때문에 생깁니다. 그러므로 대상을 바라볼 때 바로 보고, 바로 느끼고 생각하고, 바로 판단해야 하지만 사람이 이와 같이 되기란 쉽지 않습니다. 그럼 이러한 직관을 키우기 위해 어떻게 해야 할까요? 마음

수행을 열심히 해야 합니다. 마음을 차분하게 가라앉히고 무엇이 옳고 그른가를 판단하여 실천해야 합니다. 하지만 사람들은 항시 '잘못 생각하고, 잘못 느끼고, 잘못 판단'하여 깊은 나락으로 빠지는 경우를 많이 봅니다.

흔히 남과 싸우기 전에 세발짝 만 뒤로 물러나면 싸울 일이 없다는 말이 있습니다. 오히려 오해가 이해로 바뀌게 되면 나중에는 사랑하는 마음이 생깁니다. 이렇듯이 남을 오해하는 마음을 버리고 조금 이해하고 산다면 우리는 많은 복을 받을 수 있습니다. 사람이 남을 오해하는 것은 번뇌 때문입니다. 우리는 내 자신이 번뇌 속에서 고통당하는 원인을 생각할 필요가 있습니다.

번뇌를 일으키는 원인을 규명하는 불교 교리의 하나로 번뇌장(煩惱障)이 있는데, 착각을 일으키는 게 가장 큰 원인이라고 합니다. 인간은 오온(五蘊)이 화합한 존재로, 그 가합(假合)이 생명 현실이며 그 소멸이 죽음입니다. 또한 이 오온을 실체로 착각한 데서 일어나는 번뇌가 바로 번뇌장입니다. 108번뇌의 가장 근본이 되는 번뇌장은 '나'에 대한 이기적인 집착이 근본 원인이 되므로 수행의 장애로 보고 있습니다.

원효스님은 《금강삼매경론(金剛三昧經論)》에서 번뇌장을 중생의 근본고(根本苦)이며 일심(一心)의 진실을 왜곡하고 해탈을 방해하는 것으로 보고, 번뇌장의 극복이 불성(佛性)의 첩경이라고 강조하였습니다.

번뇌란 '불타는 나의 고뇌'라는 말도 있습니다. 힘듦, 어려움, 그런 것들이 다 번뇌입니다. 우리는 이러한 번뇌 속에서 벗어나 지혜의 참모습, 참깨달음을 얻어야 하겠습니다. 그럼 깨달음이란 무엇일까요? 있는 그대로 보고, 듣고, 느끼는 것입니다. 있는 그대로 보여지는 일체 법계의 모습을 '있는 그대로 볼 수 있는 정견(正見)'이 깨달음입니다. 매우 평범하고 단순하지만 이 속에 진리가 있습니다. 오히려 단순한 것이기에 우리들의 고정관념이 깨달음에서 우리 스스로를 점점 멀어지게 했는지 모를 일입니다. 있는 그대로의 현실을 자신의 잣대로 재고 분별하여 바라보는 이가 중생이고, 있는 그대로의 현실을 있는 그대로 바라보는 이가 깨달은 자라고 할 수 있습니다.

《초발심자경문》에 보면 '견문잡사 자생의혹(見聞雜事 自生疑惑)'이란 구절이 있습니다. 이는 '잡된 소리를 듣고 스스로 의혹을 일으키지 말라.'는 이야기입니다. 그렇게 되기 위해 바로 사물에 대한 분명한 이해와 판단력을 갖춰야만 합니다. 깨달음에 대한 이야기 하나를 하겠습니다.

어느 옛날 스승과 제자가 함께 수행을 하고 있었습니다. 제자는 늘 불만이 많았습니다. 자신과 스승의 가치관이 너무나 달라서 말이 안 통한다는 겁니다. 하루는 스승이 제자에게 검은 돌 하나를 주면서 말했습니다.

"그대는 이 돌을 가지고 시장에 가서 팔아라. 그런데 누군가 이 돌을 사고자 한다면, 절대로 팔지 말아라."

제자는 스승이 시키는 대로 시장에 가서 검은 돌을 팔려고 했지만 누구 하나 사려는 사람이 없었습니다. 한동안 제자를 지켜보던 어떤 노인이 말했습니다.

"스님, 날이 저물어 가니 그 물건을 나에게 팔고 어서 돌아가시지요. 여기 10만 원이면 되겠습니까?"

"팔 수 없습니다."

"그러면 제가 20만 원 드리면 되겠습니까?"

"팔 수 없습니다."

"그러면 40만 원이면 되겠습니까?"

"팔 수 없습니다."

노인은 스님의 욕심이 지나치다고 생각하였습니다. 하여 이번에는 "100만 원을 주겠다."고 했지만 돌아오는 대답은 "팔 수 없다."는 것이었습니다. 노인은 은근히 화가 나서 언성이 높아졌습니다. 싸우는 소리를 듣고서 파장 후 돌아가던 사람들이 모여들었습니다. 검은 돌 하나를 두고서 스님과 노인이 언성을 높이는 것을 보고서 상인 한 명이 가만히 생각해 보니 아무래도 보통 돌이 아닐 것 같았습니다.

"그렇다면 저 돌은 분명이 흑보(黑寶)일 것이다. 저 돌은 아무리 돈을 주어도 구할 수 없다."고 생각하여 1,000만 원을 불렀습니다. 옆에 다른 이가 그 광경을 보며 "저 상인은 보통이 아니다. 그런데 저 돌을 사려는 이유가 무엇인가? 저 돌은 분명 흑보가 틀림없다. 그렇다면

3,000만 원을 주어도 괜찮겠구나." 상인들이 이처럼 많은 돈을 준다 하여도 스님은 "팔 수 없다."고 되풀이했습니다. 스님은 결국 검은 돌을 가지고 절로 돌아왔습니다. 그리고 스승에게 물었습니다.

"스님, 이 돌은 무슨 돌이기에 세상 사람들이 그렇게 높은 가격을 부릅니까?"

스승이 답했습니다.

"제자야, 사실 이 돌은 흔한 검은 돌에 불과하다. 이 아무 쓸모없는 돌을 두고 세상 사람이나 그대 자신도 속고 말았다. 이 세상의 가치는 사람들이 붙여 놓은 가격과 같다. 원하는 사람이 있다면 높은 가격이 매겨질 것이다. 그러나 원하는 사람이 없다면 그냥 주어도 가지지 않을 것이다. 그대는 늘 나와 가치관이 다르다고 불평을 했다. 그대는 과학이라는 가치를 존중했고 합리를 존중했고 경험을 중시했다. 그러나 여기, 나는 아무것도 가지고 있지 않다. 아무것도 가지고 있지 않기 때문에 나는 천지와 더불어 어울릴 수 있었다. 그대는 가치의 눈으로 보지 말아야 한다. 가치를 매기는 순간 돌은 그냥 흔한 돌이 안 된다. 천지를 보려 하지 말고 천지가 그대를 보면 자연 그대로 천지가 되는 것이다. 그대 마음도 그와 같아서 무엇인가 찾고 세우는 순간에 자연의 마음으로 돌아갈 수 없다. 그대 마음에 그 무엇도 세우지 않을 때만이 그대는 자유로울 수가 있다."

그 후 제자는 스승의 높은 지견을 깨닫고 열심히 수행에 들어갔다고 합니다.

이와 같이 사람은 자기 자신의 어리석음을 잘 모릅니다. 무조건 자기만의 생각에 갇혀 올바른 정견을 가지지 못합니다. 오늘《백유경》의 비유도 마찬가지입니다. 사냥꾼인 아버지가 선인을 보고 곰으로 착각하여 활로 쏘려고 한 것은 바른 정견을 가지지 못한 제자와 같습니다. 또한 곰으로 착각하게 만든 선인에게도 잘못이 있습니다. 불자 여러분들은 항상 자신의 몸과 마음을 잘 다스려야 하겠습니다.

12 아버지와 아들의 약속

옛날 어떤 사람이 한밤중에 그의 아들에게 말하였습니다.

"내일 아침에 나와 함께 마을에 내려가서 어떤 물건을 가져오자."

아들은 그 말을 듣고 아버지 몰래 혼자서 그 물건을 가져오기 위해 백 리가 넘는 마을길을 걸어갔습니다. 아들은 그곳까지 가기도 전에 몸은 지칠대로 지쳐 배는 고프고 목이 말라 아무런 소득도 얻지 못하고 그만 집으로 돌아오고 말았습니다.

이것을 본 아버지는 아들에게 매우 야단을 쳤습니다.

"이 미련하고 무지한 것아, 왜 나와 함께 가지 않고 혼자 공연히 갔느냐?"

"어떤 물건을 가지고 와서 아버지에게 칭찬을 받고 싶었습니다."

"모든 일에는 준비와 방법이 있는 법이다."

그제야 아버지의 말씀을 듣고 아들은 고개를 끄덕였습니다.

불법을 배우는 데도 순서가 있다

이번 이야기의 주제는 '스승'입니다. 불교에서는 부처님이 스승이라 할 수 있는데 어리석은 중생들은 부처님의 가르침을 깨닫지 못하고 죽을 때가 되어서야 비로소 느낍니다. 어찌 보면 참으로 안타까운 일이 아닐 수 없습니다.

하지만, 우리는 지금이라도 부처님의 뜻을 받들어 열심히 공부를 하면 깨달음의 길로 갈 수 있습니다. 그런데 마음공부도 함부로 하면 안 됩니다. 불교에서는 공부를 하여 깨달음을 얻는 순서도 정해져 있습니다. 이른바 '성문, 연각, 보살'입니다.

불교에서 성문(聲聞)은 부처님의 말씀을 듣고 깨닫는 사람을 말하는데, 부처님의 교설에 따라 수행하여 자신의 해탈만을 목적으로 하는 출가 수행자를 가리킵니다. 연각(緣覺)은 부처님의 가르침에 의하지 않고 스스로 수행하여 깨달았지만 적정한 고독을 좋아하여 설법 교화하지 않는 성자를 말합니다. 또한 보살(菩薩)은 무상보리를 구해 중생을 이익 되게 하고, 여러 바라밀행을 닦아 미래에 부처님의 깨달음을 얻고자 하는 성자입니다. 이 세 사람은 어떤 번뇌의 경계를 깨달아 자신만의 경지를 이룩한 사람으로 볼 수 있습니다.

하지만 성자가 되기 위해서는 반드시 세 가지 중요한 요소를 필요로 합니다. 훌륭한 도량, 훌륭한 스승, 훌륭한 도반이 있어야 합니다. 이 중에서 어느 한 가지만 잘못되어도 올바른 수행의 길로 가

기가 힘듭니다. 그런데 이런 세 가지 요소보다 더 중요한 것이 있다면 바로 공부를 하고자 하는 자신의 각오입니다. 아무리 훌륭한 스승이나 좋은 도량, 좋은 도반을 만난다고 해도 스스로 열심히 하려고 하는 마음이 없다면 이 또한 소용이 없는 일입니다.

오늘 《백유경》의 비유는 의지는 있으나 훌륭한 스승을 만나지 않고 혼자 공부를 하다가 아무것도 이루지 못한 이야기입니다. 여기에서 아버지는 부처님이며, 아들은 어리석은 중생을 비유한 것입니다. 물론 혼자 공부를 열심히 하는 것도 좋지만, 길을 잘못 들어 오히려 힘만 빼게 되는 어리석은 중생을 꾸짖는 내용입니다.

아무리 올바른 도를 구하는 방법이 있다고 하더라도 이를 제대로 찾아가지 못한다면 안 간 것만 못하며 열심히 한들 진정한 깨달음에 이를 수 없다는 말입니다. 수행자가 집을 떠나 머리와 수염을 깎고 법복을 입더라도 올바른 선법(禪法)을 만나지 못한다면 결국 도품(道品)의 공덕을 얻지 못한다는 뜻이기도 합니다.

그러므로 우리 불자들도 올바른 마음공부를 하기 위해서는 훌륭한 스승을 만나거나 좋은 도량, 좋은 도반을 만나야 합니다. 이것은 불교에서 말하는 이치를 믿고, 알고, 수행해서 터득한다는 의미인 '신해행증(信解行證)'을 실천해야 이룰 수 있다는 뜻이기도 합니다.

우리가 절에 다니는 것은 훌륭한 스님이나 좋은 도량을 찾기 위함이기도 하지만 좋은 도반을 만나기 위함도 있습니다. 부처님을 따르는 도반을 만나 서로 의지하고 공부를 하면 훨씬 빨리 깨달음에 이를 수 있기 때문입니다. 이같이 우리가 불교를 공부하는 것도 좋은 인연을 만나기 위함입니다.

부처님께서 《잡아함경》에서 갈대의 비유를 들어 좋은 도반이 왜 수행에 도움이 되는가를 법문하신 적이 있습니다.

어느 날, 부처님은 두 묶음의 갈대 짚단을 가져오라고 제자들에게 말하였습니다. 그리고 제자들에게 그 두 묶음을 세워 보라고 하셨는데 그들은 얼기설기 갈대 짚단을 기대어 세웠습니다. 그러나 그 둘 중에서 하나를 없애면 나머지 하나도 넘어져 버렸습니다. 그러자 부처님은 제자들에게 말하였습니다.

"비구들이여, 이것이 있을 때 저것이 있고, 이것이 없으면 저것이 없노라."

이것이 바로 부처님이 말씀하셨던 그 유명한 인연법입니다. 인이란 직접적인 원인이고, 연이란 간접적인 원인입니다. 다시 말하면 직접적이고 간접적인 원인에 의해 생성, 소멸되는 것이 인연입니다. 그런 인연 속에서도 누군가와 친구가 되거나 스승을 만나기 위해서는 내 마음을 보여주고 내가 먼저 손을 내밀어야 합니다. 열린 마음을 가져야 한다는 것이지요. 요즘 서양에서는 불교를 오픈 더 마인드(open the mind)라는 종교로 인식하고 있다고 합니다. 그처럼 좋은 인연을 만나기 위해서는 열린 마음이 필요합니다.

세상은 인연에 의해 거미줄처럼 얼기설기 엮여져 있습니다. 이 세상 그 무엇도 분리되거나 독립되어 있지 않습니다. 마치 그물의 코처럼 서로 의지하고 도움을 주고받으며 존재하고 있습니다.

《화엄경》에서는 인드라망의 세계를 두고 '제망중중무진연기(帝網重重無盡緣起)'라고 하였습니다. 인드라망이란, 그물의 한 점을 들면 수많은 그물눈이 얽혀들고, 다른 점을 들어도 무한으로 연결된 그물눈이 보입니다. 이 인드라(Indra)의 그물은 제석천궁에 있는 보물로, 그물코마다 달린 구슬이 서로 비치게 되어 있습니다. 이렇게 비친 구슬이 또 다른 구슬에 비쳐 무한겹겹으로 비칩니다. 이 비유는 한 티끌 가운데 커다란 세계가 온통 들어차 있다는 중중무진법과 같은 것입니다. 거미줄에 이슬이 맺혀 그것이 서로 비추는 사진을 본 적이 있을 것입니다. 그것과 같은 형상이 곧 우리가 살고 있는 세계라는 것입니다.

케빈베이컨의 6단계 이론이라는 것이 있습니다. 케빈베이컨이라는 사람은 미국의 유명한 영화배우입니다. 그런데 미국에서 여섯 사람만 걸치면 이 사람과 만날 수 있다는 것입니다.

이 실험은 1967년, 하버드대 스탠리 밀그램 교수가 무작위로 선택한 두 사람 사이의 거리를 측정하기 위해 미국 내 특정 지역 주민 160명을 무작위로 뽑아 매사추세츠주에 사는 A와 B에게 전달하는 편지를 보냈을 때, '친구 중 A, B를 알고 있거나 알고 있을 것 같은 사람에게 편지를 보낸다.'는 게 실험의 규칙입니다. 편지 160통 중 42통이 목표 인물에게 배달됐는데 평균 경유 횟수는 5.5명에 불과했습니다.

하버드대학의 스탠리 밀그램 교수는 '인간관계의 6단계 분리법'을 주장했습니다. 이는 6명만 건너면 세상의 누구와도 연결될 수 있다는 주장입니다.

실제로 한 TV방송국의 오락프로그램에서 이 주장을 그대로 실험하여 증명을 하기도 했었다고 합니다. 즉, 세상의 모든 사람들은 육단계 법을 거치게 되면 모두 아는 관계라는 뜻입니다. 그런데 미국보다 작은 국토인 한국의 모든 사람들은 3.5명 사이에서 모두 아는 관계라고 하니 이 세계는 인연과 인연이 맺어지는 '인드라망'이라는 생각이 듭니다.

그러므로 인생에 있어 중요한 인연은 올바른 스승을 만나는 것이며 그것이 깨달음으로 가는 인생의 지름길입니다. 이를 알고 우리 불자들은 항상 좋은 스승, 좋은 도반, 좋은 도량을 만들기 위해 우선 자기부터 열심히 수행하였으면 합니다.

13 물에 금을 그은 사람

옛날 어떤 사람이 배를 타고 사자국의 바다를 건너가다가 은그릇 하나를 바다 속으로 떨어뜨렸습니다. 그는 떨어진 은그릇 하나를 다시 찾기 위해 골똘히 생각하다가 묘안을 생각해 냈습니다.

'지금 바쁘니 물 위에 금을 그어 표시를 해둔 다음에 다시 찾으러 오자.'

그리하여 그는 두 달이나 지난 뒤 다시 은그릇을 찾기 위해 사자국(師子國)에 이르렀습니다. 그 사람은 눈앞에 흐르는 바닷물을 보고 물속으로 들어가 전에 잃어버렸던 은그릇을 다시 찾으려 하였습니다.

이를 본 다른 뱃사람이 말하였습니다.

"무엇 때문에 바다 속으로 들어가려고 하는가?"

그는 대답하였습니다.

"내가 이전에 이 바다를 지나가다가 은그릇을 잃어버렸는데 그것을 지금 찾으려 한다."

"어디서 잃어버렸으며 얼마나 지났는가?"

"잃어버린지 두 달이 지났다."

"두 달이나 지났는데 어떻게 은그릇을 찾을 수가 있겠는가?"

"내가 은그릇을 잃어버렸을 때 물 위에 금을 그어 두었는데 전에 표시를 해 둔 물이 이 물과 다름이 없다. 그래서 지금 은그릇을 찾으려 한다."

이 이야기를 들은 사람이 '하하' 크게 웃었습니다.

"물은 비록 다르지 않지마는 물 위의 금이 아직도 남아 있겠는가. 어찌하여 그리 어리석은가."

"찾을 수 있을 것이다."

다른 사람들이 말하였습니다.

"그것은 저쪽에서 잃어버린 것을 이쪽에서 찾는 것과 같네."

이에 모두 그 사람을 비웃었습니다.

 때를 놓치지 말고 현명하라

우리 속담에 '아는 길도 물어서 간다.'라는 말이 있습니다. 이것은 모든 일을 할 때 오래 생각하고 실천에 옮겨야 한다는 뜻입니다. 하지만 인간의 마음은 자신의 생각대로 이를 행동으로 옮기기가 결코 쉽지 않습니다. 물론 우스개 같지만 이 속에 상가세나 스님이 우리에게 들려 주고자 하는 요지는 '인간의 어리석음'에 관한 것입니다.

사람은 노력도 중요하지만 때와 장소를 정하는 것도 매우 중요합니다. 요즘 경제가 힘들어 중소기업들이 연쇄 부도를 맞고 있다고 합니다. 스님이 그런 것도 아느냐고 하실지 모르지만 알건 다 압니다. 건실한 중소기업들도 제때 대출을 받지 못해 흑자 부도가 많이 난다고 하는데 이는 일시적인 유동성의 불안 때문이라고 합니다. 그래서 나라의 경제 정책에도 시기가 매우 중요하다는 겁니다.

사람이 어떤 일을 할 때 뒤로 무조건 미루는 건 좋지 못한 일입니다. 즉, 상황의 경중(輕重)을 따져 일을 처리해야 합니다. 오늘 비유의 주제는 바로 여기에 있습니다.

만약 바다 위에서 은그릇을 떨어뜨린 사람이 빨리 그 그릇을 찾으러 물속으로 뛰어 들었다면, 귀한 은그릇을 찾을 수 있었을 겁니다. 하지만 귀찮은 나머지 다음에 은그릇을 찾겠다는 생각 때문에 물 위에 금을 그었으니 찾지 못할 것은 당연합니다. 아마 우리 불자들 중에 이런 행동을 하는 어리석은 사람은 없겠지요.

경전 중에 '초발심시 변정각(初發心時 便正覺)'이라는 말이 있습니다. '처음 먹은 마음이 정각을 이룬 것과 같다.'라는 뜻입니다. 이 말은 처음이 중요하다는 말로, 나중 뒤로 미루면 때가 늦다는 말이기도 합니다. 즉, 처음 발심을 하게 되면 그 서원이 마음과 일치가 되어 부처의 깨달은 마음과 같아진다는 뜻입니다. 그러므로 불심의 마음도 처음이 매우 중요하다는 말입니다.

물론, 바른 스승 아래에서 바른 수행과 바른 행을 닦지 않고 외관이 비슷하다고 다른 외도의 도를 따르는 어리석은 행과 다르지 않다고 생각됩니다. 이는 '예전에 은그릇을 빠뜨린 장소가 이곳이겠지.' 하고 찾으러 물속으로 들어가려고 하는 어리석은 사람과 같다고 할 수 있습니다.

《금강경》에서는 "과거의 마음도 미래의 마음도 현재의 마음도 분리·고정된 실체를 얻을 수 없다. 그러므로 실상에 맞게 그 어디 그 무엇에도 머무름 없이 마음 내고 보시하면 그 삶 자체가 해탈의 삶이다. 삼세심 불가득 응무소주 이생기심 무주상보시(三世心 不可得 應無所住 而生其心 無住相布施)."라고 했습니다.

임제 선사는 "언제 어디에서나 주체적으로 진리를 선택하고 실천하면 언제 어디에서나 그 삶이 참되고 자유롭다. 수처작주 입처개진(隨處作主 立處皆眞)."이라고 했습니다.

이와 같이 매 순간마다 주체적으로 진리를 실천하려고 노력하는 것이 진정한 불교 수행이요, 중도 수행이며, 올바른 수행입니다. 즉, 삶이 수행이고 수행이 삶이라는 말입니다. 수행과 삶, 일과 수행은 결코 분리될 수가 없다는 말입니다.

수행 방법에도 그에 따른 이론이 있습니다. 이를 모르고 가는 것은 마치 맹목적으로 길을 가는 격이 되기 쉽습니다. 또한 반대로 이론만 있고 실천이 없는 것은 길을 알지만 길을 가지 않고 제자리에

앉아 있는 것과 같습니다. 즉 마음은 있으나 실천이 없고, 행은 있으나 마음이 움직이지 않기 때문에 그 무엇도 이룰 수 없다는 말입니다.

그러므로 현재의 자신을 제대로 바라보는 것이 매우 중요합니다. 《잡아함경》에 다음과 같이 설법한 내용이 있습니다.

부처님께서 바라나시의 선인들이 사는 사슴동산에서 제자들에게 말씀하셨습니다.

"네 가지 올바르게 살펴야 할 진리가 있다. 중생의 현실은 고통과 괴로움이라 보는 것이요, 그 고통과 괴로움은 무엇 때문에 일어나는가를 살피는 것이며, 고통과 괴로움을 넘어서 열반의 세계가 있음을 깨닫는 일이요, 그 열반에 도달하는 길을 살피는 것이니라."

이것은 부처님이 제자들에게 인간이 수행을 거쳐 열반에 도달하기 위해 필요한 네 가지에 대한 중요성을 설법한 것입니다. 첫째, 중생의 삶 자체가 고통임을 인정하라는 것입니다. 둘째, 그러한 고통의 원인은 무엇 때문에 일어나는가. 셋째, 고통과 괴로움을 넘어 열반의 세계가 있음을 믿으라는 것입니다. 넷째, 열반에 도달할 수 있도록 수행을 열심히 하라는 말씀입니다. 이를 깨달은 사람은 성인의 깃발을 세운 자라고 부처님은 말씀하셨습니다.

이러기 위해서 가장 중요한 것이 있는데 바로 '아(我)'라는 교만을 끊어 바른 '아(我)'를 세우는 것이라고 말씀하셨던 겁니다.

《백유경》에서 들려주는 가장 큰 가르침은 바로 어리석은 사람이 교만에 빠져 전후를 생각하지 않고 자신은 당연히 은그릇을 찾을 수 있다는 잘못된 견해를 가졌다는 겁니다. 이것이 부처님이 말씀하신 아만(我慢)입니다.

부처님은 삼독 중 탐욕과 성냄보다 더 잘못된 것은 어리석음이라고 계율에서 지적한 적이 있습니다. 사람은 어리석기 때문에 탐욕을 원하고 이 때문에 성냄을 일으킨다는 말입니다. 이것은 마치 나쁜 사람들이 세상을 살아가면서 올바른 행을 구하지 않고 착함의 근처에서 머물다가 마치 선을 행한 것처럼 하는 것과 다를 바가 없습니다.

사람은 자신의 한 치 앞을 모르는 나약한 존재입니다. 심지어 자신의 마음조차 잘 모르는 어리석은 존재입니다. 때문에 마음을 스스로 닦고 가꾸지 않으면 한순간 나락으로 떨어질 것입니다.

얼마 전, 한국에서 베스트셀러가 된 틱낫한 스님의 《포옹》에 대해 들려주겠습니다.

"과거는 이미 지나갔고 미래는 아직 여기에 오지 않았습니다. 지금 이 순간만이 우리에게 있고 우리는 지금 이 순간만을 누릴 수 있습니다. 과거에 대한 아쉬움을 뒤로 하고 내일을 걱정하지 마십시오. 지금 이 순간을 만나기 위해 자기 자신에게 돌아가십시오.

삶의 기적은 '지금 여기'에 있습니다. 우리는 삶의 기적을 우리 자신 안에서, 우리 주변 도처에서 느낍니다. 그러나 우리가 과거 때문에 괴로워하고 미래를 두려워하며 걱정하고 있으면 '지금 여기'

에서 세상의 모든 기적과 결코 만날 수 없습니다. 미래의 기적을 기다리지 마십시오."

불자님들도 기적을 기다리지 마시고 스스로 노력하다 보면 언젠가는 자신 앞에 일어날 놀라운 기적을 발견하게 될 것입니다.

14 나무 통에게 화낸 어리석은 사람

옛날 어떤 사람이 길을 가는데 매우 목이 말랐습니다. 그가 고개를 돌리자 바위 틈새에 끼어 있는 푸른 대나무 통에서 맑은 물이 흐르는 것을 보고 뛰어가 실컷 그 물을 마셨습니다.

그는 배가 부르도록 물을 마신 뒤 대나무 통에게 이렇게 말하였습니다.

"이제 나는 실컷 물을 마셨으니 물아, 다시는 나오지 말아라."

그러나 여전히 대나무 통 속에서는 맑고 맛있는 물이 흘러 나왔습니다.

그는 대나무 통에게 화를 내며 말하였습니다.

"대나무 통아, 이제 나는 싫도록 물을 마셨는데 너는 어찌하여 물을 자꾸 흘러 보내는가. 물이 아깝지 않으냐?"

길을 가다가 이를 본 어떤 사람이 그에게 말하였습니다.

"너는 참으로 어리석어 지혜가 없구나. 왜 너는 그 앞을 떠나지 않고 대나무 통에게 자꾸 물이 나오지 말라고 하느냐. 너만 떠나면 될 것이 아니냐?"

그는 그 사람의 몸을 들어 다른 곳으로 집어던졌습니다.

 자기만 알고 자기만의 생각에 갇혀 행동하지 말라

여기에 나오는 이 사람의 심성은 삼독 중에 '어리석음'과 '화냄'을 동시에 가지고 있습니다. 자신이 목이 말라 물을 마셨으면 가버리면 되는데도 도리어 대나무 통에서 물이 나온다고 화를 내는 것은 어이가 없는 일입니다.

이런 사람은 남을 생각하지 않고 자신의 오욕락만을 추구하는 나쁜 사람입니다. 불교에서 말하는 오욕락은 재물욕·색욕·음식욕·수면욕·명예욕인데, 우리 몸이 가지고 있는 육신의 눈·귀·코·혀·몸(피부) 뜻이 가지는 여섯 가지의 정(情) 때문에 생깁니다. 눈은 좋은 것만 보려 하고, 귀는 아름다운 소리만 들으려 하고, 코는 좋은 냄새만 맡으려 하고, 혀는 달콤한 것만 먹으려하고, 몸은 좋은 것만 찾고 또한 마음은 쾌락만을 추구합니다. 이러한 것들이 우리 인간의 몸과 정신을 망하게 하는 원인이 됩니다.

요즘 자신만의 이익을 위해서 사는 사람들을 많이 봅니다. 이러한 사람들은 일순간 이익을 보는 것 같지만 결국에는 큰 손해를 보거나 돌이킬 수 없는 절망으로 빠질 때가 많습니다. 자기만 알고 자기만의 생각에 사로잡혀 사는 사람들은 마음의 평안을 얻지 못합니다. 불교에서는 이런 것을 두고 '아만(我慢)'에 차있는 사람이라고 합니다.

  인간의 성공과 실패는 나로부터 시작됩니다. 우리는 살면서 무슨무슨 이유 때문에 안 된다는 말을 많이 합니다. 예를 들면, 돈이 없기 때문에, 나이가 많기 때문에, 혹은 가난하기 때문에 등등 참으로 많은 절망 속에 자신을 스스로 가두어 버리는 경향이 많습니다. 하지만 이러한 생각은 나쁜 결과를 낳을 수밖에 없습니다. 차라리 내가 키가 작음에도 불구하고, 내가 가난함에도 불구하고, 어떤 어려움들을 극복하고 넘어섰을 때 우리 인생은 한층 즐겁고 성공한 삶이 되지 않을까 싶습니다.

  누구에게나 삶은 어렵고 힘듭니다. 때론 괴롭고, 답답하고, 맘대로 되지 않는 것이 세상사입니다. 그렇지만 그럼에도 불구하고 '나는 할 수 있고 해야만 한다, 꼭 할 수 있다', 그런 자신감을 가지고 일에 매진한다면 이루지 못할 일은 하나도 없을 것입니다. 그러므로 항상 긍정적이고 적극적인 사고를 가지고 이 세상의 어려운 난관들을 하나씩 극복해 나간다면 우리는 반드시 원하는 것을 성취할 수 있을 겁니다.

  대개 어리석은 사람들은 자신의 탓보다 남을 탓하는 경향이 많이 있습니다. 제가 하나의 예를 들어 보겠습니다.

부처님이 기원정사에 머물고 계실 때의 일입니다. 어느 날 장로 사리풋타가 부처님에게 여쭈었습니다.

"부처님, 만약 비구로서 남의 허물을 들추려 한다면 어떻게 해야 합니까?"

"우선 다섯 가지를 갖추어야 한다. 첫째는 반드시 사실이어야 하고, 둘째는 말할 때를 알아야 하고, 셋째는 이치에 합당해야 하며, 넷째는 부드럽게 말해야 하며, 다섯째는 자비심으로 말해야 한다."

"그러나 진실한 말을 했는데도 성을 내는 사람이 있습니다. 그때는 어찌해야 합니까?"

"그에게는 그것이 사실이며 자비로운 마음에서 말한 것임을 깨닫도록 해야 한다."

" 만약 어떤 사람이 사실이 아닌 것을 사실인 양 말하면 어떻게 해야 합니까?"

"만약 어떤 나쁜 도적이 와서 너를 묶고 너에게 해를 입히고자 할 때 너희가 도적에게 나쁜 마음으로 욕하고 반항하면 어떻게 되겠느냐? 그러면 도적은 더욱 너를 괴롭힐 것이다. 그러므로 그때는 나쁜 마음을 일으키지 말고, 나쁜 말을 하지 않는 것이 이익이다. 마찬가지로 누가 사실이 아닌 것을 사실이라고 말하여도 그에게 나쁜 마음을 일으키게 하지 말라. 원망하기보다는 불쌍한 마음을 일으키라."

"그러나 진실한 말을 해도 화를 내는 사람이 있습니다. 이때는 어떻게 해야 합니까?"

"만일 그가 아첨을 좋아하고 거짓되며, 속이고 믿지 않으며, 안팎으로 부끄러움을 모르며, 게으르고 계율을 존중하지 않으며, 열반을 구하지 않고 먹고 사는 일에만 관심이 많다면, 그와는 함께하지 않는 것이 좋으리라."

《잡아함경》의 「거죄경(擧罪經)」에 나오는 얘기입니다.

여기서 부처님과 사리불이 나눈 이 대화의 주제는 남의 허물을 말할 때, 또는 내가 남으로부터 허물을 지적받았을 때 어떤 마음을 가져야 되는가에 대한 겁니다.

이에 부처님은 그것이 '진실한 것인가, 이치에 맞는가?' 등을 따져본 뒤 신중하게 말하고, 듣는 사람도 감사한 마음으로 받아들이라고 권하고 있습니다. 만약 이런 조건을 갖추지 못한다면 차라리 참으라고 말합니다. 이는 우리가 깊이 새겨들어야 할 부처님의 가르침입니다. 물론 악한 사람을 제도하는 일은 쉽지 않습니다. 하지만 불교를 믿는 사람이라면 최선을 다해야 합니다. 그래야만 진정한 불자가 될 수 있습니다.

오늘 《백유경》에 나타난 어리석은 사람의 이야기는 깨달음의 비유에 관한 것입니다. 자신의 무지를 깨닫지 못하고 오히려 대나무 통에게 화를 내는 어리석은 사람의 모습이 바로 오늘날 우리들의 모습일 수 있습니다.

이와 같이 깨달음은 누가 주는 게 아닙니다. 깨달음은 전적으로 자신의 문제입니다. 내 앞에 계신 스님이 수행을 하니까 나도 따라 해야지, 옆에 도반이 하니까 나도 한다는 식으로 수행을 하는 것은 아니 한 것보다 못합니다. 깨달음은 지금 바로 여기에 있고 지금 바로 나의 문제라고 자각하는 것이 매우 중요합니다. 이를 깨닫지 못하면 어리석은 사람이 되기가 쉽다는 말씀입니다.

'인생난득 불법난봉(人生難得 佛法難捧)'이라는 말이 있습니다. '사람 몸 받아 태어나기 어렵고 또한 부처님의 법 만나기 어렵다.'는 말입니다.

우리는 이렇게 기적의 세상에서 태어나 살고 있습니다. 심지어 우리의 인생을 두고 《화엄경》에서는 '맹구위목(盲龜遇木)' 눈먼 거북이가 바다에서 떠도는 나무를 만나는 것과 같다고까지 했습니다. 그러므로 우리 불자들은 인연과 불연을 모두 지었으니 부처님 법에 의지하여 깨달음을 향한 정진 수행만이 남아 있을 뿐입니다.

그러므로 이 삶 속에서 항상 나를 찾고, 내가 누구인가를 찾고, 내가 정말 잘 살고 있는가를 한번 반성해 보고 깨달을 수 있는 마음을 가질 수 있다면 우리 삶은 더욱 아름답게 빛날 수 있지 않을까 싶습니다.

나의 주인은 누구인가? 자기야말로 자신이 주인이고 의지할 곳입니다. 장수가 말을 다루듯 자신을 잘 다루어야 합니다. 석가모니의 전기를 기록한 책인 《불본행집경》의 「교화병장품」에 나를 찾는 중요성에 대해 다음과 같이 나와 있습니다.

　나를 찾는 일과 여자를 찾는 일 중 어느 일이 더 보람있는 일인가?

　바라나시의 녹야원에서 최초의 설법을 마치신 부처님께서는 우루벨라를 향해 가르침의 여행을 떠났습니다. 그러던 중, 부처님이 숲 속의 한 나무 아래 앉아 쉬고 있을 때, 한 떼의 젊은이들이 무엇인가를 찾아 허둥지둥 헤매고 있었습니다.

　그때 나무 아래 조용히 앉아 있는 부처님을 보자 그들이 물었습니다.

　"혹시 이리로 도망가는 여인을 보지 못했습니까?"

　"그 여자를 어째서 찾으려고 하는가?"

　사연인즉, 그들은 이 근처에 사는데 저마다 자기 아내를 데리고 숲으로 놀이를 나왔습니다. 그리고 그 중 한 사람은 아직 미혼이라 기생과 함께 왔는데 놀이에 정신이 팔려 있는 동안 기생이 값진 물건을 가지고 달아나 버렸던 것입니다. 그래서 그 여자를 찾느라 온 숲을 뒤지고 있다는 겁니다.

　"젊은이들, 달아난 여자를 찾는 일과 자신을 찾는 일 중 어떤 것이 더 보람 있는 일이라고 생각하는가?"

　달아난 여자만을 찾아 정신없이 헤매던 그들은 이와 같은 질문을 받고서야 제정신이 돌아왔습니다.

　"물론 자신을 찾는 일이 더 보람이 있는 일이지요."

"그럼 다들 거기에 앉게나. 자기 자신을 찾는 일을 가르쳐 주겠노라."

부처님은 그들을 위해 차근차근 괴로움의 원인과 괴로움의 극복과 그 극복에 이르는 길을 말씀하셨습니다. 그들의 마음은 흰 천과 같이 젊어 아직 세상에 물들지 않았으므로 이치에 맞는 부처님 말씀을 듣고 진리를 보는 눈이 열리기 시작했습니다.

삶은 흐르는 물과도 같습니다. 그 흐르는 물속에서 남을 원망하고 미워하는 마음보다는 남이 존재하고 있기 때문에 내가 행복해진다는 생각을 한다면 세상은 더욱 아름다워질 것입니다. 우리 불자님들도 오늘부터라도 내 주변을 되돌아봅시다.

15 금족제비와 독사

옛날 한 나그네가 길을 가다가 금족제비 한 마리를 주웠습니다. 그는 매우 기뻐한 나머지 그것을 품 안에 품고 갔습니다. 마침 그는 강에 이르러 물을 건너려고 옷을 벗어 땅에 두었더니 그 금족제비가 이내 독사로 변해 버렸습니다.

그는 자꾸 금족제비가 아까운 나머지 가만히 생각하였습니다.

"차라리 독사에게 물려 죽더라도 그 독사를 품속에 안고 가리라."

그의 지극한 마음에 감동을 받은 독사는 다시 금족제비로 변하였습니다.

이것을 본 어떤 어리석은 사람이 독사가 순금으로 변하는 것을 보고 언제나 그런 줄 알고 자신도 독사를 잡아 품속에 품었습니다. 그러나 그는 이내 독사에게 물려 죽고 말았습니다.

신심을 가지고 치열하게 수행하라

오늘 공부할 내용은 선행을 통해 '독사를 금족제비로 만든 사람'의 이야기입니다.

《백유경》에 나오는 사람이 금족제비를 가질 수 있었던 것은 바로 강한 믿음 때문입니다. '물려죽더라도 품속에 안고 가겠다.'는 지극한 마음이 독사를 감동시켰던 것입니다. 이와 반대로 탐욕을 가지고 독사를 품속에 안은 사람은 결국 물려 죽고 말았습니다. 상가세나 스님이 이 비유를 통해 들려주고자 하는 이야기의 핵심도 바로 '신심(信心)'입니다.

여기에서 독사는 불법(佛法)이며 어리석은 사람은 외도(外道)들의 비유입니다. 불법을 믿지 않으면서 남이 얻은 이익을 보고 거짓으로 믿다가 화를 당하는 이 이야기는 재미있는 이솝 우화 같습니다.

말하자면, 수행의 덕(德)과 선한 공덕(功德)을 쌓지 못한 사람은 큰 복을 얻기가 힘들다는 말입니다. 이것은 마치 어리석은 외도가 독사를 가슴에 품었다가 물려 죽는 것과 다를 바가 없습니다.

세상도 이와 같습니다. 진실한 마음, 착한 마음, 참된 마음, 아름다운 마음, 진리를 추구하는 마음, 그런 아름다운 마음을 가지고 있는 사람은 언제든지 복을 받게끔 되어 있습니다. 그런데 여기에서 매우 중요한 게 신심(信心)입니다. 자신이 아무리 선한 일을 하고 수행을 많이 했다고 하더라도 이러한 신심이 없다면 무용지물이 될 수 있다는 말입니다.

그렇다고 복을 받기 위해 기도를 하라는 말은 아닙니다. 즉 목적이 있으면 안 된다는 말입니다. 다만, 열심히 기도를 하고 공덕을 쌓다 보면 반드시 자신에게 복이 온다는 강한 믿음을 가져야 한다는 것입니다. 이게 바로 불교에서 말하는 '불심(佛心)의 힘'입니다.

부처님의 법문을 듣고 진심으로 의심하지 않은 사람은 복을 크게 얻을 수 있습니다. 그런데 내가 열심히 기도를 한다고 해서 '정말 좋은 일이 내게 일어날까?'라는 의심을 계속한다면 아무런 소용이 없습니다.

부처님은 우리에게 그냥 법문을 한 것이 아닙니다. 이 속에는 '환희심'을 일으키는 무한의 경지가 들어 있습니다. 우리가 이러한 부처님의 법문을 내 것으로 만들기 위해서는 '진심(眞心)과 신심(信心)'이 있어야만 가능합니다. 이것이 전제가 될때만이 우리는 비로소 부처님과 소통할 수 있게 됩니다. 이때 무상도(無上道)를 이루게 되면 부처님과도 평등한 위치에 설 수 있게 되어 비로소 자기 자신도 부처가 될 수가 있습니다.

"믿음을 가지고 정진하되 비록 적은 물일지라도 항상 꾸준하게 흘러 메마른 땅을 적시듯이 그런 마음으로 자신을 가꾸어 나가라."

이것은 경전에 적혀 있는 부처님의 말씀입니다.

불자들은 절에 가서 절을 많이 합니다. 그런데 그냥 기도만 한다고 해서 되는 게 아니라 지극정성으로 해야 합니다. 저 역시 스무 살 약관 때 통도사 관음전에서 첫 번째 백일기도를 지극한 마음으로 했습니다. 어떤 스님은 기도에 대해 '부처님의 주파수에 나의 채널을 맞추는 것'이라고 했습니다. 이렇게 지극정성으로 기도를 하다 보면 어느 날 갑자기 부처님과 소통하게 되어 감응(感應) 하게 된다고 말씀하셨습니다. 이와같이 기도란 간절한 마음이 깃들어 있어야 하며 단순히 괴로움에서 벗어나기 위해서 혹은 무엇인가를 이루기 위해서 하는 게 아니라 자신의 마음을 되찾는 일임을 알아야 합니다. 지극한 마음은 모든 것을 이루게 하며 또한 모든 것을 변화시킵니다. 세상을 변화시키는 큰 힘은 바로 진실에 대한 믿음입니다.

오늘은 백중입니다. 백중은 불교 5대 명절 가운데 하나로 꼽힐 만큼 중요한 날입니다. 이 날은 음력 7월 15일로 하안거 해제날이기도 하고, 불자들은 백중 49일 전부터 인연 있는 사찰 등에서 기도에 입재, 이 날까지 선망부모를 천도하는 재나 법회 등을 봉행하는 '우란분절(盂蘭盆節)'이기도 합니다. 선방에서는 하안거 동안 정진하면서 생긴 스스로의 허물을 대중 앞에 사뢰고 참회하는 자자(自恣)를 행하며, 불자들은 선망부모를 천도하는 우란분절 법회를 봉행합니다.

우란분절은 부처님의 십대 제자 중 신통제일 목련 존자의 어머니를 아귀도에서 구하기 위해 부처님의 가르침을 받은 사실을 적은 「우란분경」에서 연유합니다.

어느 날 목련 존자는 지옥에 떨어진 어머니를 구하기 위해 그 방법을 부처님께 물었습니다. 그때 부처님께서 "안거 해제날에 백미의 음식과 다섯 가지 과일을 준비하여 시방의 스님들에게 공양하면 어머니의 고통이 제거된다."고 가르쳤습니다.

목련 존자가 신통으로 천상천하를 살펴보다가 어머니가 생전에 지은 죄가 많은 탓으로 아귀지옥에 태어나서 음식을 먹지 못하고 있음을 알게 되었습니다. 그때 목련 존자는 가슴이 아파 어머니께 음식을 올렸으나 입에 들어가기도 전에 뜨거운 불길로 변해 버렸던 것입니다. 그 순간 목련 존자는 대성통곡하며 부처님께 달려가 어머니를 구제해 달라고 간청했습니다. 부처님은 목련 존자를 측은하게 생각하시고 다음과 같이 설하셨습니다.

"어머니의 죄는 너무도 무거워 너의 혼자 힘으로는 어찌할 도리가 없다. 다만 시방에 계시는 대덕 스님들의 법력을 빌면 가능할진대, 이들이 9순 안거를 끝내고 참회의식을 가지는 자자일(自恣日), 즉 7월 15일에 좋은 음식과 온갖 과실을 공양하면 이 스님들의 힘으로 살아 있는 부모는 물론 7대 선망부모와 친척들이 모두 고통에서 벗어나 백년장수하고 천상에서 쾌락을 누릴 것이다."

목련 존자는 그 후부터 하안거 해제일이 되면 시방 스님들에게 지극정성으로 공양을 했던 겁니다.

이와 같이 백중기도는 불효한 죄를 참회하고 불은의 가르침을 주시는 스승님의 은혜에 감사를 표하여 스님들께 공양을 올리는 날입니다. 한마디로 은혜를 갚는 날입니다. 또한 백중기도를 통하여 업

장소멸 및 선망조상, 태중아기영가 왕생극락을 위하여 부처님 전에 기도 올리면 우리가 발원하는 선망조상님은 그 공덕으로 천도가 되는 날입니다. 어머니를 구하겠다는 선한 마음으로 기도하게 되면 이것이 마침내 공덕으로 나타나게 된다는 말입니다.

《백유경》처럼 선한 마음을 가지면 독사가 금족제비가 되고, 악한 마음을 가지면 독사에게 물려 죽는 것과 같은 이치입니다. 사람들은 이렇게 잔꾀로 망하는 사람들이 많습니다. 앞에 있는 작은 이익 때문에 큰 것을 잃고, 욕심과 성냄으로 자신의 몸이 스트레스로 병들어 간다는 사실을 모르고 살아갑니다.

우리 중생들은 한평생을 살아가면서도 자신도 모르게 악업을 짓게 됩니다. 쌓이는 악업의 무거움은 이루 말할 수가 없습니다. 그래서 부처님께서는 우리에게 항상 참회하는 생활을 하라고 이르셨습니다. 그러므로 매일매일 반성하는 자세로 사는 것이 재차 악업을 짓는 것을 방지하는 길입니다.

거울 속의 자기(自己)

옛날 어떤 사람이 몹시 가난하여 남에게 많은 빚을 졌으나 갚을 길이 없었습니다. 그리하여 그는 그곳을 피하여 아무도 없는 곳으로 도망쳤습니다. 그는 길을 헤매다가 보물이 가득찬 상자를 발견하였습니다. 그 보물 상자 위에는 거울이 있었는데 그 거울이 보물을 덮고 있었습니다. 가난한 사람은 그 보물 상자를 보자 매우 기뻐하며 그것을 열려고 하였습니다. 그런데 그 거울 속에는 다른 사람의 얼굴이 보였습니다. 그는 그 얼굴을 보자 자신의 얼굴인 줄도 모르고 매우 놀랍고 두려워 합장을 하였습니다.

그는 그 거울 속의 얼굴이 보물을 지키고 있는 사람인 줄 알았던 겁니다.

"나는 상자 주위에 아무도 없다고 생각을 하였는데 그대가 여기에 있는 줄을 몰랐습니다. 나에게 화를 내지 마시오."

그는 마치 도둑이 제 발길에 놀라 달아나는 것처럼 말입니다.

자기 자신을 똑바로 보라

《백유경》의 '거울 속의 자기'는 많은 교훈을 담고 있습니다. 어쩌면 《백유경》 중 가장 큰 교훈을 던져 주고 있다는 생각마저 듭니다.

과연 거울이 주는 의미는 무엇일까요? 우리는 살아가면서 '부모는 자식들의 거울'이라는 말을 종종 합니다. 다른 말로 하자면 귀감(龜鑑)이 된다는 말입니다. 그럼, 나의 거울은 누구일까요? 바로 자기 자신입니다.

불교에서는 곧잘 진리나 깨달음에 대해 많은 이야기를 합니다. 그런데 그 깨달음은 누가 던져 주는 것일까요? 전적으로 그 깨달음의 문제는 오직 자기 자신에게 달려 있다는 걸 불자들은 알아야 하며 불교의 경전이나 부처님의 법을 통해 자신의 것으로 만들어야만 성취를 할 수 있다는 겁니다.

《백유경》에서 말하는 이야기의 본론(本論)은 바로 여기에 있습니다. 어리석은 사람이 많은 빚을 졌다는 건 전생에 많은 업을 지고 태어났다는 것에 대한 비유입니다. 그 사람은 열심히 수행하고 도를 닦아서 전생의 업을 없애고자 하였습니다. 하지만 자신이 만난 보물, 즉 진리를 만났는데도 수행이 부족하여 진리임을 모르고 자기 것으로 만들기는커녕 자신이 지은 업이 두려워 취하지 못했던 겁니다.

우리 삶의 모습도 어쩌면 그런 모습이 아닌가 싶습니다. 대개 우리들은 자신도 모르게 업을 짓습니다. 또한 그 속에서 참회를 거듭하고 살아가지만 실상을 깨닫지 못합니다. 오히려 그러한 참회 속에서도 자신이 잘났고 훌륭하다는 생각을 해서 오히려 과보를 더 쌓게 하는 결과를 낳습니다. 자신의 업을 지우기 위해서는 그러한 생각조차 버리는 자세로 진정으로 참회를 해야 합니다. 즉, 자기를 제대로 바라볼 수 있도록 치열한 공부와 수행을 통해서 진리를 구해야 한다는 것을 《백유경》은 가르치고 있습니다. 거울에 이물질이 끼게 되면 자신의 모습을 제대로 비춰 볼 수 없듯이, 사람은 항시 자기를 똑바로 보고 살아야 하며 그래야만 자신의 마음속에 낀 먼지들을 제거할 수가 있습니다.

제가 몸담고 있는 절에서는 요양원과 유치원을 운영하고 있습니다. 이익을 위해서가 아니라 사회봉사 차원입니다. 저는 그 속에서 많은 사람들을 만납니다. 대개 사람의 인성과 품격은 그 얼굴 속에서 나타나기 마련입니다.

큰스님들은 사람이 수행을 오래 하게 되면 마음에 근심이 많은 사람, 행복한 사람들을 한 눈에 알아볼 수 있는 식견(識見)이 생겨난다고 합니다. 하지만 이것조차 분별심을 키우는 원인이 되기 때문에 불가(佛家)에서는 버리라고 합니다.

이와 같이 얼굴은 마음의 거울입니다. 착한 일을 하면 그만큼 얼굴에 나타나고 나쁜 일을 하면 그만큼 얼굴에 드러나기 때문에 삶의 반증(反證)이라고 할 수 있습니다. 얼굴 속에 사람의 행동과 심성이 비춰지는데 이때 유(有)와 무(無)가 얼굴 속에 자연히 드러납니다. 착한 일을 하거나 나쁜 일을 하면, 그 과보에 따라 벌과 상을 받는다는 것은 확실한 삶의 진리입니다.

하지만 사람은 마음먹기에 따라 모든 것을 변화시키는 특별한 힘을 가지고 있습니다. 우리가 지극한 마음을 가지고 착한 일을 하다보면 언젠가는 큰 복을 얻게 되는 것이 불교에서의 진리입니다.

인도의 수행자 니사르 가다타 마하라지는 이렇게 말했습니다.

"거울을 통해 그대는 그대의 얼굴 자체를 볼 수 없고 단지 거울에 비추어진 당신의 모습만 볼 수 있는 것과 같이, 그대는 순수한 자각이라는 얼룩 없는 거울에 비추어진 그대의 상(image)만을 알 수 있다. 얼룩을 보고 그것을 제거하라. 완벽한 거울의 속성은 그대가 그 거울 자체를 볼 수 없다는 것이다. 그대가 볼 수 있는 모든 것은 단지 그 거울 속의 얼룩에 한정된 것이다. 그것으로부터 주의를 되돌리고, 포기하여, 그것이 필요로 하지 않은 것임을 깨달으라. 인식될 수 있는 모든 것은 얼룩일 뿐이다. 당신 자신이야말로 최상의 스승이다. 외부의 스승은 단지 길가의 이정표일 뿐이다. 최종 목적지까지 당신과 함께 걷는 것은 바로 당신의 내적 스승이다. 그 내적 스승이야말로 바로 그 목적지 자체이기 때문이다."

놀라운 마하라지의 법문입니다. 이 이야기의 주제는 바로 모든 스승은 내 안에 있다는 뜻입니다. 심지어 거울 속에 비친 얼굴은 하나의 허상과 얼룩에 불과하고 진실한 스승은 내 안에 있다는 말이

기도 합니다. 다소 어려운 말일 수도 있습니다. 하지만 가만히 생각하면 이보다 더 쉬운 교훈도 없습니다. 바로 '내가 나의 스승'이기 때문입니다.

우리는 모르는 것이 너무도 많다는 것을 스스로 인정해야 합니다. 이 무한 우주 속의 나는 한갓 티끌에 불과하다는 것도 자각해야 합니다. 이것을 인정하는 순간부터 '삶은 위대하다'는 것을 알게 될 것입니다.

세상에는 그저 얻어지는 건 하나도 없습니다. 모든 것은 부단한 노력에 의해 얻어진다는 것을 깨달아야 합니다. 우리는 '나'라는 '아상'을 버리는 순간부터 행복이 찾아온다는 것을 명심해야 하며, 그래야만 진리를 만났을 때 그것이 바로 진리임을 깨달을 수 있게 되는 것입니다.

만약 이를 깨닫지 못하게 되면 설령, 자신 앞에 엄청난 복이 찾아온다 하더라도 이를 취할 수 있는 그릇이 못되기 때문에 온전하게 복을 누릴 수 없습니다. 사람의 마음속에는 결코 자신이 볼 수 없는 악의 마왕(魔王)이 있습니다. 이것은 항상 선(善)과 싸우고 있습니다. 그 마왕은 미혹한 인간의 마음을 망령되게 하여 악의 구렁텅이에 빠뜨리기 때문에 온전한 나를 찾기 위해서는 선한 부처의 법을 행하고 생전에 많은 공덕을 쌓아야 합니다.

내가 나 자신을 속일 수는 없습니다. 다른 사람 백 명을 속이고 천 명을 속이고 만 명을 속이고 사천만 명을 다 속일 수는 있지만 자기 자신을 속일 수는 없다는 말입니다. 그런데 사람들은 비극적이게도 자기 자신을 스스로 속이며 사는 사람이 많습니다. 이것은 바로 자기 속의 아만과 아상 때문에 올바른 자기를 찾지 못하기 때문입니다.

그래서 부처님은 '자기 자신이야말로 최상의 스승이다.'라고 했던 겁니다. 외부의 스승은 단지 '이렇게 가십시오, 저렇게 가십시오.' 하는 이정표에 불과합니다. 이렇듯이, 정작 길을 가는 이는 누구입니까? 바로 나 자신일 수밖에 없습니다. 그래서 성철 스님께서는 "자기를 바로 봅시다."라는 말씀을 많이 하셨던 겁니다. 이와 같이 자기 자신을 바로 볼 수 있게 하는 공부가 불교입니다.

부처님은 어느 날 거짓말을 잘하는 자신의 아들 라훌라를 바로 잡기 위해 《중아함경》에서 다음과 같은 법문을 들려주었습니다.

어느 날 라훌라는 부처님을 위해 자리를 마련하고 손발을 씻을 수 있도록 대야를 갖다 드렸습니다. 부처님이 손을 다 씻고는 대야의 물을 거의 대부분 쏟아버리고 라훌라에게 물었습니다.

"라훌라야, 이 대야 안에 물이 많으냐 적으냐?"

"남은 게 거의 없습니다."

"라훌라야, 너는 알아야 한다. 진실을 말하지 않는 사람은 이 대야 속의 물처럼 보잘 것 없는 인격을 가지고 있단다."

라훌라는 조용히 가르침을 들었습니다. 부처님은 나머지 물을 쏟아버린 다음 다시 물었습니다.

"라훌라야, 내가 모든 물을 다 비운 것이 보이느냐?"

"예, 보입니다."

" 거짓말을 계속하는 사람들은 모든 물을 비워버린 이 대야처럼 모든 인격을 잃어버린단다."

부처님은 대야를 엎어놓고 라훌라에게 물었습니다.

"네 눈에는 이 대야가 엎어져 있는 게 보이느냐?"

"예, 보입니다."

"우리가 바른 말을 하지 않으면 우리의 인격은 이 대야처럼 엎어지는 것이란다. 농담으로라도 거짓말을 해서는 안 된다. 라훌라야, 너는 사람들이 거울을 사용하는 까닭을 알고 있느냐?"

"예, 세존이시여. 사람들은 자신의 모습을 살피기 위해 거울을 봅니다. 얼굴이 깨끗한지 않은지를 살펴보기 위해서입니다."

"바로 그렇단다. 라훌라야, 사람이 거울을 들여다보며 자신의 모습을 살피듯이 너는 네 자신의 행동과 생각 그리고 말을 살피도록 해라."

부처님은 사람이 장차 하려고 하는 행위가 가져올 결과에 대해 충분히 생각해 본 후에 행동하는 것을 거울에 업(業)을 비추어 보는 것으로 연결하여 말씀하셨던 겁니다.

이와 같이 우리들은 항상 내 마음을 닦을 수 있는 거울을 하나씩 가지면서 지혜롭고 아름답고 행복하게 살 수 있는 그런 삶을 살도록 노력했으면 좋겠습니다.

17 매 맞는 계집종

다섯 사람이 돈을 모아 자신들의 시중을 들 계집종을 샀습니다. 그 중의 한 사람이 종에게 말하였습니다.

"지금 내 옷을 빨아다오."

다음에 또 한 사람이 말했습니다.

"내 옷도 빨아라."

종은 말하였습니다.

"저 분의 옷을 먼저 빨게 되어 있습니다."

옷을 뒤늦게 맡긴 사람이 화를 내었습니다.

"나도 저 사람과 함께 다 같이 돈을 내어 너를 샀는데 너는 어찌하여 저 사람의 옷만 빨려고 하느냐?"

그리고는 그 종에게 열 대의 매를 때렸습니다.

그러자 다른 네 사람도 모두 그 종에게 열 대씩의 매를 때렸습니다. 매를 견디지 못한 계집종은 그 자리에서 죽어버리고 말았습니다.

 ## 인간의 몸은 오온(五蘊) 때문에 번뇌가 있다

이번 이야기 속에는 불교적인 많은 가르침이 들어 있습니다. 항상 일에는 선후 좌우가 있는데, 계집종도 잘못한 바가 있습니다. "내 옷을 먼저 빨아라."라는 말에 "먼저 맡긴 사람의 옷을 빨아 놓은 다음에 옷을 빨겠습니다."라고 했으면 아무런 탈이 없을 것인데 오히려 화를 돋았기 때문입니다.

여기에서 말하는 다섯 사람은 '오온(五蘊)'에 관한 비유입니다. 다섯 사람은 물질(色), 감각(受), 생각(想), 행동(行), 의식(識)을 의미하고 계집종은 그 오온으로 인해 번뇌로 차있는 어리석은 중생이라고 표현할 수 있습니다. 부처님은 인간의 몸은 이 다섯 가지 번뇌로 만든 인연이 모여 이루어진 것이라고 말씀하셨습니다. 또한 이 다섯 가지 쌓임이 생로병사의 한량없는 고뇌로 중생을 매질하는 것이라고 합니다.

불교에서는 사람이 죽어 세상에 다시 동물이 아닌 사람으로 태어나기 위해서는 육바라밀의 수행과 강한 영적 열망, 이 세 가지에 대한 선인연(善因緣)이 있어야만 한다고 합니다. 그럼 어떻게 해야 착한 인연을 만들 수 있을까요?

우선 내 마음속에 가득한 번뇌의 적들을 물리쳐야 합니다. 번뇌가 끊임없이 작용하는 사람은 자신의 마음을 잘 조절하지 못하기 때문에 남은 물론 자신에게조차 선한 생각을 하기 힘듭니다. 이런 사람은 좋은 인연을 만들기가 힘듭니다.

하지만, 사람들의 마음은 이미 태어날 때부터 부처이기 때문에 좋은 인연을 만들 조건은 다 갖추어져 있습니다. 다만 이러한 것들을 알지 못하고 무분별하게 마음작용을 하기 때문에 내 마음속에 든 부처를 보지 못하는 겁니다. 따라서 자신의 마음을 어떻게 쓰는가에 달려 있습니다.

세상 사람들은 괴로우면 괴로워서 싫고, 즐거우면 즐거움이 금방 떠나갈까 싶어 걱정이지만, 지혜로운 이는 괴로우면 악업을 녹여서 좋고, 즐거우면 선업을 받아서 좋다고 합니다. 마음에 따라 이 자리가 극락이 될 수 있고 지옥이 될 수 있다는 걸 알아야 합니다. 말하자면 선한 한 생각이 곧 천상이고, 악한 한 생각이 곧 지옥이니, 우리가 매일같이 일상에서 일으키는 한 생각, 한 생각 속에 천상과 지옥이 만들어지고 없어지는 것입니다.

여기에서 우리는 중요한 문제를 하나 발견할 수 있습니다.

'나'라는 '아(我)'는 과연 누구인가 하는 것입니다. 즉, '나는 누구인가'입니다. 사실, 세상을 살면서 '나'라는 '아'는 아무런 문제를 만들지 않습니다. 왜냐하면 그냥 있는 그대로이기 때문입니다. 그런데 내 몸을 이루는 실상(實相)인 오온, 즉 물질(色), 감각(受), 생각(想), 행동(行), 의식(識)이 수많은 번뇌를 만들기 때문이지 사람 자체가 문제를 만드는 법은 없습니다. 우리가 이런 문제에 끄달리다 보면 순간적인 쾌락에만 집착하게 되고 결국 나라는 '아'는 지옥으로 떨어지게 되는 겁니다. 이것이 문제의 요지입니다.

그러므로 인간인 나를 형성하는 오온도 쓰기에 따라 천차만별이 되는 것입니다. 예를 들면 의사에게 칼은 생명을 구하는 용도로 쓰이고 요리사에게는 음식을 만들 수 있는 도구가 되지만 강도에게는 사람을 해치는 무기가 됩니다.

이렇듯이 물질(色), 감각(受), 생각(想), 행동(行), 의식(識)도 어떻게 쓰느냐에 따라 욕망의 도구가 될 수도 있고 수행을 하여 깨달음에 도달하도록 도와주는 행복의 방편이 될 수도 있습니다. 그러므로 우리가 추구하는 행복의 뿌리도 모두 내 안에 있는 겁니다. 그러므로 불자 여러분들은 행복을 밖에서만 찾으려 하지 말고 내 안에서 찾아야 합니다.

부처님의 최초의 경전인 《숫타니파타》의 「축복경」에 보면 행복에 대해 이렇게 견해를 밝히고 있습니다.

'널리 배우고 익혀 자신의 재능을 잘 계발하고 계율을 잘 지키며 좋은 말을 하는 것, 이것이 으뜸가는 행복이다. 항상 다른 이를 공경할 줄 알고 겸손하며 만족을 알고 감사할 줄 알며 알맞은 때에 바른 법문을 듣는 것, 이것이 으뜸가는 행복이다. 열심히 정진하여 청정한 삶에 머무르고 고귀한 진리를 이해하여 바른 깨달음을 성취하는 것, 이것이 으뜸가는 행복이다.'

행복에 관한 바른 정의를 내린 부처님의 말씀입니다. 돈이 많고 명예가 많다고 해서 행복해지는 건 아닙니다. 행복이란 자신의 발전을 위해 배우고 익히고, 하지 말아야 할 법을 지키고, 항상 남에게 좋은 말을 가려서 하고, 남을 이해하고 공경하는 데 있습니다. 또한 스스로 청정하고 깨끗하여 스스로 깨달음에 이르는 길이라고 했습니다. 물론 이러한 것을 다 실천하기란 힘들지만, 이중에서 남을 공경하고 이해하고 자기를 발전시키는 것만으로도 우리들은 행복을 찾을 수 있을 것입니다.

이와 같이 행복이란 학력과 권력, 재산의 부유함 순이 아닙니다. 만약 자신의 처지를 남과 비교하기 시작하면 행복을 누릴 수가 없으며 이것은 바로 불행의 시작이 될 수도 있습니다.

제가 불교대학에서 강의를 할 때, 오온에 대해 학생들에게 어떻게 하면 알기 쉽게 설명할 것인가를 고민했던 적이 있습니다. 그때 나는 쉬운 방법을 택해 아주 적절에게 이야기를 했습니다.

어떤 사람이 백화점에 갔습니다. 그곳에 가니 좋은 옷과 보석들이 많이 있었습니다. 그런데 눈으로 '색(色)'을 보니까 아름다운 보석을 취하고 싶었습니다. 이것이 바로 받을 '수(受)'입니다. 그리고 그 보석을 마침내 사야겠다는 생각 '상(想)'이 들었던 것입니다. 그

래서 카드를 가지고 확 긁어 버렸습니다. 오백만 원짜리 보석을 사 버린 것입니다. 이것이 '행(行)'입니다. 그리고 집에 오니까 어떤 마음이 들겠습니까? 아이고, 내가 미친 짓을 했네. 오백만 원이면 몇 달치 생활비인데……. 하지만 이미 때가 늦어 버린 것입니다. 이것이 '의식(識)'입니다. 말하자면 우리 생활 속에 인간의 번뇌인 오온(五蘊)이 다 들어 있다는 것입니다.

이렇듯, 우리가 우리의 몸을 지배하는 오온을 어떻게 다스리느냐에 따라 행복도 될 수 있고 불행을 만들 수도 있다는 말입니다. 하지만 우리는 오온을 '번뇌 망상'이라고 생각하지 말고, 또한 오온은 공(空)하지만 이를 잘 활용하여 끄달리지 않고 내 몸을 잘 이끈다면 우리는 훨씬 더 아름답고 행복한 삶을 누릴 수 있을 것입니다.

사실, 우리는 매일 오온과 오욕락에 자신의 몸을 희생하여 스스로 생명을 단축시키고 있습니다. 이러한 오욕에서 벗어날 수 있다면 우리의 수명도 늘어날 겁입니다.

요즘 현대병의 원인은 스트레스라고 합니다. 그럼, 사람에게 스트레스가 생기는 이유가 무엇일까요? 자신이 가진 욕구 불만을 해소하지 못하는 데서 생기는 것이 스트레스입니다. 차라리 놓아 버리는 것이 좋습니다. '방하착(放下着)'하라는 말입니다. 모든 번뇌와 인간의 욕망을 놓아버리게 되면 우리는 하루하루 더 즐겁고 건강한 나날을 보낼 수 있을 것입니다.

서른여섯 개의 상자를 짊어진 신하

옛날 한 왕이 무우원(無憂園)에서 연회를 즐기기 위해 신하에게 말하였습니다.

"그대는 지금 궤짝 하나를 들고 저 동산으로 가서 내가 편히 앉아 쉴 수 있게 의자를 만들어라."

신하는 자신이 그 궤짝을 들고 무우원으로 가는 것이 남 보기에 창피스러워 이렇게 말하였습니다.

"저는 저 궤짝을 들지 않고 지고 가겠습니다."

"오, 그래? 그렇다면 한 개만 지고 가지 말고 필요한 만큼 많이 지고 가라."

그리하여 왕은 그 신하에게 서른여섯 개의 궤짝을 그의 등에 지게 해 동산으로 갔습니다.

번뇌를 만드는 서른여섯 가지의 물건

오늘 이야기의 주제는 '신하의 체면'인 것 같지만 이 속에는 불법의 진리가 들어 있습니다. 사실, 《백유경》을 지은 상가세나 스님의 의도는 매우 단순한 것 같지만 이 속에는 불법을 이해시키려는 고도의 장치가 숨어 있다는 것을 알아야 합니다.

신하는 궤짝 하나를 들고 가라는 왕의 지시에 스스로의 체면 때문에 거부하다가 오히려 왕의 노여움을 사 36개의 궤짝을 짊어지고 갔다는 이야기입니다.

여기에서 왕은 법(法)이며, 신하는 어리석은 중생을 뜻하며, 궤짝 36개는 인간이 가진 더러운 물질에 대한 비유입니다. 말하자면 인간의 몸에서 나오는 물질, 피·간·폐·장·위·오줌·똥·눈물·침 등 서른여섯 가지의 더러운 물질을 뜻합니다.

즉, 인간의 몸은 오장육부 12지장, 사지(四肢)와 아홉 개의 구멍이 있는데 이곳에서 항상 더러운 것이 흘러나옵니다. 신하는 그런 자신이 가지고 있는 보이지 않는 커다란 부끄러움을 생각하지 못하고 그저 남에게 보여지는 겉치레만을 중요하게 생각했던 것입니다.

여기에서 '무우(無優)'란 근심이 사라진다는 뜻입니다. 인도에는 기원전 3세기 대륙을 정복했던 아쇼카 왕이 있었습니다. 그가 기원전 297년 불교로 개종하면서 새로운 전기를 맞게 됩니다. 그러나 계속되는 전쟁으로 살생을 피할 수가 없었습니다. 특히 그는 인도의 통일을 위해 남방에 있던 칼링가를 정벌하면서 수십만 명이 죽고 다치는 것을 보고 진정으로 '불법을 따르고 사랑하고 가르치는 일'에 전념해야겠다고 결심하기에 이르렀습니다. 그 후 그는 '진리의 다스림'으로 세상을 정복하여 스스로를 전륜성왕이라 불렀습니다.

어릴 적 그의 이름인 아쇼카는 바로 무우라는 뜻입니다. 어머니가 그를 낳을 때 세상의 근심이 없었기 때문에 그의 이름을 무우라고 지었던 겁니다. 오늘날 인도를 가보면 불교 성지인 아쇼카 석주가 아직 남아 있습니다. 아쇼카 왕이 기둥을 세워 부처님의 말씀과 부처님의 행적을 표시해 두었는데 부처님이 이 세상에 오신지 2,500여년이 지난 지금에도 부처님의 행적을 찾을 수 있는 흔적이 남은 것은 아쇼가 왕 덕분입니다.

세상을 살다보면 여우를 피하다가 호랑이를 만난다는 격으로 잘못된 한 가지를 피하려고 하다가 오히려 많은 피해를 본 적이 있을 겁니다.

상가세나 스님은 이 이야기를 지으면서 스스로 해설을 달았습니다.

'여자의 털 하나가 길 위에 떨어져 있었습니다. 그것을 본 바라문이 말하기를 "나는 계율을 지킨다."고 하며 그것을 손으로도 집으려고 하지 않습니다. 그러나 그는 나중에는 더 큰 번뇌에 홀리어 번뇌의 서른여섯 가지 물건, 즉 털, 손, 발톱, 이, 똥, 오줌 따위의 더러운 것도 더럽다 하지 않고 줍습니다. 그리하여 그는 그 서른여섯 가지의 더러운 물건을 한꺼번에 주워서 '부끄럽다.'는 생각도 없이 죽

을 때까지 몸에서 놓지 않으려고 합니다.'

여기에서 여자의 털 하나는 욕정의 상징이라고 볼 수 있습니다. 그런데 그것이 더럽다고 하여 줍기는커녕 오히려 계율에 대해 엉뚱한 말을 한 것입니다. 말하자면 솥뚜껑 보고 놀란 격이라고나 할까요? 그냥 그것은 길을 더럽힌 한갓 쓰레기에 불과한데도 말입니다. 그런데 그런 계율을 엄격하게 지키던 바라문은 그런 말을 한 순간, 욕정에 사로잡힌 범부로 전락한 것입니다. 겨우 여자의 털 하나가 떨어진 것을 보고 계율을 생각했다는 자체가 이미 계율을 파괴했다는 말입니다. 때문에 이미 그는 그보다도 더한 서른여섯 가지의 번뇌를 오래전부터 지니고 있었는지도 모릅니다. 참으로 놀라운 법문이라 할 수 있으며 재미있는 비유입니다.

우리는 이야기 속의 신하나 해설편의 바라문처럼 겉치레만 중시하는 사람이 아닌가 반성해 보아야 합니다. 예를 들면, '좋은 옷을 입는다, 좋은 차를 탄다, 좋은 집에 산다' 등등 형편이 별로 좋지도 못한데 사치에 젖어 있거나 허영심에 들떠 자신의 신분에 맞지 않게 낭비를 하고 있는지도 모르겠습니다.

《법구경》의「진구품」에는 다음과 같은 구절이 있습니다.

'허공에 나는 새는 발자국이 없고 사문에게는 다른 뜻이 없다. 세상 사람은 모두 겉치레를 즐기지만 부처님만은 깨끗해 거짓이 없다.'

마치 허공에 나는 새는 발자국을 남기지 않듯이 공부하는 사문(師門)은 오직 헛된 마음이 없으며, 사람은 겉치레를 중요하게 여기지만 부처님은 깨끗하여 거짓이 없다.'는 뜻입니다. 저희 스님들은 항상 머리를 깎고 승복을 입고 다닙니다. 그래서 스님들을 두고 '방포원정 상요청규(方袍圓頂 常要淸規) 이성동거 필수화목(異姓同居 必須和睦)', 즉 '가사 입고 삭발하였으니 항상 규칙을 따라야 하며 여러 다른 성품이 모여 사니 반드시 화목해야 한다.'는 말이 있습니다. 곰곰이 생각해 보면 내 마음이 편하고 극락이기 때문에 스님들은 겉치레에 신경을 쓰지 않습니다. 말하자면 겉모습이 아닌 내 안의 모습을 잘 지키고, 서로 화합하고 규칙을 잘 지키는 게 스님들의 삶이라고 할 수 있겠습니다. 만약 속가의 사람들이 이와 같이 산다면 세상은 정말 좋을 겁니다.

고려 말의 승려인 야운 선사는 후학들에게 이렇게 말한 적이 있습니다.

'범유하심자 만복자귀의(凡有下心者 萬福自歸依), 마음을 하심 하여 겸손하면 온갖 복이 스스로 돌아온다.'

하심이란 스스로 자신을 낮추는 마음을 뜻하는데, 이런 사람은 많은 복이 찾아온다는 말입니다. 또한 그는 "실체가 없는 허황된 집착은 고뇌만 더하고 겉치레의 위의는 텅 비고 썩은 배와 같으니, 벼슬이 높을수록 마음을 낮게 가지고 도(道)가 높을수록 뜻을 낮게 하라."

인간의 참된 행복은 마음자리의 정돈 없이는, 그 어떤 허욕으로도 채울 수 없으며 이룰 수도 없습니다. 따라서 인간의 행복과 불행을 물질로 가늠하는 건 어리석은 일이며, 하심 하여 마음의 자유를 얻는 것만이 진실한 행복입니다. 또한 하심은 남에게 거리낌이 없으므로 자유의 기본이 되며, 남을 진실하게 존중하므로 모든 것의 근본이 된다고 합니다. 그러기 위해서는 우선 자신의 가식을 벗어 버려야만 합니다.

요즘 절의 행자실에 가면 '하심(下心)과 묵언(默言)' 두 단어가 벽에 적혀 있습니다. 하심이란 자기 마음을 낮춘다는 말입니다. 그리고 묵언은 말을 하지 않고 침묵을 지킨다는 말입니다. 입은 화를 만드는 구멍이라는 말이 있습니다. 그래서 행자 수업의 첫 번째 과제가 바로 하심과 묵언입니다.

옛날 통도사에 홍법 스님이라는 분이 계셨습니다. 벌써 돌아가신 지 사십 년이 되셨는데, 이 스님은 객스님이 찾아오면 항상 "어서 오십시오." 하고 늘 걸망을 받아 들었다고 합니다. 그리고 또한, 밤에는 객스님들의 고무신을 깨끗하게 다 씻어 놓았다고 합니다. 그런데 아침 공양 때 보니 그분이 바로 통도사 주지였던 겁니다. 실로 하심의 극치라고 할 수 있습니다. 이와 같이 진정한 하심은 그 사람이 가진 수행의 척도라고 볼 수 있습니다. 그러니 여러분께서도 하심 하는 마음, 겉치레에 휘둘리지 않는 마음을 가졌으면 좋겠습니다.

19 물속의 황금 그림자

옛날 어리석은 아이가 있었습니다. 그는 연못가에서 놀다가 물속에서 순금의 그림자가 빛나는 것을 발견하였습니다. 그 아이는 연못 속에 들어가 진흙 속을 하루 종일 뒤졌습니다.

그런데 이상하게도 순금을 찾을 수가 없었습니다. 아이는 다시 연못 속에서 빠져 나와 한참 동안 자신이 흐려 놓은 연못이 맑아지기를 기다렸습니다.

연못의 물이 맑아지자 물 위에서 순금 빛이 반짝였습니다. 그 아이는 다시 연못 속으로 들어가서 순금을 찾았으나 찾지 못했습니다.

그 아이의 옷은 엉망이 되었으며 몸은 지쳐 피로해졌습니다.

그때 그 아이의 아버지가 그 모습을 보게 되었습니다.

"너는 어찌하여 옷이 진흙으로 엉망인가. 그리고 그 몰골이 무엇이야."

그 아이는 자초지종을 그의 아버지에게 말하였습니다.

"연못 속에서 순금이 반짝이는 것을 보았습니다. 그래서 그것을 찾으려고 연못 속에 들어갔으나 순금은 없었습니다."

그때서야 아버지는 그 아이에게 일러 주었습니다.

"너는 어찌하여 그 순금을 연못 속에서 찾으려 하는 것이냐. 아마 순금은 연못 옆에 있는 나무 위에 있을 것이다. 순금이 연못 속에서 빛나는 것은 나무 위의 순금 그림자가 비친 것이다. 아마 새가 금을 물어다 나뭇가지에 얹어둔 것일 게다."

그리하여 그 아이는 순금을 드디어 찾았습니다.

정신에 고인 번뇌의 흐린 물을 맑게 하라

우리에게 이 이야기는 많은 것을 시사해 주고 있습니다. 아이가 연못에 황금이 있는 것을 보고 뛰어 들어가서 찾았지만 황금은 없었습니다. 나중 아버지에 의해서 황금은 연못 속에 있는 것이 아니라 나무 위에 있다는 걸 알았습니다.

이 이야기를 읽고 곰곰이 생각해보면 어떤 진리가 있다는 것을 발견할 수 있습니다. 여기에서 황금은 곧 부처님의 불법(佛法), 아이는 어리석은 중생이며 아버지는 어리석은 중생을 깨우치게 한 부처님임을 알 수 있습니다. 그리고 연못은 어리석은 중생들이 사는 세상입니다. 아이가 황금을 찾기 위해 흐려 놓은 연못은 곧 번뇌의 흐린 물입니다.

참으로 뛰어난 비유라고 하지 않을 수 없습니다. 사람들은 진리의 본질을 모르고 세상 속을 흐려 놓다가 결국 진리는 다른 곳에 있음을 발견하게 됩니다. 말하자면 세상의 연못 속에서 어리석은 중생들은 진리를 찾기 위해 뛰어 다니지만 오히려 스스로 흐려 놓는 것과 같습니다. 이 이야기의 주제는 늘 '순금'이라는 욕망에 사로잡혀 있으나 그것은 한갓 그림자와 같은 허상에 불과하며 진실로 그것을 보지 못하는 중생의 어리석음을 꾸짖는 데 있습니다.

이 이야기를 그냥 한 편의 우화처럼 읽어버리게 되면 우리는 이 속에 든 진리의 실체를 눈치채지 못합니다. 다시 말해 우리는 얼마나 많은 허상의 껍질 속에서 헤매고 있는지 모릅니다. 우리의 삶도 그러합니다. 어리석은 중생들은 보이지 않는 허상을 좇아서 날마다 그렇게 살고 있는 것입니다. 마치 옷이라는 껍질, 화장이라는 껍질, 조명이라는 껍질, 명예라는 껍질, 권력이라는 껍질, 그런 껍질 속에서 매일 우리는 헤매고 있습니다. 참으로 그런 모습 속에서 한번 쯤 벗어나 스스로 나를 깨달아 보는 시간을 가졌으면 좋겠습니다.

사실 이 세상에서 가장 값진 보물은 바로 자기 자신입니다. 그런데도 불구하고 사람들은 다른 곳에서 보물을 찾으려고 아우성들입니다. 이 우화는 '자신이 가진 보물의 그림자를 스스로 찾아라.'는 부처님의 법언(法言)이라 할 수 있습니다.

우리의 마음속에 든 이 다섯 가지 욕망인 재물욕·색욕·음식욕·수면욕·명예욕을 버리지 못하면 우리가 찾는 '순금'은 결코 구하지 못할 것입니다.

만약 불자라면 우리는 부처의 실상을 바라보아야 하며 그 속의 진리를 제대로 알아야 합니다. 이를 모르면 이야기 속의 아이처럼 나무에 황금이 있는지도 모르고 연못 속에 비친 황금의 허상만을 보고 헤매게 될지도 모릅니다.

우리는 세상을 살면서 많은 사람들을 만납니다. 사람과 대화를 할 때 항상 그 사람의 눈빛을 먼저 바라봅니다. 눈은 '마음의 창'이라고 합니다. 곧 그 사람의 인격이 눈빛 속에 다 드러난다는 말입니다. 그래서 사람의 눈빛을 보면 그 사람의 마음을 읽을 수 있고, 또한 그 사람의 얼굴을 보면 그 사람이 살아온 모습을 볼 수 있다고 합니다. 이와 같이 사람들은 세상을 속일 수 있다고 생각하지만 사실, 우리 자신의 마음을 속일 수 있는 건 이 세상에 아무것도 없다는 걸 알아야 합니다. 사람의 모습이 눈과 마음과 몸과 행동에서 다 보여지기 때문입니다.

사람은 항상 바르게 살아야 합니다. 그리고 주어진 자신의 일에 최선을 다해야 합니다. 세상은 아무리 남을 속이려 해도 언젠가는 그 화를 입게 되어 있는 게 진리임을 알아야 합니다. 그래서 일찍이 부처님은 육바라밀과 팔정도를 강조하셨던 겁니다. 그 속에 인생의 바른 길이 있기 때문입니다.

일찍이 부처님은 팔리어로 쓰여진 승가의 질서유지와 공공생활을 위한 계율을 묶은 율장인 《마하박가(Mahavagga)》에서도 60명의 제자에게 최초로 전법을 전하는 구절에 중생을 행복하게 하기 위해 포교를 하라고 쓰여 있습니다.

"가라. 가서 많은 사람들의 안녕과 행복을 위해 법을 설하라."

부처님께서는 포교의 제일 우선을 중생의 현시에 맞게 무엇이든 설하되 그것은 반드시 사람들의 안녕과 행복을 위한 것이어야 한다고 강조하셨습니다. 깨달음을 위한 수행은 자신과 타인의 행복을 추구할 수 있는 가르침이어야 합니다.

그럼 행복이란 무엇일까요? 행복의 본질을 알게 하고 가르쳐 주는 것이 불교의 진리입니다. 어떤 사람은 돈에서 행복의 가치를 찾고, 어떤 사람은 권력에서 찾기도 하며, 또 어떤 사람은 명예에서 찾기도 합니다. 그러나 그런 가치관은 사막의 신기루처럼 그저 눈에만 보이는 허상이라는 걸 알아야 합니다. 물론 사막 위에서 물이 있는 신기루를 보는 순간 사람은 착각으로 인해 행복을 경험 할 수 있을지도 모르나 그것은 말 그대로 신기루일 뿐입니다. 실질적인 행복은 찾을 수 없는 것이지요. 물그림자에 비친 황금을 보고 진짜 황금이라 착각하는 아이와 다를 바 없습니다.

행복의 실체는 돈이나 권력, 명예에 있는 게 아니라 우리가 걸어온 삶 자체에 있는 것입니다. 행복은 자신의 마음에 있다는 것을 먼

저 깨달을 때, 나무 위에 올라가 금을 얻은 아이처럼 세상에서 가장 귀한 행복을 얻게 되는 것입니다.

벨기에 작가 마테를링크의 「파랑새」라는 희곡은 우리에게 너무나 유명합니다.

어느 날 나무꾼의 두 어린 남매가 꿈을 꾸었는데 꿈속에서 요술쟁이 할머니가 나타나서 파랑새를 찾아 달라고 말합니다. 그래서 두 남매는 행복의 파랑새를 찾아 멀리 여행을 떠납니다. 죽음의 나라를 두루 살피고, 또 과거의 나라를 빙 돌아다니고, 두루두루 편력을 합니다. 그러나 아무 데서도 파랑새를 찾지 못합니다. 모든 것을 포기하고 집에 돌아와 보니 파랑새는 자신의 집에 있었다고 합니다.

여기에서 말하는 파랑새는 행복입니다. 행복은 어디에서도 찾을 수 없으며 실은 우리 가까이에 머물러 있습니다. 그런데 이를 모르고 마냥 먼 곳만 쳐다보니 잡지 못할 수밖에 없습니다. 우리가 불행한 것은 행복이 가까이 있다는 걸 모르고 있기 때문입니다.

또한 행복은 물질적인 게 아닙니다. 사람이 살아가는 데 있어 가장 중요한 건 경제적으로 잘살고 못사는 것이 문제가 아니라 궁극적으로 어떻게 사느냐에 달려 있습니다.

얼마 전 세계에서 행복지수를 평가했는데 방글라데시가 1위를 차지했고 우리나라는 거의 꼴찌라고 합니다. 그리고 불교 국가들의 행복지수가 더 높은 것은 불교의 가르침이 물질보다는 마을의 행복을 추구하는 것에 있기 때문이 아닐까요?

행복이라는 건 무슨 물건을 사듯 쉽게 얻어지는 것이 아니라 삶에 대한 깨달음 속에서 얻어진다는 뜻임을 알 수 있습니다.

　사실, 우리의 일상생활이 모두 즐거움으로만 채워질 수는 없습니다. 그렇지만 지나친 욕심을 버리고 작은 것에 즐거움을 찾으려고 노력하는 사람, 바로 그런 사람들이 행복한 사람들입니다. 결국, 행복에 대한 해답은 나에게 있다는 것을 잊지 말아야 합니다.

20. 가짜 귀신에 놀란 사람들

옛날 간다르바국에는 흉년이 계속되어 배고픔에 굶주린 사람들이 다른 나라로 가게 되었습니다. 사람들은 다른 나라로 가는 도중에 사람을 잡아먹는 귀신인 락사사가 많이 사는 바라산(山)을 지나게 되었습니다.

그곳에 당도했을 때는 날이 어둡고 날씨가 매우 추워 사람들은 옹기종기 모여 잠을 자면서 불을 피우고 있었습니다. 그들 중에는 추위를 몹시 타는 사람이 있었습니다. 그는 장난삼아 귀신 락사사가 입는 옷을 입고 불을 쬐며 앉아 있었습니다.

그때 마침, 어떤 사람이 잠에서 깨어 보니 불 옆에 귀신 락사사가 앉아 있는 것을 보고는 그만 놀라서 그곳에서 도망을 가 버렸습니다. 그 바람에 잠자던 사람들도 잠결에 놀라 엉겁결에 모두 다 달아나고 말았습니다. 자신이 입은 귀신 옷 때문에 사람들이 달아나는 것을 몰랐던 그도 그들을 쫓아 죽어라고 뛰었습니다.

  앞에서 뛰는 사람들은 락사사 옷을 입은 그를 보고 해치러 오는 줄로만 생각하고 더욱 놀라 두려운 나머지 산을 넘고 물을 건너 어떤 구덩이 속에서 쓰러지고 말았습니다. 몸도 다치고 극도로 피로했던 그들은 날이 밝아서야 비로소 자신들을 쫓아오던 사람이 귀신이 아님을 알았습니다.

 나라는 아상(我相)을 버려라

  오늘, 이야기의 주제는 '허상(虛像)'입니다. 우리는 세상을 살아가면서 삶의 본질을 잃어버리고 허상에 사로잡혀있지는 않은지 반성해야 합니다. 마치 귀신이 없는데도 귀신으로 착각한 이 우화 속의 사람들처럼 말입니다.

  그럼, 이 귀신이라는 허상을 지어내는 건 무엇일까요? 그것은 우리가 가진 '마음'입니다. 사람이 오온의 번뇌 속으로 떨어지면 판단력이 흐려지고 오직 쾌락만을 추구하게 됩니다. 말하자면 우리 몸속의 오온(五蘊) 중 귀신을 본 것은 우리의 눈이 아니라, 즉 우리가 지닌 '상(想)과 식(識)'을 관장하는 '이 마음'이 지어낸 것입니다.

  만약, 우리 몸의 주인공인 '이 마음'이 락사사의 옷을 입은 형상을 보고 귀신이 아니라 사람이라고 생각했었다면 무서움은 생기지 않앉을 겁니다. 하지만 귀신으로 착각하고 잡혀 먹을지도 모른다는 의심으로 인해 무서움이 일고 급기야 사람들은 서로가 서로를 귀신으로 착각하고 도망을 쳤던 것입니다. 결국 이 이야기의 주제는 '일체유심조(一切唯心造)'입니다. 즉, 모든 것은 마음이 지어낸다는 겁니다.

《백유경》의 이야기들의 공통된 주제들은 모두 인간의 마음에 의해 빚어진 우화들을 중심으로 하기 때문에 그 교훈이 매우 큽니다. 여기에서 불교라는 종교의 우수성이 드러난다고 할 수 있습니다.

사람은 항시 오온이 만드는 번뇌 속에서 살아가고 있습니다. 이 번뇌는 '나'라는 좁은 생각에서 나오는 집착 때문에 일어나는 것입니다. 그래서 부처님은 '나'라는 '아상'을 버리면 진정 법(法)을 구할 수 있다고 하셨습니다.

이 이야기 속에 사람들이 서로 귀신이라고 생각하여 도망을 가게 된 이유도 바로 '집착'을 뿌리치지 못했기 때문입니다. 사람이 자신의 존재를 파악하지 못하는 건 바로 '집착'에 갇혀 자신의 본질을 잃어버리기 때문입니다. 때문에 '나'는 생사(生死)의 집착에서 벗어나지 못하고 번뇌에 쫓겨 결국 삼악도(三惡道)에 떨어지고마는 겁니다. 우리가 이 부처님의 비유를 통해 알아야 할 것은 사람의 '집착이 어떠한 혼란을 야기시키고 있는가?'입니다.

이 지구상에는 약 300여 개의 종교가 존재하고 있다고 합니다. 그 중에서 유일하게 신을 부정하고 인간을 매개로 한 종교는 오직 불교뿐입니다. 사실, 인간이란 존재는 '체(體)'와 '심(心)', 즉 '육신과 마음'으로 이루어져 있습니다. 이 마음이 육체를 관하여 인간은 사고를 하고 행동을 하는데 이런 중요한 '마음'을 관(觀)하는 게 바로 불교라는 종교입니다.

말하자면 불교는 인간의 육신을 다스리는 마음을 청정(淸淨)하게 하는 종교이자 철학이라고 할 수 있습니다.

그래서 부처님은 '모든 것은 오로지 마음이 지어내는 것임을 뜻한다.' 하여 《화엄경》에서 일체유심조(一切唯心造)라고 하였던 겁니다. 인간이 행하는 모든 행(行)은 결국 '마음'에서 흘러나오기 때문에 옛날 조사 스님조차 '마음 외에는 무(無)'라고 했던 겁니다. '인간의 본질은 마음밖에 없기 때문에 이 마음이 사라지면 남는 것은 아무것도 없다.'는 게 바로 불교의 원리입니다. 불교의 우수성은 이뿐만이 아닙니다.

몇 해 전, 런던에서 '세계과학자 대회'가 열렸는데 19세기 때 다윈의 진화론을 앞세워 소개하였던 헉슬리(T. H. Huxley)라는 과학자가 있었습니다. 이 사람의 손자는 그 자리에서 이렇게 말했다고 합니다.

"지금과 같은 우주과학시대에는 신을 전제로 하는 종교는 더 이상 존속할 수 없다. 왜냐하면 종교에서 말하는 신은 하나의 허위이기 때문이다. 앞으로 어떤 종교가 존속할 수 있는가? 그것은 불교와 같이 신을 전제로 하지 않는 종교만이 존속할 수 있다."

그는 그날 기독교 성직자와 신학자들, 그리고 과학자를 앞에 두고 신을 전제로 하지 않는 종교만이 존속될 수 있다는 중대 선언을 한 것이었습니다. 이 같은 이슈는 불교인들에게도 하나의 충격으로 와 닿았습니다. 우리 불자들은 이를 두고 어떻게 받아들여야 할까요? 실로 불교의 우수성을 직감하지 않을 수 없습니다. 오늘 《백유경》의 주제와는 상관없는 이야기일 수 있지만 사실은 한 맥락 속에 들어 있는 겁니다. 바로 불교가 추구하는 것은 인간의 마음이기 때문입니다.

우리가 가진 '이 마음이' 왜 인간의 깨달음에 그토록 중요한가를 큰스님의 법문을 들어 이야기하겠습니다.

예전, 제가 알고 있던 큰스님이 교도소에서 법문을 하셨다고 합니다. 그때 하신 법문은 차마, 재소자 앞에서 엄두가 나지 않는 법문이었습니다.

"세상은 참 공평합니다."

그때 재소자 중 한 사람이 화가 난 듯 벌컥 소리쳤습니다.

"뭐가 공평합니까?"

"가난하고 힘없는 병자들은 모두 밖에 있지만 건강하고 힘센 사람들은 모두 이 안에 있지 않느냐?"

재소자들은 머리를 갸웃거렸습니다. 그들은 오히려 반대로 생각하고 있었기 때문입니다.

"밖에 있는 사람들은 모두 마음이 병든 사람들이다. 하지만 자네들은 모두 건강하고 똑똑하다. 그런데 그런 몸을 좋은 데 쓰지 못하고 나쁜 데 써서 이곳으로 들어오지 않았는가? 그러니 세상은 공평하지 않는가?"

그 순간 재소자들은 고개를 끄덕거리며 많은 것을 뉘우쳤다고 합니다.

《중아함경》에 '과거사이멸(過去事已滅) 미래복미지(未來復未至), 과거는 이미 지난 것이고, 미래는 아직 오지 않았다.'는 말이 있습니다. 부처님께서 오늘의 중요성을 강조하신 말씀입니다. 오늘 현재, 이 순간을 열심히 살면 미래는 자연스럽게 자신의 것이 될 것입니다.

21. 말로만 배를 잘 운전하는 사람

옛날 어떤 장자의 아들이 장사꾼들과 함께 보물을 찾기 위해 먼 바다로 가게 되었습니다. 그 장자의 아들은 원래부터 뱃길을 잘 알고 있었으며 배를 다루는 방법을 잘 알고 있었습니다.

그는 바다에서 장사꾼들이 조난을 당하지 않게 자세하게 설명을 하였습니다. 그런데 그 장사꾼들 중 한 명이 그 방법을 듣지 않았습니다.

"나는 바다에서 배를 다루는 방법을 잘 알고 있다. 그 장자의 아들이 말하는 방법은 틀렸다."

이 이야기를 들은 장사꾼들은 이내 다른 장사꾼의 말을 듣고 장자의 아들 말은 끝내 듣지를 않았습니다. 얼마 후 먼 바다에 이르자 배를 몰던 선장이 갑자기 병으로 죽고 말았습니다.

그때 바다 위에는 심한 폭풍이 몰아치기 시작했습니다. 이 위기를 벗어나기 위해 장자의 아들이 배의 선장을 맡으려고 하였습니다. 그러나 장사꾼들은 장자의 아들을 믿지 못하고 배를 잘 다룬다는 장사꾼의 말을 믿고 그에게 선장을 맡겼습니다.

그런데 배는 앞으로 나아가지 못하고 보물을 찾기는커녕 폭풍우에 휩쓸려 모두 죽고 말았습니다. 그는 말로만 배를 잘 알고 있었지 실제로는 전혀 배를 다룰 줄 모르는 사람이었습니다.

 ## 실천적 수행을 행하라

오늘의 이야기는 '말로만 배를 잘 운전하는 사람'입니다. 이 이야기가 우리에게 던져주는 교훈은 자신이 가진 능력을 과장해서 남을 속이지 말라는 것, 남의 능력을 무시하지 말라는 것, 나머지 한 가지는 지식보다 더 중요한 건 경험에 있다는 겁니다. 하지만 상가세나 스님이 강조하고자 하는 건 이러한 인간사보다 수행자의 마음가짐으로 실천적 수행이 그 어떤 지식이나 알음알이보다 중요한다는 겁니다.

예로부터 우리나라의 불교는 선종에서 달마(達磨) 계통의 남종선(南宗禪)으로부터 전해 내려온 조사선 수행을 중시했습니다. 조사선은 간화선으로써 문자나 학문에 얽매이지 않은 불립문자(不立文字)

입니다. 말하자면 글자의 뜻풀이에 매이지 아니하고 이심전심으로 전하는 선법(禪法)을 말합니다.

이 《백유경》에서 말하고자 하는 건 '쓸데없는 지식이나 알량한 재주로써 자신을 과시하는 것보다 실천적 수행을 하는 사람이 더 낫다.'라는 것입니다.

이 세상을 살아가면서 우리는 어떤 일을 앞에 두었을 때 항상 거기에 맞는 계획을 세우고 준비하고 마지막으로 행동에 옮깁니다. 이와 같이 불교에서 말하는 수행의 과정도 마음의 준비가 필요합니다. 무턱대고 절에 가서 절을 하고 기도를 한다고 해서 공덕이 쌓이는 게 아니라는 말입니다. 우선 마음을 닦고 몸을 청정하게 하여 부처님 앞에 다가서야 합니다. 그래야만 우리 몸속의 나쁜 기운들이 모두 빠져 나가 부처님의 '위없는 말씀'이 내 안에 쌓이게 됩니다. 내가 가진 모든 '아상과 교만'을 버리고 진정으로 깨끗한 마음으로 부처님에게 다가가야 한다는 겁니다.

사람들은 세상을 살면서 거짓 속에 자기를 가두어 버리는 우(遇)를 범합니다. 모르는 것을 아는 척하고, 없는 것을 있는 척하고, 비천하면서 고귀한 척하며 남을 속이고 자신을 속입니다. 이런 모습들은 결국 자기 자신을 악의 구렁텅이 속으로 빠뜨리는 원인을 제공합니다.

이와 달리 진실한 사람들은 그 어떤 척도 하지 않습니다. 모르는 것은 모른다 하고 아는 것은 안다고 하고 없다는 것은 없다고 합니

다. 이런 사람의 마음은 그지없이 호수처럼 편안합니다. 하지만 가식으로 똘똘 뭉쳐진 사람들은 없는 것을 있는 척하기 위해 오히려 작의적으로 무엇인가를 위해 항상 마음이 들떠 있고 고통스럽습니다. 때문에 부처님은 항상 '마음을 다스려 고요히 하라.'고 했던 겁니다.

이 이야기 속에서 나오는 보물은 깨달음의 비유입니다. 깨달음을 얻기 위한 사람들은 힘들고 고된 폭풍 속을 뚫고 앞으로 나아가지만, 정작 중요한 순간에 필요한 것은 얻지 않고 외도들의 말만 믿고 삿된 마음만 얻어, 결국 보물이란 깨달음도 구하지 못하고 스스로 삼악도에 빠지는 결과를 초래하고 만다는 이야기입니다.

비단 이 이야기뿐만이 아니라, 요즘 우리 불자들 중에도 이런 분들이 많이 있습니다. 어느 절에 가면 어느 스님이 용하다는 둥 쓸데없는 말을 많이 합니다. 이러한 태도는 수행에 아무런 도움이 되지 않습니다. 공부도 하지 않고 아무런 준비도 없이 무언가를 쫓아가다 보면 결국 남는 건 자신의 허상뿐입니다.

깨달음의 길은 멀고 험난하며 결코 쉬운 길이 아닙니다. 그런데도 불구하고 아무런 준비도 하지 않고 길을 떠나게 되면 결국 이상한 쪽으로 빠지기 쉽습니다. 그래서 우물 안 개구리처럼 먼 창공을 바라보지 못하고 오직 '나'라는 좁은 소견의 '아상'에 젖어 깨달음은커녕 무지의 나락 속으로 빠지게 됩니다.

그런데 사실, 깨달음이란 멀고 험난한 곳에 있지 않습니다. 바로 우리 곁에 있습니다. 재미있는 이야기를 하나 하겠습니다.

어느 날 당대(唐代)의 대표적인 시인으로 유명한 백낙천이 항주의 자사(刺史)로 부임하였습니다. 백낙천은 항주에서 그리 멀지 않은 사찰에 도림 선사라는 고승이 있다는 말을 듣고 직접 시험해 보고자 작정하고 찾아가 이렇게 간청하였습니다.

"평생을 두고 좌우명으로 삼을 법문을 내려 주십시오."

도림 선사는 이렇게 말했습니다.

"제악막작(諸惡莫作) 중선봉행(衆善奉行), 나쁜 일은 일체 하지 말고 착한 일을 받들어 행하라."

백낙천은 의아해서 되물었다.

"그런 말은 삼척동자도 알고 있는 것입니다."

"삼척동자도 아는 사실이나 팔십 노인도 행하기 어렵다네."

백낙천은 비로소 깨달은 바가 있어 지행합일(知行合一)을 이루었습니다. 이렇듯 누구나 알고 있는 지식이라도 행하기가 어려운 것입니다.

요즘, 삼척동자와 잘난 척하는 현대사회를 비유한 이솝 우화 개구리 이야기를 보면 이런 내용도 나옵니다. 예전에는 삼척동자라고 하면 키가 1m도 안 되는 어린아이를 표현할 때 썼는데 요즘 삼척동자는 있는 척, 잘난 척, 멋있는 척하는 사람을 가리킨다고 합니다. 그만큼 현대 사람들이 자신이 가지고 있는 능력보다 남들에게 보이고 과시하려는 욕망이 강해서 이런 이야기가 나온 것 같습니다. '삼척동자'를 막는 데는 '삼걸동자'가 최고라고 합니다. '삼걸동자'는

'참을 걸, 즐길 걸, 베풀 걸'이라는 뜻이라는데, 딱 보살의 삶이 아니겠습니까? 항상 우리는 순간순간에 바른 지혜를 내고 바른 마음을 내서 살아가는 사람들이 되었으면 좋겠습니다.

말보다는 실천이 중요하다는 의미로 《채근담》에는 이런 구절이 있습니다.

'독서를 하면서 성현을 보지 못한다면 이는 글씨를 베끼는 짓만 하는 것과 같으며, 관직에 있으면서 백성을 사랑하는 마음이 없다면 이는 의관을 쓴 도둑과 같다. 학문을 가르치면서 몸소 실천하지 않는다면 이는 말로만 선(禪)을 닦는 것이며, 사업을 일으켰으나 덕의 씨앗을 생각하지 않는다면 이는 눈앞에서 피었다 지는 꽃과 같다.'

우리는 말보다 행동을 실천하는 사람이 되어야 하겠습니다. 많이 알고 있으면 뭐합니까? 행동이 따르지 못한다면 아무런 소용이 없습니다.

생전에 저의 은사이신 월하 스님께서는 "부처님의 말씀에 어긋나지 않고, 대중에게 지탄받지 않게 수행하라. 또한 경우에 어긋나는 짓을 하지 마라."고 하셨습니다.

우리는 이론적으로 불교를 많이 배웁니다. 경전도 배우고, 율장도 배우고, 논장도 배우고, 팔만대장경을 배웁니다. 하지만 배우기만 하고 이를 실질적으로 행하지 않는다면 헛된 공부일 수밖에 없습니다. 그러므로 우리 불자님들은 항상 실천하는 수행을 해야 할 것입니다.

발로 장자의 입을 찬 하인

옛날 큰 부자가 살고 있었습니다. 그의 이웃들은 그의 마음을 얻으려고 온갖 아첨을 다해 공경하였습니다. 심지어 큰 부자가 가래침을 뱉으면 그의 곁에서 이를 본 사람들은 재빨리 달려가 발로 그것을 문질러 버리곤 하였습니다.

이를 본 어떤 어리석은 사람이 이렇게 생각하였습니다.

"그 부자의 가래침이 땅에 떨어지면 내가 먼저 달려가서 재빨리 문질러 버리리라."

그때 그 부자가 가래침을 뱉으려고 하였습니다. 그 사람은 곧 다리를 들어 장자의 입을 쳐 버렸습니다. 그 부자의 입에서는 피가 터지고 앞니가 부러져 버렸습니다.

부자는 화가 나 크게 소리를 질렀습니다.

"너는 왜 내 입을 쳐 이가 부러지고 피가 나게 하느냐?"

그가 말했습니다.

"당신의 침이 입 안에서 떨어지면 주위의 아첨하는 사람들이 달려와 재빨리 문질러 지워 버립니다. 나는 아무리 밟으려 해도 그 아첨꾼들보다 빠르지 못하기 때문에 당신의 침이 막 나오려 할 때 다리를 먼저 들어 침을 막아서 당신의 마음을 얻으려고 한 행동입니다."

큰 부자는 어이가 없어 말문을 닫아 버렸습니다.

불법(佛法)을 구하기 전에 마음을 먼저 닦아라

우리는 때와 장소에 따라 똑같은 행동과 말을 해도 어떤 사람은 칭찬받고 어떤 사람은 비난받는 경우를 가끔 봅니다. 때론 논제에 맞지 않게 엉뚱한 짓을 하는 사람을 두고 분위기 파악을 못한다고 비난하기도 하는데, 주인의 입술을 차 버린 이야기 속의 하인도 그런 범주에 속하는 사람입니다.

오늘 이야기의 주제는 '적절하게 때를 기다려라.'입니다. 모든 일에는 항상 때와 장소가 있듯이 수행을 할 때도 시기가 있다는 말입니다. 아무리 급한 일이라 할지라도 조급함이 앞서게 되면 일을 그르칠 때가 많이 있습니다. 때가 되기도 전에 억지로 하게 되면 도리어 나쁜 결과를 낳는다는 것은 자명(自明)합니다. 그럼에도 불구하고 사람들은 때를 기다리지 못하고 오히려 서둘다가 화를 당하는 일을 심심찮게 봅니다. 이런 사람은 대개 성질이 급하거나 화를 잘 내는 사람인데 자기가 가진 지혜를 잘 활용하지 못합니다.

오늘 《백유경》에서 주인이 침을 뱉기도 전에 입을 차 버린 웃지 못 할 이 이야기도 바로 지혜의 부재 탓입니다. 그러므로 '때'와 '때가 아님'을 명백하게 자신의 지혜로써 가려야 합니다. 하인이 주인에게 인심을 사려고 하다가 오히려 잘못을 저지르는 것도 바로 지혜가 없기 때문입니다. 이와 같이 사람이 사람에게 인심을 구하는 것도 다 때가 있는 법이기 때문입니다.

자연은 기다리지 않아도 때가 되면 봄이 와서 꽃을 피우고, 여름이면 푸르고, 가을이면 어김없이 잎이 떨어지고, 겨울이면 긴 동면에 들어갑니다. 이것이 바로 자연의 이치이듯이 삶에도 이치(理致)가 있습니다. 그래서 우리 속담에 보면 '때가 멈추면 따라 멈추고, 때가 행하면 따라 행하라.'고 했습니다.

중국의 우화 중에 성질 급한 원숭이는 복숭아가 채 익기도 전에 따 먹고는 복숭아는 떫어서 맛이 없는 과일이라 하고, 느림보 원숭이는 너무 익어버린 복숭아를 따 먹고는 복숭아는 시큼해서 맛이 없는 과일이라는 겁니다. 이것은 인간의 어리석음을 비유한 동화이기도 합니다. 이 이야기속의 하인이나 원숭이처럼 어리석은 중생이 되어서는 안 됩니다. 그래서 불교에서는 시절인연을 매우 중요하게 생각합니다.

불교에서 시절인연을 설명하는 데 빼놓을 수 없는 게 있는데 바로 '겁(劫)'과 '찰나'입니다. 겁은 아주 긴 시간을 말하며 찰나는 아주 짧은 시간을 말하기 때문에 반대적인 개념으로 볼 수 있지만 어쩌면 이 우주 속에서 '겁'과 '찰나'는 어떤 경지를 뜻하는 개념의 말로서 보면 같은 의미라고 볼 수 있습니다.

불가의 경전에서 겁을 쓰는 이유는 내 곁에 있는 인연에 대한 소중함을 표현하기 위해 씁니다. 천 년에 한 번씩 떨어지는 빗방울이 집채 만한 바위를 뚫는 시간을 불가에서는 겁이라고 합니다. 가늠하기 어려울 정도로 무량한 세월을 뜻합니다. 겁은 겁파(劫波)라고도 하는데, 세계가 성립되어 존속하고 파괴되어 공무(空無)가 되는 하나하나의 시기를 말하며, 측정할 수 없는 시간, 즉 몇 억만년이나 되는 장대한 시간의 한계를 가리키는 것으로써 반석 겁, 겨자 겁으로 나누어집니다. 반석 겁은 사방이 15km나 되는 크기의 큰 반석(盤石) 위에 하늘나라 천인들이 고름이 여섯 개나 달린 육수가사를 입고 일백 년 만에 한 번씩 내려와 나비춤을 추다가 올라가는데 그 여섯 고름에 바위가 다 닳아 없어지는 것을 일 겁이라 합니다. 즉, 일백 년마다 한 번씩 흰 천으로 닦아도 그 돌이 다 마멸되어도 끝나지 않는 시간을 두고 말합니다. 겨자 겁은 15km이나 되는 철성(鐵城) 안에 겨자씨를 가득 채우고 일백 년마다 겨자씨 한 알씩을 모두 다 꺼내어도 끝나지 않는 시간을 말합니다.

아미타불 부처님은 성불을 하고도 그런 십겁이란 세월을 보낸 부처님입니다. 그래서 불가에서는 무량수, 한량이 없는 긴 수명을 가진 부처님을 두고 아미타부처님이라고 합니다. 즉 공간적으로는 무량광, 한량없는 빛을 구석구석 비추어주는 그런 부처님이 아미타부처님인 것입니다. 즉 무량수, 무량광을 지닌 부처님이 아미타부처님입니다.

이런 겁을 인연하여 무색계, 색계, 욕계의 삼계 중 욕계의 지구, 또한 한국이라는 한 나라에서 같이 태어날 만한 인연이 되려면 천겁의 인연이 있어야 된다고 합니다.

부부가 되려면 팔천겁의 인연이, 형제로 만나려면 구천겁의 인연이, 부모로 만나는 분이나 스승님으로 모시는 분과는 일만겁의 인연이 있어야 한다고 합니다. 이렇게 시절에 맞춰 본다면 내 옆에 있는 아내와 남편, 자식이 얼마나 소중한 인연인지 직감할 수 있을 겁니다.

이와 반대로 찰나란 가늠할 수 없는 짧은 시간을 말하는 겁니다. 《대비바사론》에 그 찰나에 대한 이야기가 있는데 그 이야기를 살펴보면 다음과 같습니다. 어느 날 가는 명주 한 올을 젊은 사람 둘이서 양쪽 끝을 당기고 칼로 명주실을 끊었더니, 명주실이 끊어지는 시간이 64찰나였다는 것입니다. 우리가 어떤 일이 일어났을 때 그것을 알 수 있는 시간은 적어도 120찰나쯤이 되어야 감이 온다고 합니다. 그러므로 찰나가 얼마나 짧은 시간을 말하고 있는지 짐작할 수 있을 겁니다.

　120찰나는 '단찰나'라고도 하며 시간으로 약 일의 오분의 삼초 정도 된다고 합니다. 과거, 현재, 미래의 삼세가 찰나 위에서 이루어진다고 하는데 이를 '찰나 삼세(刹那 三世)'라고 합니다. 하지만 이 찰나 속에 사람의 생각이 이어지기 때문에 찰나를 두고 생각의 연속성이라고도 합니다. 이 우주는 이 짧은 찰나 속에 수많은 변화를 일으킵니다.

　고로 겁이나 찰나는 영원성을 의미하는 말이기도 합니다. 불교에서 겁과 찰나는 매우 중요합니다. 겁은 인연의 중요성을 설명하기 위해서이며 찰나는 성찰(省察), 즉 깨달음을 주는 시간이기 때문입니다.

　다소 오늘의 주제와는 동떨어진 이야기이지만 하인이 만약, 이러한 시간적 개념을 알았다면 그와 같은 어리석은 짓을 하지 않았을지도 모릅니다.

　《잡아함경》 중에서 「염삼보경」에는 다음과 같은 구절이 있습니다.
　'수행하는 스님들에게 수시로 음식과 의복을 공양하되, 생각을 오로지 하여 자세히 생각하고 바르게 알아서 보시를 하여라. 깨끗한 물건으로 훌륭한 복의 밭이 되도록 너희들은 그런 일을 갖추어 행하라. 그 공덕의 이익을 인연하여 긴 어둠 속에라도 안락함을 얻으리라. 마음을 내어 구하는 것이 있으면 모든 이익이 뜻대로 되리라. 사람이나 짐승에게 다 편안하고 길을 오갈 때에도 늘 편안하며 밤에도 편안하고 낮에도 편안하여 일체 나쁜 일에서 떠나게 되리라. 마치 기름진 땅에 훌륭한 씨앗을 뿌리고 때를 맞추어 물을 잘 대어 주면 그 수확이 풍성한 것처럼, 깨끗하게 계율을 지키는 수행자들의 훌륭한 복의 밭에 정갈하고 아름다운 공양의 종자를 뿌려서 올바른 행위를 순종하면 마침내 묘한 결과를 기필코 성취하리라.'

'보시(布施)'란 이와 같습니다. 우리가 보시를 하면 그 순간에 많은 공덕을 얻게 되는 것이 아니라 차츰 차츰 쌓여 어느 날 큰 복을 받게 되는 것입니다. 말하자면 선(善)를 지어 놓으면 지금 당장은 보이지 않더라도 언젠가는 복을 받게 되고, 악한 일을 하면 지금 당장 그 벌을 안 받더라도 나중에는 그 벌을 반드시 받게 된다는 말입니다.

절에 출가하면 행자가 됩니다. 이때는 주로 곳간에서 공양 짓는 일을 하게 되는데, 때로 졸음이나 시간을 조절하지 못해 밥을 많이 태웁니다. 이렇듯 밥을 하는 것도 시간을 잘 맞추어야 하듯이 수행에도 다 때가 있습니다.

우리 불자들은 이를 깨달아 적절하게 자기 자신에게 주어진 시간을 잘 활용하여 열심히 정진하시기를 기원합니다.

23 떡 하나 때문에 도둑맞은 부부

옛날 금슬 좋은 어떤 부부가 떡 세 개를 가지고 나누어 먹게 되었습니다. 부부는 각각 한 개씩의 떡을 먹고 하나가 남자 서로 약속을 하였습니다.

"지금부터 누구든지 말을 먼저 하게 되면 이 한 개의 떡을 먹을 수가 없다."

부부는 재미삼아 이 약속을 하게 되었던 것입니다. 그런데 한밤중에 그 부부가 사는 집에 도적이 들어왔습니다.

떡 한 개 때문에 도적이 들어왔다는 말을 서로 하지 않았습니다. 도적은 그 부부의 집에 있던 모든 재물들을 보자기에 담고 있었습니다. 그런데 도적은 그 부부가 아무런 말을 하지 않은 것을 보자 남편 앞에서 그 부인을 겁탈하려고 했습니다.

아내는 "도적이야! 도적이야!" 외쳤지만 남편은 그저 바라만 볼 뿐 단 한 마디도 하지 않았던 것입니다. 도적은 재물과 제 욕심을 채우고는 이내 휑하니 그 집을 빠져 나갔습니다.

아내는 남편에게 말하였습니다.

"이 어리석은 사람아. 그까짓 떡 한 개 때문에 도적을 보고도 외치지 않는 당신을 믿고 어떻게 살겠는가."

남편은 그제야 손뼉을 치고 웃으며 말하였습니다.

"자, 이제 이 한 개의 떡은 내 것이다."

아내는 그만 고개를 떨구고 말았습니다. 이 말을 들은 세상 사람들은 모두 그들을 비웃었습니다.

 무소유의 삶이 진짜 소유이다

오늘은 욕심을 너무 부리다가 더 큰 것을 잃어버리는 어리석은 사람에 대한 이야기입니다. 우리는 웃음이 나올 만한 이 이야기를 통해 과연 무엇을 느낄 수 있을까요?

인간의 욕심은 때론 사람의 눈과 마음, 그리고 생각을 멀게 한다는 것을 알 수 있습니다. 작은 떡 하나 때문에 온 집안의 재물을 잃고 또한 아내마저 겁탈 당할 뻔했던 이 이야기는 우스개가 아니라 어쩌면 오늘날 우리가 처한 현실인지도 모르겠습니다.

물론, 이 이야기의 주제는 불법에 관한 것입니다. 어리석은 사람은 불법을 믿고 있다가도 외도들의 꼬임에 빠져 작은 것을 추구하다 결국 부처님의 법을 잃게 된다는 이야기입니다.

여기서 말하는 도적은 삼독(三毒)을 비유한 것입니다. 인간은 이 삼독의 침략을 받아 지옥으로 떨어지면서도 자신의 출세 길만을 찾습니다. 그러나 결국 다섯 가지의 쾌락에 빠져 고통 속에 빠져 있는 자신을 바라볼 뿐입니다. 이것은 저 비유 속의 어리석은 남편과 어찌 다를 수 있겠습니까?

오늘은 욕심의 반대말인 '무소유'에 대해 이야기를 하겠습니다. 저는 얼마 전 불자들에게 "무소유가 무엇인가?" 하고 물었던 적이 있습니다. 그런데 대개 하는 말이 "재물을 가지지 않는 것."이라고 말했습니다. 물론 이러한 견해도 맞습니다만 엄밀히 말하면 무소유의 본뜻은 아닙니다.

'무소유'란 작은 욕심을 버리고 살되 항상 뜻은 크게 가지고 세상과 일치된 삶을 사는 것, 즉 시냇물로 살지 말고 넓은 강물처럼 살라는 말입니다. 또한 보잘 것 없고 시시한 것에 연연하지 말고 진짜만 가지고 살라는 말입니다. 따라서 아무것도 가지지 않고 살라는 말이 아닙니다. '무소유'란 '개인적인 욕심을 버리고 살라.'는 말입니다.

그래서 부처님도 "욕심은 가지되 이를 적절하게 조절하는 게 바로 무소유."라고 하셨던 겁니다. 삶에 대한 욕심은 좋을 수도 있고 나쁠 수도 있습니다. 하지만 개인적 욕심을 버리고 사는 사람은 크게 됩니다. 만일 사람이 사심에 집착하게 되면 오히려 큰 것을 잃어버릴 수도 있습니다.

중국 고사 성어에 '소탐대실(小貪大失)'이라는 말이 있습니다. 중국 북제 유주(北齊 劉畫)의 《신론(新論)》에 나오는 말입니다.

전국시대 진(秦)나라 혜왕(惠王)이 촉(蜀)나라를 공격하기 위해 계략을 짰습니다. 혜왕은 욕심이 많은 촉후(蜀侯)를 이용해 지혜를 발휘하여 촉을 공략하기로 했습니다. 그래서 신하들로 하여금 소를 조각하게 해 그 속에 황금과 비단을 채워 넣고 '쇠똥의 금'이라 칭한 후 촉후에 대한 우호의 예물을 보낸다고 소문을 퍼뜨렸습니다. 이 소문을 들은 촉후는 신하들의 간언을 듣지 않고 진나라 사신을 접견했습니다.

진의 사신이 올린 헌상품의 목록을 본 촉후는 눈이 어두워져 백성들을 징발하여 보석의 소를 맞을 길을 만들었습니다.

혜왕은 보석의 소와 함께 장병 수만 명을 촉나라로 보냈습니다. 촉후는 문무백관을 거느리고 도성의 교외까지 몸소 나와서 이를 맞이했습니다. 그러다 갑자기 진나라 병사들은 숨겨 두었던 무기를 꺼내 촉을 공격하였고, 촉후는 사로잡히고 말았습니다. 이로써 촉은 망하고 보석의 소는 촉의 치욕의 상징으로 남았습니다. 촉후의 소탐대실이 나라를 잃게 만든 것입니다. 이처럼 '작은 것에 눈이 어두워져 큰 것을 잃는다.'는 뜻으로 쓰이는 말입니다.

결국 《백유경》 속의 이야기도 떡 하나 때문에 '소탐대실'을 한 것과 마찬가지입니다.

어린 나이에 동진 출가를 한 저는 사찰에서 먹는 음식이 양이 차지 않았습니다. 절에서는 채식과 소식을 하면서 수행하다 보니 언제나 배가 고팠습니다. 그런 사정을 아시는 보살님들이 가끔 간식으로 빵과 떡, 그리고 튀김들을 가지고 왔습니다. 그러면 절에서 못 보던 음식을 본 어린 스님들은 배가 터지도록 먹습니다. 그런데 그런 날이면 꼭 배에서 탈이 납니다. 그저 눈앞에 보이는 음식을 먹겠다는 욕심이 과식을 불러와 나중에는 배가 아파 밤새 끙끙대곤 하였습니다. 이것도 욕심 때문에 빚어진 현상입니다.

부처님은 《열반경》에서 욕심에 대해 이야기했습니다.

"선남자여, 지혜 있는 이는 탐욕을 관찰하나니 탐욕은 빛과 소리와 냄새와 맛과 감촉이니라. 이것은 곧 여래(부처님)가 인(因) 가운데서 과(果)를 말하는 것이니 이 다섯 가지로부터 탐욕을 내는 것이요, 실로 탐욕은 아니니라.

선남자여, 어리석은 사람은 이런 것을 받으려고 탐하여 구하는 연고로 이 빛에 대하여 뒤바뀐 생각을 내며, 나아가 촉에 대하여서도 뒤바뀐 생각을 내고, 뒤바뀐 생각의 인연으로 수(受)를 내나니 그래서 세상에서 말하기를 뒤바뀐 생각으로 인하여 열 가지 생각을 낸다고 하느니라. 탐욕의 인연으로 세간에서 나쁜 과보를 받고, 나쁜 것을 부모와 사문과 바라문들에게 가하기도 하고, 짓지 않아야 할 일은 짐짓 지으면서 몸과 목숨을 아끼지 않나니, 그러므로 지혜 있는 이는 나쁜 생각의 인연으로 탐욕의 마음을 내게 하는 줄을 관찰하느니라.

지혜 있는 이가 이렇게 탐욕의 인연을 관찰하고는 다음에 과보를 관찰하되 이 탐욕으로 모든 나쁜 과보가 나오니 지옥, 아귀, 축생, 인간, 천상이라 하나니, 이것을 이름 하여 과보를 관찰한다 하느니라.

만일 나쁜 생각을 제멸(除滅)하면 욕심이 생기지 아니하고, 욕심이 없으므로 나쁜 수(受)를 받지 아니하면 나쁜 받음이 없으므로 나쁜 과보가 없으리니, 그러므로 내가 먼저 나쁜 생각을 끊어야 하며, 나쁜 생각이 끊어지면 이런 법이 자연히 없어진다 하느니라. 그러므로 지혜 있는 이가 나쁜 생각을 없애기 위하여 팔정도를 닦나니, 이것을 이름 하여 청정한 범행이라 하며, 이것을 이름하여 중생의 독한 몸 가운데 묘한 약왕이 있는 것이 마치 설산 속에 독한 풀도 있지만 묘한 약도 있음과 같다고 하느니라." 하셨습니다.

우리가 만일 한걸음만 뒤에 떨어져서 자신의 욕심을 관조한다면 우리는 우리 자신의 추한 모습을 볼 수 있을 겁니다. 부처님과 중생이 다른 점을 두고 말하기를 부처님은 "욕심을 버리고 오랜 세월을 두고 인욕하며 고행을 하셨다." 하였으며, 중생은 "한량없는 윤회의 시간동안 욕심을 버리지 못했기 때문"이라 하였습니다. 이것이 바로 부처님과 어리석은 중생의 차이입니다.

24. 낙타와 독을 모두 잃은 사람

옛날 어떤 마을의 한 사람이 독 속에 곡식을 가득 담아 두었습니다. 하루는 그 집에 사는 낙타가 독 속에 든 곡식을 먹기 위해 머리를 넣었다가 빼지를 못해 다 죽게 되었습니다. 그것을 본 주인은 애지중지하던 낙타가 죽을까 봐 걱정을 하고 있었습니다.

그때 그것을 본 한 노인이 그에게 물었습니다.

"걱정하지 말라. 내가 당신에게 방법을 가르쳐 주리라. 그러면 반드시 낙타를 구해 낼 것이다. 너는 지금 이 칼로 낙타의 머리를 베어 버리면 낙타의 머리는 저절로 나오게 될 것이다."

"칼로 낙타의 머리를 베면 죽을 것인데 어찌하여 칼로 낙타의 머리를 벨 수 있습니까?"

"그렇지 않다. 나는 그 비법을 알고 있으니 내 말을 믿어라."

그 사람은 노인의 말만 믿고 낙타의 머리를 베어 버렸습니다. 그 순간 낙타의 목에서 피가 솟구치고 쌀이 든 독은 깨져 버렸습니다.

노인은 그것을 보자 도망을 가버렸습니다.

 모든 일을 신중하게 생각하여 실천하라

오늘은 욕심 때문에 낭패를 본 사람의 이야기입니다. 물론 우화에 지나지 않지만 우리들에게 던져주는 교훈은 '판단을 현명하게 하라.'입니다. 세상을 살아가면서 사람들은 많은 고난을 만납니다. 그런데 이것을 어떻게 현명하게 판단하여 현실에 처한 어려움을 이겨 낼 수 있는가 하는 문제는 매우 중요합니다.

이 이야기 속의 어리석은 남자는 스스로 독과 낙타 중 어느 것이 더 귀중한가를 판단하지 못하고 오직 남의 말만 듣고 낙타의 머리를 잘라 둘 다 잃고 말았던 것입니다. 차라리 독을 깨어 버렸으면 더 귀중한 낙타를 구할 수 있었다는 생각을 미처 하지 못했던 겁니다.

인간의 뇌 속에는 자기를 합리화시키려는 욕구가 내재되어 있다고 합니다. '나'라는 것에 너무 집착하여 남을 생각하지 못하는 것이지요. 때문에 신중하지 못하고 성급한 판단을 내리게 되면 이 이야기처럼 많은 손해를 볼 수 있습니다.

오늘 이 이야기의 의도는 사실 다른 곳에 있습니다. 오늘의 교훈 또한 불법에 관한 겁니다. 노인은 삿된 외도를 말하며, 독과 낙타는 부처님의 법이라 할 수 있습니다. 이와 같이 외도들은 부단하게 부처의 불법을 파괴하기 위해 중생들을 현혹시켜 어리석음에 빠지게 합니다. 그래서 마음을 부단하게 닦고 공부를 하지 않으면 우리는 정법(正法)을 만나기가 힘듭니다.

제가 불교대학과 절에서 불자들에게 법문을 할 때 항상 중심에 두는 건 정법(正法)입니다. 바른 법을 가르쳐야지 그걸 배운 사람도 남에게 올바르게 전달할 수가 있기 때문입니다. 그렇지 못하고 타 종교 마냥 자신만의 지식과 경험이 최고라고 생각하고 마치 자신이 교주인 양 신도들을 억압하고 다스리게 되면 결국 종교의 본질은 왜곡(歪曲)될 수밖에 없습니다.

사람은 항상 신중하게 생각하고 판단을 내려야 합니다. 이후 자신의 선택이 옳다고 생각되면 과감하게 밀고 나갈 수 있는 용기도 있어야 합니다. 지혜와 신념을 동시에 가지고 일을 해야 정작 큰일도 할 수가 있기 때문입니다.

불자들도 지금 자기 자신의 모습을 뒤돌아보십시오. 과연 나는 부처님의 법을 옳고 바르게 배우고 익히고 있는가? 부지불식간에 알게 모르게 공부하다 보면 이것이 진짜인지 가짜인지 헷갈리는 수가 참 많습니다. 이러한 무지 속에서 벗어나기 위해서는 우리 불자들은 스스로 부단하게 노력하지 않으면 안 됩니다.

불교는 나로 가득 찬 마음을 비우고 그 속에 남을 채우라는 자비의 가르침입니다. 또한 수행의 종교입니다. 이와 달리 타종교는 무기력한 인간의 존재를 이용하여 신을 빌려 이야기하고 있습니다. 그런데 과연 신이라는 게 존재하고 있을까요? 물론, 타종교에 대해 저는 왈가불가하고 싶지는 않습니다.

하지만 불교는 인간학입니다. 인간의 문제를 가지고 '나는 누구인가'라는 근본적인 근원을 찾아가는 종교입니다. 《아함경(阿含經)》에는 이런 이야기가 있습니다.

'옛날에 한 브라만이 두 명의 부인을 두었습니다. 큰 부인에게는 열다섯 살 된 아들이 있었고 작은 부인도 임신 중이었습니다. 그런데 어느 날, 브라만이 큰 병을 얻어 죽어버렸는데 남겨진 두 명의 부인은 그때부터 재산 다툼을 하기 시작했습니다.

큰 부인은 "아들은 나뿐이니 남편의 유산은 전부 나의 것이요."라고 하였습니다.

작은 부인은 "나도 임신 중이니 애기를 낳아 아들이면 재산을 나눌 것이고 딸이면 당신 뜻대로 하겠다."고 했습니다.

그때부터 큰 부인은 뱃속에 든 아이가 아들인지 딸인지 자꾸 조르기 시작했습니다. 작은 부인은 견디다 못해 아들인지 딸인지를 알고 싶어 칼로 자신의 배를 갈라버렸습니다. 결국 자신도 죽고 아이도 죽고 말았던 겁니다. 작은 부인은 재산을 탐하다가 자신의 생명마저 잃게 되는 결과를 낳고 말았습니다.

이 이야기도 《백유경》 속의 이야기와 다르지 않습니다. 부처님은 이와 같이 "선행과 계업(戒業)을 닦은 사문이 단순히 내세의 쾌락을 탐하기 위해 스스로 목숨을 끊는 것은 큰 죄업이다."라고 말씀하셨으며, 이와 반대로 "훌륭한 사문은 이 세상의 괴로움을 참아내고 부단하게 덕행을 닦아 성숙하기를 기다리며, 또한 세상 사람들에게 이익과 안락을 주기 위하여 죽는 날까지 노력해야 한다."고 했습니다.

성급한 판단과 행동은 과오를 낳기 쉽습니다. 항상 성급한 판단의 뒤에는 욕심이라는 것이 존재하게 되는데, 이것이 화를 일으키는 원인이 됩니다. 이런 사람은 삶의 진정한 깨달음이 무엇인지 모르는 사람입니다. 그러므로 깨달음이란 그냥 앉아서 참선하고 공부를 한다고 해서 얻을 수 있는 것은 결코 아닙니다. 힘든 수행의 과정을 거쳐 진실한 삶이 무엇인가를 알게 되었을 때 비로소 느끼는 것이 깨달음입니다.

불교에서는 불법승 삼보(佛法僧 三寶)를 불자들에게 특히 강조합니다. 이 속에 불교의 진리가 들어 있기 때문인데, 이는 많은 보시를 해야만 얻을 수 있습니다. 그러므로 수행자나 불자들이 삼보를 실천하기 위해서는 스스로 계율을 지켜 온갖 악의 굴레에서 벗어나는 마음공부를 철저히 해야만 합니다.

어찌 보면 부처님의 제자인 스님이나 부처님의 법을 믿고 따르는 불자나 별반 다르지 않다고 생각하기 쉬우나, 계율을 지키고 부처님의 제자로서 수행자의 길을 걸어가는 스님들의 삶은 결코 평범하지 않습니다. 왜냐하면 부단하게 '방하착(放下着)'를 실천해야 합니다. 수행이란 방하착으로부터 시작되기 때문입니다. '집착하는 마음을 내려놓고 홀가분하게 벗어 던지게 되면 자연스럽게 도의 문으로 들어설 수가 있습니다. 스님들은 평생 이를 실천하며 살아갑니다. 그럼 이 방하착은 어디에서 왔을까요?

어느 날, 중국의 엄양(嚴陽) 스님은 당대 최고의 선승인 조주 스님을 찾아가 이렇게 물었습니다.

"스님, 한 물건도 가지고 있지 않을 때 어떻게 합니까?"

조주 스님께서 대답하셨습니다.

"놔버려라, 방하착(放下着)하라."

엄양 스님이 다시 여쭈었습니다.

"한 물건도 가지고 있지 않은데 무엇을 놓을 것입니까?"

"그러면 지고 가거라." 하셨습니다.

가지고 있어야 놓을 것인데, 가지고 있는 것이 없는데 무엇을 새삼스럽게 놓을 것입니까?

어찌 보면 우리는 참 많은 것을 가지고 있는 것 같지만 사실은 아무것도 가지고 있지 않습니다. 내 남편, 내 아내, 내 자식, 내 재산이라고 우리는 부단하게 소유의 갈림길에서 자신을 가두고 있지만 실상 우리는 아무것도 가진 게 없습니다.

그러므로 우리 불자들은 한번쯤 자신을 뒤돌아보고 삶이란 궁극적으로 무엇이며 나는 누구인가를 성찰해 보는 것도 수행에 매우

좋습니다.

한 5년 전에 보았던 영화 중에 '더 컵'이라는 영화가 있었습니다. 네팔, 티벳 스님들이 산중에서 월드컵을 보기 위해 자신들의 목걸이를 팔아서 위성 접시를 사서 월드컵을 보는 이야기입니다. 주인공이 돈을 갚기 위해 부모한테 받은 중요한 보물을 파는 그런 모습을 봅니다. 그 영화는 '나로 가득 찬 마음을 비우고 그 속에 남을 채우라.'는 자비의 가르침이 들어 있습니다. 거기서 노스님에게 동자승이 질문을 합니다. "이 힘든 세상을 참 잘 살고 싶은데 어떻게 살아야 되겠습니까?" 노스님께서는 이렇게 말씀하십니다. "이 세상을 부드럽게 하기 위해서 가죽으로 이 세상을 다 덮을 수는 없다. 내 발에 가죽신을 신으면 이 세상을 부드럽게 밟을 수 있다."

참으로 가슴 뭉클하게 했던 말씀입니다. 우리가 하루에 한 시간만이라도 마음의 욕심을 놓아버리는 시간을 가졌으면 좋겠습니다.

25 남을 해치려다 손해 본 사람

옛날에 어떤 사람이 다른 사람 때문에 깊은 시름에 빠져 있었습니다. 그는 그 사람이 자신보다 부자이기 때문에 아무런 이유도 없이 늘 미워하고 있었습니다. 이웃 사람이 그에게 물었습니다.

"당신은 무슨 일로 그렇게 근심에 잠겨 있는가."

그는 터무니없이 모함하여 이렇게 말하였습니다.

"내 주위에 있는 한 사람이 나를 몹시 헐뜯는데 나는 힘이 없어 그에게 보복을 할 수가 없다. 어떻게 하면 그를 이길 수가 있겠는가? 그래서 근심을 하고 있는 것이다."

이웃 사람은 그를 도와주고 싶은 생각이 들어 비결을 일러 주었습니다.

"당신이 비타라 주문(呪文)을 앞에서 외우면 그를 없앨 수 있다. 그런데 한 가지 걱정이 있다. 만일 이 주문으로 그를 해칠 수 없으면 당신이 죽고 말 것이다."

그는 이웃 사람의 말을 듣고 기뻐하였습니다.

"내게 그 주문을 가르쳐 주시오. 비록 나 자신이 이 세상에서 사라진다 해도 반드시 그를 해치고 말 것이오."

이웃 사람은 비타라 주문을 가르쳐 주었습니다.

자신이 미워하는 사람을 찾아가 비타라 주문을 외웠지만 도리어 자신이 화를 당해 죽고 말았습니다.

 ## 인간의 여덟 가지 고통

사람의 욕심은 '하늘보다 높고 바다보다도 깊다.'는 속담이 있습니다. 취하면 취할수록 더 가지고 싶어지는 게 인간의 욕심입니다. 《백유경》 속의 비유도 쓸데없는 욕심 때문에 목숨을 잃은 한 어리석은 사람의 이야기입니다.

'비타라'란 시귀(屍鬼)라고도 하는데, 산스크리트어로 베탈라(vetla)라고 합니다. 남을 해치기 위해 악귀의 힘을 빌려 남을 저주하는 주술을 의미합니다. 즉, 죽은 몸에 활동하는 귀신으로 인도의 토속신앙에서 기원하여 이후 불교와 사바로 이어졌습니다. 이야기 속의 남자는 남이 자신보다 부자인 것을 싫어하여 이 비타라 주문을 하였지만 오히려 자신이 화를 당하고 만다는 이야기입니다.

　부처님은 사람에겐 여덟 가지의 고통이 있다고 하셨습니다. 그 중에서 미움에 관한 것이 '원증회고(怨憎會苦)'인데 미워하는 사람과 만나야 하는 고통입니다. 그런데 미움에도 원인이 있어야 하는데 이 어리석은 사람은 그저 자신보다 부자라는 이유만으로 남을 해치려고 했던 겁니다. 남이 자신을 미워하거나 어떤 해도 끼치지 않았는데도 불구하고 무조건 남을 미워한다는 것은 참으로 잘못된 겁니다. 요즘 발생하는 '무작정 살인'도 이 같은 종류가 아니겠습니까?

　자신보다 부자라는 이유로, 혹은 많이 배웠다는 이유로, 명예가 높다는 이유만으로 우리는 남을 미워하거나 증오하고 있지는 않는지요? 이런 삿된 마음이 드는 것은 자기 수양이 부족하기 때문입니다.

　이 이야기가 여러분들에게 도움이 될지 모르겠습니다. 저는 동진 출가하면서 참으로 힘든 과정을 많이 겪었습니다. 지금 생각하면 그 또한 수행의 한 과정이었음을 느낍니다.

　초등학교 때인 것 같습니다. 나는 절 밖에 있는 속세의 아이들과 함께 공부를 했는데 그때 저는 아이들에게서 "까까머리"라고 많은 놀림을 받았습니다. 한번은 학교에 갔다 울면서 절에 올라오는데 저희 은사 스님께서 왜 우느냐고 물었습니다.

　"아이들이 '까까머리'라고 놀려서 화가 났습니다."

　큰스님은 허허 웃으시면서 하시는 말씀이 걸작이었습니다.

　"그래, 너는 까까머리가 아니라고 생각하느냐? 맞아 너는 까까머리인데 네가 이를 부정하면 어떻게 되니? 네가 동자승이기 때문에 그러는 것이야."

나는 그 말씀의 의미를 깨닫는 데 참으로 많은 세월이 걸렸습니다. 큰스님의 말씀은 바로 '나 자신을 인정하라.'는 것이었습니다. 자기의 존재인 자신을 인정하는 순간부터 대상으로부터의 화는 사라진다는 큰스님의 말씀이셨습니다. 지금 돌이켜 생각하면 참으로 가슴에 남는 구절입니다.

저는 요즘 참 출가를 잘했다는 생각이 듭니다. 불교 경전을 통해 많은 지혜를 얻을 수 있고 또한 중생을 제도할 수 있기 때문입니다. 아마 내가 온전하게 출가의 길을 갈 수 있었던 것도 바로 대상에 대한 미움이 사라졌기 때문이었는지도 모릅니다.

불교에서 말하는 인연법에는 '선인선과 악인악과(善因善果 惡因惡果)'라는 구절이 있습니다. 즉 '착한 일을 행하면 선한 과보를 받고 악한 일을 하면 악한 과보를 받는다.'는 말입니다. 세상에 이보다 더 무서운 말은 없습니다. 여기에서 우리가 주지해야 할 하나의 사실이 있습니다. 실제 행동으로 옮기지 않고 '나쁜 생각과 나쁜 마음'을 가지기만 해도 과보를 짓는다는 겁니다.

세상에서 가장 소중한 것이 무엇일까요? 재물일까요? 명예일까요? 그런데 그런 것은 사실 아무런 소용이 없습니다. 그보다 중요한 것은 바로 '참나'를 찾는 일입니다. 남을 욕하거나 남을 해치거나 남을 비방하는 것도 결국에는 나를 해치는 것과 똑같습니다. 이렇게 소중하고 귀중한 나를 해쳐야 하겠습니까? 내 자신이 '참나'를 가지고 있으면 세상에 미워할 일은 하나도 없습니다. 또한 남을 시기할 하등의 이유도 없습니다.

이 이야기 속의 어리석은 사람은 '참나'를 가지고 있지 않기 때문에 남을 시기하고 미워하다가 오히려 자신의 주문 때문에 귀중한 생명을 잃어버리게 되는 결과를 초래했던 겁니다.

오늘날 세상 사람들은 '이것이 옳고 저것이 그르다.'는 무서운 고정관념 속에 살고 있습니다. 말하자면 자유자재하고 활발발(活潑發)한 마음을 지니고 있지 못하기 때문에 스스로의 생명을 단축시키고 있습니다. 이로 인하여 분별심이 나타나고 급기야 남을 미워하게 되어 좋지 않은 결과를 낳게 됩니다.

증오심은 남을 해치려고 돌을 던지면 다시 자신에게 돌아오는 부메랑입니다. 사랑도 돌아오지만 증오심도 돌아옵니다. 남에게 주는 감정들은 모두 그렇습니다. 애정을 주면 사랑이 돌아오고, 자비를 주면 좋은 과보가 오고, 미움을 주면 증오심이 돌아오니 말입니다.

《잡아함경》에는 다음과 같은 이야기가 있습니다.

'표주박에 기름을 담아 활활 타오르는 불에 부으면 불은 오히려 표주박에 붙어 버리듯이 성내는 마음도 그와 같아서 오히려 착한 마음을 불태워 버린다. 내 마음속에 증오심을 갖지 않으면 성이 났다가도 쉽게 사라지리라. 소용돌이치는 물이 돌고 돌듯이 화내고 성내는 것도 그와 같나니 비록 한때 화가 났다 해도 욕하지 말고 마

음을 깊이 두지 않으면 스스로 상하지 않으리라.'

그렇습니다. 우리가 화를 내면 그 화가 바로 내 자신을 상하게 합니다. 자신이 화를 내면 상대방보다 자신부터 먼저 상합니다. 화를 내면 우리 몸속의 장기들이 의학적으로 좋지 않은 반응을 한다고 합니다. 그러므로 화를 내는 건 만병의 근원이 될 수 있다는 말입니다. 불교를 배우면 건강하게 살 수 있습니다.

베트남의 틱낫한 스님도 《화》라는 책에서 내 자신에게 화가나면 이 화가 어디서 왔는가, 가만히 관조하라.'고 하셨습니다. 우리는 살다 보면 힘듦, 아픔, 괴로움이 생기기 마련입니다. 이를 잘 다스려야 복도 지을 수 있는 것입니다.

26 음식을 급히 먹는 남편

옛날 북인도에서 살던 사람이 남인도에 사는 부인과 결혼을 하게 되었습니다.

어느 날 그의 아내가 남편을 위해 음식을 차렸는데 남편은 늘 음식을 급하게 먹었습니다.

그의 남편은 음식이 뜨거우나 맵거나 상관을 하지 않고 한순간에 음식을 먹곤 했던 겁니다. 이것을 보다 못한 아내가 이상하게 여겨 그의 남편에게 물었습니다.

"음식을 빼앗아 갈 사람도 없는데 어찌하여 매번 음식을 그리 빨리 드십니까?"

남편은 웃으면서 대답하였습니다.

"이것은 아주 비밀스러운 일이요. 그러니 당신에게는 그 이유를 밝힐 수가 없소."

아내는 남편의 비밀이라는 말에 더욱 더 궁금증이 생겨 다시 물었습니다.

"우리는 한평생 함께 살아가야 할 부부인데 비밀을 밝힐 수가 없다고 하니 내가 함께 살 이유가 어디에 있습니까?"

남편은 아내의 간곡한 부탁을 거절할 수가 없었습니다.

"나의 할아버지 때부터 음식을 빨리 먹는 법을 지켜 왔소. 나도 이를 본받기 위해 음식을 빨리 먹는 것이오."

아내는 남편의 말에 어이가 없어 그만 웃고 말았습니다.

 자신의 본성(本性)을 깨달아라

여러분 어떻습니까? 지금 자기 자신을 한번 되돌아보십시오. 세상 사람들은 바른 이치를 통달하지 못하고 온갖 그릇된 행(行)을 하면서도 부끄럽다고 생각하지 않습니다. 그러나 잘못된 것은 잘못되었다고 인정하고 고치려 하는 마음이 더 중요한데, 그렇지 못하고 자기 자신이 최고인 양 고집을 부리면서 살아가고 있습니다.

좋은 습관은 어렵게 형성되지만 살아가는 데 도움이 되며, 나쁜 습관은 쉽게 형성되지만 살아가는 데 방해가 됩니다. 사람은 자신

들의 행동에 따라 좋은 습관 혹은 나쁜 습관을 익히게 되는데, 이때 필요한 것이 '무엇이 옳고 그른가, 무엇이 거짓이고 진실한가.'를 바로 보는 정견(正見)입니다. 이러한 정견을 가지고 있어야 좋은 습관은 취하고 나쁜 생각은 버릴 수가 있습니다. 말하자면 어리석은 사람이 '밥을 빨리 먹는 법'이 올바른 것이 아님에도 불구하고 사소한 이유 때문에 이를 행하는 것은 마치 우리가 '선(善)'임을 알면서도 행하지 않는 것과 같습니다.

사실, 옳고 그름에 대한 자신의 견해를 분명하게 가지고 행동하는 사람은 우리 주위에 몇 안 됩니다. 하지만 인간은 스스로 선과 악을 구별할 수 있는 본성(本性)을 타고 태어났습니다. 다만, 자신만의 욕구에 젖어 원하는 것만을 추구하기 때문에 본성을 찾지 못할 뿐입니다. 부처님이 오늘 이 비유를 통해 우리들에게 들려주고자 하는 것도 '세상을 제대로 보는 본성을 찾아라.'는 말씀입니다.

불교도 시대의 변천에 따라 많은 부침을 거듭해 온 것은 사실입니다. 하지만 부처님은 2,500여 년 전에 태어났지만 남기신 법과 진리는 오늘날 우리들에게 참 많은 것을 가르쳐 주고 있습니다. 때론 부처님의 법이 현실에 맞지 않는다는 몇몇 학자들의 견해는 있으나 이들 또한 불교의 논리를 너무나 학문적 경향에서 파악하려고 하기 때문입니다. 불교는 이지적인 종교가 아니라 실천을 근원으로 하는 자기 수행의 종교이기 때문에 학문적으로 해석하는 것은 무리가 있습니다. 이런 사람은 불교의 근본을 잘 모르는 사람이라고 할 수 있습니다. 불교의 진리는 항상 변하지 않고 일정한 간격을 유지하고 있다는 것을 알아야 합니다.

우리는 이렇게 관습과 인습 사이에서 살고 있습니다. 하지만 불교의 진리는 관습과 인습이 아니라 매우 전통적이고 과학적인 근거를 가지고 있다는 겁니다. 그것이 바로 부처님이 말씀하신 인과법입니다. '이것이 있으므로 저것이 있다.'입니다. 세상에 인과가 없는 것은 하나도 없습니다. 즉, 부처님이 주장하신 것은 '선은 선을 낳고 악은 악을 낳는다.'입니다. 이보다 더 위대한 자연의 법칙은 없습니다. 그래서 부처님은 선을 행하기 위해 수많은 계율을 만드신 것입니다. 그 중의 하나가 오계(五戒)입니다.

현대에 살고 있는 재가 불자들은 오계를 모두 철저히 지키기가 힘듭니다. 예를 들어 '거짓말을 하지 않겠다는 불망언(不忘言)'과 '술을 마시지 않겠다는 불음주(不飮酒)'는 사회생활을 함에 있어 지키기 힘든 조항입니다. 하지만 이러한 마음을 가지는 자체가 바로 선을 행하는 과정이 되는 겁니다. 한달 십재일 중 하루만이라도 이를 실천한다면 얼마나 좋겠습니까? 내일부터라도 우리 불자들도 이를 행하였으면 좋겠습니다. 이것도 훌륭한 습관으로 자리를 잡을 수만 있다면 건강에도 좋고 가족의 화목에도 좋지 않겠습니까?

한번 길들여진 습관은 잘못된 것인 줄 알면서도 쉽게 바꾸기가 어렵습니다. 이와 반대로 좋은 습관을 만들 수만 있다면 얼마나 좋겠습니까? 왜냐하면 오늘 우리가 하는 행동은 내생의 행동과 그대로 연결이 되기 때문에 지금 현생에 짓고 있는 잘못된 관행과 습관은 과감히 고쳐야 합니다.

　세상에는 법이 있습니다. 그러나 법이라고 해서 모두 올바른 게 아니라 그 법을 어떻게 지켜 나가느냐에 따라 유익할 수도 있고 나쁘게 작용할 수도 있습니다. 부처님의 가르침도 이와 같습니다. 부처님의 법에 의지할 때만이 부처님으로부터 복을 받을 수가 있다는 것을 명심해야 합니다.

　조선시대의 고승이셨던 진묵 스님의 일화를 통해 이 문제를 함께 고민해 보고자 합니다. 진묵 스님에게는 누이동생이 한 명 있었습니다. 그런데 이 누이는 진묵 대사의 도력(道力)만 믿고 수행은 물론 기도 정진을 하지 않았다고 합니다. 뿐만 아니라 밖에 나가서는 진묵 대사의 도력으로 자신은 수행 정진을 하지 않아도 되는 것처럼 자랑을 하고 다녔다고 합니다. 이 소식을 들은 진묵 스님이 하루는 식사시간에 누이를 초대했습니다. 그리고는 일인분 식사만 가져오게 해서 혼자만 공양을 맛있게 먹었습니다. 그러자 이를 지켜보고 있던 누이가 "사람을 식사에 초대해 놓고 왜 혼자만 드십니까?" 하고 되물었습니다.

　그러자 진묵 스님은 "아무리 좋은 음식이라 하더라도 스스로 먹어야 맛을 느끼고 또 배도 부르듯이, 수행도 스스로 해야만 자기 것이 되는 것입니다. 그런데 어찌하여 누이는 스스로 공부를 하지 않으면서 내 공부만 훌륭하다고 자랑하고 다니시오?"라고 질책했습니다.

그제야 진묵 스님의 깊은 뜻을 알아차린 누이는 크게 반성하고 그 뒤부터 수행 정진을 열심히 했다고 합니다. 진묵 스님의 이 일화에서도 알 수 있듯이 세상의 그 어떤 일도 자기가 스스로 하지 않으면 아무런 소용이 없습니다.

오늘날은 급변의 시대입니다. 아무리 다른 것이 바뀌어도 우리의 생각이 바뀌지 않으면 소용이 없습니다. 그저 '나'만 잘되면 되고 '남'은 아랑곳하지 않는 이기주의가 팽배하고 있는 이때 우리 불자들은 자기 자신을 위해 열심히 공부하고 마음을 닦아야 할 때입니다. 항상 여여(如如)한 마음을 가지고 느긋한 하루를 느낄 수 있기를 발원합니다.

공주를 사모한 농부

옛날 어떤 젊은 농부가 도시를 거닐다가 그 나라 공주의 얼굴을 보았습니다. 그래서 밤낮으로 사모하여 쌓이는 그리운 정을 막을 수가 없었습니다. 그는 어떻게 할 길이 없어 결국은 상사병이 들어 앓아눕게 되었습니다. 그의 친척들은 그 농부에게 갑자기 병이 든 이유를 물었습니다.

"왜 그렇게 됐느냐?"

그는 대답하였습니다.

"나는 지난번에 우연히 도시를 지나가다가 공주의 아름다운 모습을 보고 그만 사모하게 되었습니다. 만일 내가 그 공주와 결혼을 하지 못한다면 저는 반드시 죽고 말 것입니다."

친척들은 그의 말을 듣고 다시 말하였습니다.

"우리가 너의 병을 고치기 위해 반드시 공주에게 너와의 혼사를 이야기

할 터이니 걱정하지 말라."

친척들은 젊은 농부의 뜻을 전하기 위해 공주를 만났습니다. 그러나 공주는 단호히 농부와의 결혼을 거절하였습니다.

그들은 돌아와 젊은 농부에게 말하였습니다.

"우리가 너를 위해 공주에게 사정을 이야기하였으나 공주는 단호히 결혼을 거절하였다. 너는 이 순간부터 꿈을 깨어라."

젊은 농부는 이 말을 듣고 웃으면서 말하였습니다.

"지금은 힘들지만 내 반드시 공주를 얻겠습니다."

치열하게 수행을 하지 않으면 불법을 만날 수 없다

우리 속담에 '올라가지 못할 나무는 쳐다보지도 말라.'고 했습니다. 언뜻 보면 이것이 주제인 것 같지만 한갓 이 보잘 것 없는 것을 알려주기 위해 이 얘기를 만들어 낸 것은 아닌 듯합니다.

오늘 《백유경》의 이야기는 사랑을 주제로 하고 있으나 이 속에는 더 깊은 진리가 담겨져 있습니다. 여기에서 농부는 수행자, 공주는 부처님일 수도 있으며, 혹은 농부는 깨닫지 못한 범부, 공주는 불법(佛法)일 수도 있습니다.

이와 같이 여러 가지 비유로 해석될 수 있습니다. 하지만 《백유경》의 해설을 참조하면 이 속에 숨겨진 교훈은 바로 '덕과 수행, 기도 없이 불법을 구하려고 하는 것은 어렵다.'로 압축할 수 있습니다.

우리 삶 속에서 '사랑'이란 단어는 오랫동안 버릴 수 없는 존재로 남아 있습니다. 남녀 간의 사랑, 부모 자식 간의 사랑 등 수많은 사랑이 있겠지만 불교적으로 엄격하게 해석하면 '인연'으로 볼 수 있습니다. 옛말에 '옷깃만 스쳐도 인연'이라는 말이 있습니다. 이 말의 본뜻에는 '오늘 내가 만난 사랑을 귀중히 여겨라.'라는 깊은 뜻이 숨겨져 있다는 것을 불자들은 모를 겁니다. 이 세상에는 약 50억의 인구가 살고 있습니다. 그런데 그 수많은 사람들 중에 오늘 내가 만난 사람은 엄청난 인연의 결과물이라는 말씀입니다. 그런 인연들을 우리가 어떻게 함부로 대할 수 있겠습니까?

이 세상은 노력하면 안 될 것이 없다고 합니다. 그러나 오늘날은 아무리 노력해도 되지 않는 게 많이 있습니다. 하지만 불교에서는 그렇지 않습니다. 간절하게 원(願)을 세우고 기도를 하면 이룰 수 있는 게 바로 불교의 논리입니다. 물론, 혼신의 기도와 간절한 원이 동반되어야만 한다는 것이 전제조건이며 시기와 때도 매우 중요합니다.

그렇지 못하고 어리석은 사람들은 약간의 기도와 선행으로 모든 것을 갖추고 깨달음을 얻었다고 착각하는 사람들이 많습니다. 우리 불자들도 마찬가지입니다. 조그만 선행을 베풀고 마치 큰 선행을 한 것처럼 떠드는 것도 잘못된 보시라는 말입니다. 이것은 마치 공주를 사모하다가 상사병을 앓은 후 그것으로 공주의 마음을 사려고 하는 농부의 마음과 다를 바가 없습니다.

어렵게 얻은 것은 쉽게 사라지지도 않습니다. 노력하지 않고 쉽게 얻어지는 것은 마치 두 손에 쥔 마른 모래처럼 쉽사리 사라집니다. 이와 같이 부처님의 법을 얻고 구하는 것도 오랜 수행을 통해 스스로 깨달음을 얻을 때에만 가능하다는 겁니다.

부처님은 인간의 괴로움을 두고 "괴로움을 일으키는 원인이나 근원은 괴로움 그 자체의 내부에 있지 다른 곳에 있지 않다. 괴로움의 소멸을 가져오는 원인이나 근원도 괴로움 그 자체의 내부에 있지 다른 곳에 있지 않다."고 말씀하셨습니다.

결국 괴로움의 원인과 괴로움의 소멸은 모두 자기 자신에게 달려 있으며, 존재든 사물이든 조직이든 간에 그 자신의 내부에 단절과 파괴의 원인이 있다는 겁니다. 때문에 부처님은 감정 또한 극단으로 치닫는 것을 경계하셨습니다. 그러므로 모든 죄의 원인과 즐거움은 자신의 마음 속에 든 것입니다.

《법구경》에 보면 다음과 같은 구절이 있습니다.

'사랑하는 사람과 만나지 말라. 미운 사람과도 만나지 말라. 사랑하는 사람은 못 만나 괴롭고 미운 사람은 만나서 괴롭다.'

이에 대한 비슷한 이야기가 《잡아함경》「비구니경」에 나와 있습니다.

부처님이 사밧티의 기원정사에 아난다와 함께 있을 때였습니다.

한 비구니가 아난존자를 찾아와서 이렇게 간청했습니다.

"지금 어떤 비구니가 병이 들어 앓고 있습니다. 그 비구니는 아난존자에게 공양을 올리고 설법을 듣고자 하오니 부디 한번 찾아 오셔서 설법을 전해 주십시오."

아난존자는 다음날 발우를 들고 그 비구니가 있는 거처를 찾아갔습니다. 그 비구니는 멀리서 아난존자가 걸어오는 것을 보자 일부로 앞가슴을 풀어헤치고 알몸을 드러낸 채 방바닥에 누워 있었습니다. 사실 그 비구니의 병은 아난존자를 연모해서 생긴 상사병이었습니다. 이를 눈치챈 아난존자는 얼른 자신의 몸에 든 감관(感官)의 문을 닫고 그 비구니에게 더 이상 다가가지 않았습니다. 그 사실을 스스로 알아챈 비구니는 무안해 다시 방바닥에서 일어나 옷매무새를 고치고 아난존자 앞으로 다가가 무릎을 꿇었습니다. 그제야 아난존자는 그녀를 가엾게 여겨 설법을 시작했습니다.

"그대여, 이 몸은 세상에 나서 음식과 교만으로 자라났으며 탐욕과 음욕으로 자라난 것입니다. 그러므로 부처님의 제자들은 몸을 보존하기 위해 음식을 먹고 목마른 병을 고치기 위해 항상 깨끗한 범행(梵行)을 닦아야 합니다. 이것은 마치 수레를 끄는 상인이 오직 길을 가기 위해 바퀴에 기름칠을 하는 것처럼 말입니다. 그러므로 모든 일에는 그 분수를 헤아려 스스로 집착과 애착을 없애야만 합니다. 또한 마음에 교만과 애욕과 탐욕이 일어날 때는 스스로 모든 번뇌가 다하여 해탈을 했다고 생각해야 하며 이제는 다시 윤회의 삶을 살지 않아야 합니다. 그럼에도 불구하고 왜 나는 아직 여기서 벗어나지 못하는가를 자성(自省)해야만 합니다. 만약 그대가 이렇게 생각한다면 마음의 병에서 벗어나 마침내 식욕과 교만과 탐애와 음욕에서 벗어 날 수 있을 것입니다."

아난존자의 설법을 들은 비구니는 깊게 참회했습니다.

"저는 어리석고 착하지 못해 아난존자에게 큰 잘못을 저질렀습니다. 이제 아난존자님 앞에서 모든 것을 고백하고 참회하오니 부디 저를 가엾게 여겨 주소서."

사실 부처님은 남녀의 애욕을 끊으라고 한 것은 아닙니다.

'사랑하는 사람도 만나지 말고 미워하는 사람도 만나지 말라.'고 하신 말씀의 뒷면에는 '헌신적인 사랑을 할 수 없다면 사랑을 하지 말라.'는 깊은 뜻이 품어져 있습니다. 그럼 부처님이 말씀하시는 진실한 사랑이란 무엇일까? 그것은 '증오와 미움'이 섞이지 않은 진실로 참된 사랑을 뜻합니다. 그러므로 참된 사랑에는 어떤 대가를 요구할 수 없다는 것을 알아야 합니다.

28 엉뚱한 약을 먹은 사람

옛날 어떤 사람이 변비가 아주 심하였습니다.

의사가 이것을 보고 그에게 처방 법을 가르쳐 주었습니다.

"당신의 변비는 아주 심해 지금 당장 관장을 하여야 한다."

이 말을 들은 그는 의사가 관장을 준비하기도 전에 옆에 놓아둔 약을 먼저 먹어 버렸습니다. 그는 적정량의 약을 먹지 않고 아주 많이 먹었기 때문에 심하게 배가 불러와서 어찌할 줄을 몰랐습니다.

의사는 배가 부른 그를 보고 이상하게 여겨 물었습니다.

" 왜 그리 배가 부른가?"

그가 대답하였습니다.

"아까 당신이 준비해 두었던 관장약을 먹었기 때문입니다. 그런데 배가 너무 불러 죽을 것 같습니다."

의사는 그의 말을 듣고 매우 꾸짖었습니다.

"당신은 너무나 어리석어서 아무 방편(方便)도 모르는구나."

의사는 그에게 곧 다른 약을 먹게 하여 뱃속의 약을 토하게 한 뒤 그를 낫게 하였습니다. 그리하여 그는 다른 사람들의 웃음거리가 되었습니다.

 부정관(不淨觀)과 수식관(數息觀)을 배워라

부처님은 제자들이 어떤 고민에 빠져 있거나 괴로움에 빠져 있을 때는 항상 올바른 견해로써 제자들을 가르쳤습니다. 하지만, 개중에는 이를 잘못 받아들여 좋지 않은 길을 간 적도 있었습니다. 이와 같이 어떤 유익하고 좋은 말이라 할지라도 받아들이는 사람에 따라 독이 될 수도 있으며 약이 될 수도 있습니다.

오늘 이야기의 주제는 바로 이것입니다. 의사가 지시하지도 않은 약을 먹고 탈이 난 것처럼 부처님의 법도 잘못 받아들이면 해가 될 수 있다는 겁니다. 그래서 부처님은 법을 정하면서 올바른 방편(方便)을 제시했던 겁니다.

부처님의 법에는 부정관과 수식관이란 것이 있습니다. 부정관(不淨觀)은 음욕이 많은 중생이 닦아야 하는 수행법으로써 육체의 부정함을 느끼고 깨달아 번뇌와 욕망을 떨쳐버리는 관법(觀法)의 하나입니다. 예를 들면 '아름다운 여인이 있는데 오직 그 여인의 몸속에는 오물뿐이다.'라고 생각하는 것을 말합니다. 수식관(數息觀)은 숨을 다듬으면서 마음을 가라앉히는 관법(觀法)을 말합니다. 이 두 가지의 법을 방편으로 쓸 때는 적절하게 써야 합니다. 말하자면 수행도 적절하게 방편을 사용해야 올바로 될 수 있다는 말씀입니다.

일을 하거나 공부를 하거나 수행을 할 때에도 그에 맞는 순서가 있으며 시기와 때가 있습니다. 무턱대고 몸에 좋다고 해서 약을 먹어서도 안 되며, 수행에 좋다고 해서 부정관을 쓰거나 수식관을 쓰는 것은 오히려 독이 되기 쉽습니다. 만일 이를 간과한다면 불자들은 공부를 하기도 전에 지칠 수 있으며 수행자는 깨닫기도 전에 포기하기 쉽습니다. 그러므로 항상 스승을 통해 올바른 이치와 법을 배워야만이 깨달음에 이를 수가 있습니다.

오늘날 우리는 정보의 홍수 속에서 살고 있습니다. 부정확한 지식과 정보는 길을 찾는 데 독이 되지만, 정확한 지식과 정보는 좋은 안내서가 될 수 있습니다. 이와 같이 정보를 사용하는데도 사람들의 생각은 매우 다양하고 제각각일 수 있습니다.

이에 대해 부처님은 《장아함경》에서 다음과 같이 설하였습니다.

부처님께서 왕사성의 기사굴산(영축산)에 계실 때였다. 그때 부처님께서는 오백 명의 제자들과 함께 계셨다. 어느 날 석제환인이 천상에서 내려와 부처님께 문안드리고 여쭈었다.

"천상인과 지상인에게는 어떠한 생각들이 있고, 그들은 무엇을 구하나이까?"

"세상은 물의 흐름과 같아 그 성질이 같지 않고, 바라는 것이 각기 다르며, 생각도 하나가 아니다. 내가 한량없는 세월 동안 살펴보았지만 생각이 같은 사람을 보지 못하였다. 이 세상 중생들은 영원하지 못한 것을 영원하다고 생각하며, 즐거움이 아닌 것을 즐거움이라 생각하며, '나'가 없는 데서 '나'가 있다고 생각하며, 악한 것에서 오히려 복이 있다고 생각한다. 이런 것으로 보아 중생들의 근기를 헤아리기 어렵고, 그 성품과 행동이 각기 다름을 알 수 있느니라."

그래서 부처님은 방편을 썼습니다. 방편이란, 보살이 중생을 깨침으로 인도할 적에 사용하는 상대편에 알맞은 편의적 수단입니다. 사람들은 각인각색이기 때문에 그들을 진실한 교법 안으로 들어오게 하려면 적절한 법문을 사용해야 할 필요성을 느꼈던 겁니다.

즉, 방(方)은 방법이요 편(便)은 편리라 할 수 있으니, 깨침으로 인도할 중생에게 살아 있는 얘기, 즉 그들과 동떨어진 것이 아니라 부합하는 방편을 펼쳤던 겁니다. 부처님은 여러 가지 방편을 강구하여 그때마다 알기 쉽고 듣기 쉬운, 쏙쏙 들어오는 법문을 진솔하게 이용하셨습니다. 평이(平易)하지만 돋보이는 언어로써 진리를 나타내 보였습니다.

방편 바라밀, 방편 보리, 방편 법신, 방편 반야 등은 보살이 행하는 방편들입니다. 보살들은 시장에서나 길거리에서나 만나는 각각의 사람들에게 그 수준에 따라 알맞게 이야기를 이끌어갔던 것입니다. 그리고 방편 바라밀은 10지 보살 중 7지에 이른 보살이 하는 주된 수행이기도 합니다. 《화엄경》의 「명법품」의 10바라밀에 대한 본문에서는, 이 방편 바라밀에 대해 다음과 같이 설명하고 있습니다.

'온갖 세간에서 짓는 업을 일부러 나타내며, 중생을 교화함에 게으르지 아니하며, 그들로 즐겨함을 따라 몸을 나타내며, 모든 행하는 일에 물들지 아니하며, 혹은 범부를 나타내고 혹은 성인의 행하는 행을 나타내며, 혹은 생사를 나타내고 혹은 열반을 나타내며, 모든 지을 것을 잘 관찰하며, 온갖 장엄한 일을 나타내면서도 탐착(貪着)하지 아니하고, 모든 갈래에 두루 들어가 중생을 제도하나니, 이것이 곧 방편 바라밀다를 청정함이니라.'

우리 주변에는 불교 외에도 여러 종교가 있습니다. 그런데 이 모든 종교들이 필경 한 진리로 나아가는 것일까요? 모든 종교는 무엇을 추구할까요? 아니면 서로 대립하는 것일까요?

우리 사회에 어떤 명목으로든 뿌리 내리고 있는 종교들은 각기 나름대로 우리 사회와 우리에게 도움을 주는 점이 있는 것으로 생각됩니다. 그 종교들의 근원 진리가 하나인데서 그렇다기보다 결과적으로 우리에게 도움이 되고 있기 때문에 역사 속에 살아 있다는 뜻입니다. 사회에 공헌하고 있다는 점이 같다고 해서 종교가 모두 같은 것은 아닙니다. 똑같이 평화와 안녕을 가져오는 종교라고 말한다 하더라도 목표하는 바와 진리와 추구하는 방법에는 현저한 차이가 있습니다.

　약방에 있는 약을 들어 비유를 하자면, 어떤 약은 감기 치료에 유효하고 어떤 약은 소화 촉진에 도움이 되기도 할 것이며, 어떤 약은 위장을 튼튼하게 만드는 건위제, 또 어떤 약은 몸 전체를 튼튼하게 하는 보약 효과도 있을 것이며 또 어떤 약은 외부 세균이 들어오는 것을 막기도 하고, 또는 일시적 마취나 진통에 효과가 있는 약도 있습니다. 이런 약들이 모두 건강에 필요하다는 점은 같으나 기능과 효용의 범위에는 큰 차이가 있습니다. 어떤 약은 잠정적으로 써야지 자주 쓰면 해롭기도 합니다. 또 어떤 약은 장복할수록 심신을 건전하게 하는 데 도움이 되기도 합니다.

　우리 주변에 있는 종교도 어쩌면 약의 비유로 이해를 도울 수가 있는데 그 교설이나 수행론이 일시적 위안이나 안정을 가져올 때도 있고, 때로는 그런 방법이 심화될수록 인간의 가치와 존엄을 부정하고 인간의 삶의 의미를 부정하는 해독을 낳을 수 있습니다. 그러므로 종교는 설사 똑같이 자비와 관용의 실천을 주장한다 하더라도 그에 따른 진리에 있어서 높고 낮음이 있는 것입니다. 일체 대립을 초월한 완전무결한 절대적 · 주체적 진리에는 원래 아(我)가 없습니다. 따라서 대립이 없고, 원만과 긍정과 진실과 창조만이 있습니다.

　그러므로 우리들이 처음부터 깊은 지혜로 높은 진리를 믿고 닦게 되면 다행이지만, 그렇지 못하여 가령 얕은 진리에서 대립과 차별과 죄악과 고뇌가 있는 차원의 종교에만 머물러 있게 되면 필경 낭패를 보게 되며 고뇌속에서도 벗어 나지 못하게 됩니다. 또한 진리를 모르고 인간 가치를 몰각하게 되며 인간과 역사의 방향을 그르치게 되어 종교의 해악은 참으로 커지게 됩니다.

진리를 공유하고 실천하고 포교하는 것은 먼저 나와 다른 사람은 다르다는 인식에서부터 시작되어야 합니다. 내가 만든 틀에 다른 사람을 끼워 맞출 수는 없습니다. 때문에 불교에는 수많은 종류의 가르침이 있는 것입니다. 인간이란 원래부터 다종다양한 근기와 수준을 가지고 있기 때문에 수많은 방편이 있으며 이를 잘 받아들이고 쓸 줄 아는 지혜가 발휘되는 삶이 되기를 발원합니다.

꿩 한 마리만 먹은 환자

옛날 부잣집의 어떤 사람이 병으로 위독하였습니다. 그것을 본 마을의 훌륭한 명의가 그를 찾아가 병을 고칠 방법에 대해 이야기하였습니다.

"어르신의 병은 그 어떤 약으로도 고칠 수 없습니다."

병을 고칠 수 없다는 이야기를 들은 부자는 크게 실망하며 명의에게 살려 달라고 간곡하게 부탁하였습니다.

명의는 부자의 간곡한 부탁을 외면할 수가 없어 망설이다가 마침내 그 방법을 가르쳐 주었습니다.

"단 한 가지의 방법이 있긴 합니다."

"그것이 무엇인가? 나를 살려만 주면 그 어떤 것도 그대에게 다 주겠네."

귀가 솔깃해진 부자는 말하였습니다.

"어르신은 지금부터 어떤 음식도 먹지 말고 오직 꿩고기만 먹어야 합니다. 그러면 병은 쉽게 나을 것입니다."

부자는 곧 하인들을 시켜 시장에 가서 꿩 한 마리를 사오게 해서 고아 먹었습니다. 그의 병은 하루 만에 눈에 띄게 좋아졌습니다. 그런데 그 부자는 어쩐 일인지 다시는 꿩고기를 먹지 않았습니다. 꿩고기의 맛이 그의 입맛에 맞지 않았기 때문에 그는 다시 다른 음식들을 먹었습니다. 그후부터 그의 병은 고쳐지기는커녕 더욱 나빠졌습니다.

부자는 화가 난 나머지 하인들을 시켜 그 명의를 데려 오라고 하였습니다.

"당신은 내게 꿩고기를 고아 먹으면 병이 나을 수 있다고 하였는데 더욱 몸이 아프니 이를 어찌해야 좋은가? 당신은 나를 속이지 않았는가?"

"어르신은 정말 꿩고기만 먹고 다른 음식은 먹지 않았습니까?"

"한 마리만 먹고 먹지를 않았네."

"쯧쯧, 어찌 꿩고기를 먹고 몸이 좋아졌는데도 한 마리만 먹었습니까? 그러고서 어떻게 병이 낫기를 바랍니까?"

상견(常見)을 끊어라

재미있는 우화의 한 토막 같습니다. 미혹한 중생은 소 잃고 외양간 고치듯이 항상 일이 잘못된 뒤에야 후회와 반성을 합니다. 그래서 《법구경》에는 다음과 같은 구절이 있습니다.

'중생은 스스로 죄를 짓고서 스스로 괴로움에 빠지다가, 스스로 죄를 뉘우치고 스스로 깨끗해진다. 깨끗함과 죄에 물든 것은 오직 자기 자신에게만 달린 것일 뿐, 누가 누구의 죄를 벗게 하여 준단 말인가.'

이렇듯 우리 중생은 언제나 스스로 죄를 짓고 괴로움에 허덕이다가 나중에는 스스로 깨끗해지려고 합니다. 말하자면 죄를 짓는 것도 자기의 몫이며 깨끗해지려고 노력하는 것도 오직 자신의 의지에 달려 있습니다. 고로 모든 죄의 원인과 참회도 오직 자신에게 달려 있는 겁니다.

우리는 시도 때도 없이 남을 원망하고 살아갑니다. 하지만 모든 잘못의 근본은 자기 자신에게 있음을 알아야 합니다.

부처님은 아무리 많은 죄를 지은 사람이라 할지라도 스스로 죄를 뉘우치고 참회를 한다면 성불을 할 수 있다고 하셨습니다. 대표적인 사람이 살인마 앙굴리마라입니다. 그는 백 사람을 죽여 손가락을 하나씩 잘라내어 목걸이를 만들면 성불을 할 수 있다는 한 바라문의 이야기를 듣고 마지막 100번째로 자신의 어머니마저 죽이려고 했습니다. 그때 부처님이 그의 앞을 가로막았습니다. 앙굴리마라는 칼을 들고 부처님에게 달려들었습니다. 하지만 부처님은 너무도 빨라 쫓아갈 수가 없어 앙굴리마라는 허둥거리며 외쳤습니다.

"사문아, 거기 섰거라."

"나는 머무는데 그대는 어찌하여 머물지 못하는가?"

그 순간 앙굴리마라는 문득 정신을 차려 부처님 발 앞에 엎드려 울면서 사뢰었습니다.

"부처님 저는 아흔아홉 명을 죽인 살인마입니다. 저는 부처님께 출가를 원하옵니다."

부처님은 이렇게 말하였습니다.

"그래 잘 왔구나, 비구여. 나와 함께 가자."

결국 앙굴리마라는 자신의 죄를 뉘우치고 부처님의 제자가 되었던 것입니다. 이와 같이 인간의 본성은 본디 선과 악을 동시에 가지고 있습니다.

인간은 스스로 죄를 짓고서 스스로 괴로움에 빠지고, 또한 그 죄를 뉘우치고 깨끗해지려고 하는 본디의 본성을 가지고 있지만 동시에 남이 죄를 벗게 해 주기만을 기다리는 나쁜 타성도 가지고 있습니다.

이 이야기 속의 부자는 실로 어리석은 사람입니다. 꿩고기를 먹으면 낫는다는 의사의 처방대로 꿩고기를 먹고 나서 일시적으로 몸이 좋아졌는데도 불구하고 오히려 다른 음식을 먹어서 병이 더 깊어졌던 것입니다.

여기에서 의사는 부처님이며 부자는 어리석은 중생이며 꿩고기는 부처님의 불법입니다. 부처님의 법을 모르는 부자가 병이 나자 부처님에게 법을 물었는데 일시적으로 그는 깨달음을 얻자 이제 더 이상 법을 듣지 않아도 자신은 깨달음을 얻을 수 있다고 생각했던 겁니다. 하지만 그 부자는 더욱 삼악도에 빠지는 어리석음을 범하고 말았습니다. 말하자면 외도들이 부처님의 법을 훔치기 위해 갖은 방법을 일삼다가 나중에는 뉘우치지만 이미 때가 늦었다는 이야기입니다. 이것은 마치 중생들이 세상을 살면서 온갖 나쁜 일을 저지르다가 죽을 때가 되어서야 비로소 참회를 하는 것과 같습니다.

모든 일에는 방법과 시기가 있듯이 부처님의 법을 구할 때도 방법과 시기가 있습니다. 우리 불자들도 이를 잘 헤아려 부처님을 찾아야 합니다.

모든 어리석은 사람들의 생각이 이와 같습니다.

사람의 마음에는 본심과 사심이라는 것이 있습니다. 본심은 자신의 마음에 든 따뜻한 생각, 훌륭한 생각, 착한 생각이 항상 자리하고 있으며 사심은 나쁜 생각, 욕심을 일으키게 하는 생각, 색욕과 재물욕을 일으키게 하는 생각입니다. 사람의 마음에는 이 본심과 사심이 늘 충돌하는데 이러한 본심을 끝까지 유지하기 위해서는 마음의 근본을 찾아야 합니다.

우리가 부처의 법이나 보살의 훌륭한 말씀을 듣는 것도 이러한 마음의 본심을 찾기위해서입니다. 이 이야기 속의 부처의 법도 마찬가지입니다. 대개 어리석은 외도들은 항상 시간은 무한하다는 상견(常

見)에 빠져 오늘이라는 자체에 대해 중요하게 생각하지 않습니다. 왜냐하면 '어떠한 일이 닥쳐도 오늘 하지 않고 내일 해도 된다.'는 얄팍한 편견에 빠져 있기 때문입니다. 그들은 '과거와 미래와 현재가 오직 하나로서 옮아가는 일이 없다.'고 생각합니다. 이것은 마치 병이 나을 수가 있는데도 불구하고 꿩 한 마리만 먹는 것과 다를 바가 없습니다. 그러므로 그들은 유혹과 번뇌의 병을 고치지 못하게 되는 것입니다.

일찍이 큰 지혜를 가졌던 여러 부처님은 어리석은 사람들의 상견을 없애기 위하여 이렇게 말씀하셨던 적이 있습니다.

"모든 것은 찰나에 나고 사라진다. 어떻게 변하지 않겠느냐?"

마치 이야기 속의 의사가 '다시 꿩을 먹어야 병을 고칠 수 있다.'고 가르친 것처럼 말입니다.

부처님은 또한 "세상의 모든 것은 무너지기 때문에 항상 이루어지지 않으며 또한 이어지기 때문에 끊어지지 않는다."고 말씀하셨습니다. 인간에게 사심이 끊이지 않는 것도 이러한 상견 때문입니다.

30 말하는 원앙새

어떤 나라가 있었는데 명절이나 경사가 있는 날에는 부녀자들이 꽃으로 머리를 장식하는 풍습이 있었습니다.

이 날이 되자 어떤 가난한 사람의 아내가 남편에게 불평을 늘어놓았습니다.

"당신이 우트팔라 꽃으로 내 머리를 장식해 주면 나는 당신의 아내로 영원히 있겠지만 이것을 구해 주지 않으면 나는 당신을 버리고 멀리 떠나겠다."

남편은 사랑하는 아내를 위해 우트팔라 꽃을 찾아 헤맸지만 끝내 구하지 못했습니다. 그런데 남편은 원앙새 우는 소리를 잘 내었습니다.

어느 날 남편은 우트팔라 꽃이 왕궁에 있다는 것을 알게 되었습니다. 그는 원앙새 울음 소리를 내며 꽃을 훔치기 위해 왕궁으로 들어가다가 연못의 우투팔라 꽃을 지키던 못지기에게 발각되고 말았습니다.

"그 연못 가운데 있는 사람이 누구냐?"

그는 그만 실수하여 원앙새 울음소리를 내지 않고 오히려 "나는 원앙새이옵니다." 하고 소리치고 말았습니다.

그는 곧 왕에게 끌려갔습니다. 왕에게로 잡혀 가는 도중에도 그는 계속 원앙새 울음소리를 내었습니다.

못지기가 그를 나무랐습니다.

"너는 이미 붙잡혔는데 목 아프게 원앙새 울음소리를 흉내 내어서 무엇 하느냐."

 어리석음의 우물을 스스로 판 남자

가난한 한 남자가 허영심에 가득 찬 아내의 욕망을 해소해 주기 위해 도둑질을 하다가 고초를 당하는 내용입니다. 축제가 있는 날, 남편이 아내의 소원을 들어주기 위해 왕궁으로 원앙새 울음소리를 내며 우트팔라 꽃을 훔치다가 죄를 짓게 되는 이 이야기는 우리들에게 많은 교훈을 던져 줍니다.

입은 옷 그대로 축제에 가면 되는데도 불구하고 꼭 우트팔라 꽃을 머리에 꽂고 나가려는 아내의 허영심이 결국 남편을 사지(死地)

로 몰게 되었던 깁니다.

상가세나 스님이 들려주는 이 이야기는 한갓 우화(寓話)적인 우스개로 들릴지 모르지만, 사실 이 속에는 높은 부처님의 법언(法言)이 들어 있다는 것을 알아야 합니다.

꽃을 구해 주지 않으면 남편 곁을 떠나겠다는 협박은 결국 남편으로 하여금 도적질을 하게 만들고 그것으로 인해 중죄(重罪)를 저지르게 된 이야기는 비단 과거뿐만 아니라 오늘날의 현대사회에서도 비일비재하게 일어나는 일입니다.

이와 같이 《백유경》은 어리석은 '인간의 욕망'을 재미있는 우화로 그리고 있습니다. 실로 우리 주변에는 어리석은 사람들이 많이 있습니다. 그러나 그 어리석음을 스스로 인식하는 사람은 별로 많지 않습니다. 지혜롭지 못하다는 말입니다.

사람의 욕망은 끝이 없습니다. 있으면 있는 대로, 없으면 없는 대로 살아가는 것이 사람의 본모습이 되어야 합니다. 없는 사람이 제 분수에 맞지 않게 많이 가지려다 오히려 화를 당하는 지혜롭지 못한 행동은 항상 자신도 모르게 큰 죄를 짓게 만듭니다. 그러므로 사람은 항상 자신의 분수에 맞게 스스로 만족할 줄 아는 그런 안분지족(安分知足)의 삶을 살아야 합니다. 자신의 주제에 맞게 더 높은 단계를 바라지 말고 이 정도 수준에서 만족하라는 뜻입니다. 그런데 이를 이행하지 못하고 수단과 방법을 가리지 않고 재물과 명예를 구하려다가 오히려 나락에 빠지는 사람들이 우리 곁에 종종 있습니다. 정말 이것은 고쳐야 할 현대인의 모습입니다.

우리는 하지 말아야 할 것은 하지 말고, 또 자기 것이 아닌 것은 구하지 말고, 어긋난 일은 하지 말아야 합니다. 이를 실천한다면 언젠가는 복이 스스로 굴러들어 온다는 것을 명심해야 합니다. 때문에 자신의 경우에 맞는 일만을 해야 하며 이를 벗어나면 꼭 화를 당한다는 게 세상의 이치입니다.

남편이 못지기에게 잡혀가면서도 원앙새 울음소리를 계속해서 내는 것은 마치 '소 잃고 외양간 고치는 것'과 다름없습니다. 좋은 일을 하면 어깨가 으쓱거려지고 나쁜 짓을 하면 가슴이 조여드는 것이 우리 중생의 모습입니다. 항상 좋은 일, 바른 일, 아름다운 일, 남을 위한 일만을 하면서 살아가야 합니다.

'선인선과(善因善果) 악인악과(惡因惡果)'
'선업을 쌓으면 반드시 좋은 과보가 따른다.'

사람은 요행을 바라는 삶보다 정직한 삶을 살아가는 것이 마음이 편하고 참됩니다. 좋은 일을 행하면 반드시 좋은 일이 따르고 나쁜 짓을 하면 반드시 죄를 받습니다.

또 이런 말이 있습니다.

'삼일수심(三日修心) 천재보(千載寶) 백년탐물(百年貪物) 일조진(日

朝塵)'

'삼일 닦은 마음은 천년의 보물이요 백년 동안 탐낸 재물은 하루아침에 티끌이니라.'

쌓여 있는 물질이나 요행을 바라는 물질은 하루아침에 사라져 버립니다. 이와 달리 진정 깨끗한 마음으로, 아름다운 마음으로, 좋은 마음으로 삼일간만이라도 제대로 수행한다면 자신에게 천년보배가 된다는 말입니다. 이와 달리 백년 동안 탐욕으로 쌓은 재물이라 할지라도 잘못 사용하면 하루아침에 티끌처럼 사라질 수도 있다는 말입니다.

이와 같이 사람은 자신의 마음을 어떻게 쓰느냐에 따라 인생이 달라지고 삶이 달라진다는 걸 알아야 합니다. 이 마음쓰는 것을 바로 '지혜'라고 합니다. 그럼 우리는 어떻게 '지혜'를 닦아야 할까요?

《대반야심경》에는 지혜에 대해 이렇게 적혀 있습니다.

"만일 나고 죽는 고통을 관(觀)하되 나의 이 몸으로 중생들을 대신하여 이 큰 고통받기를 원하며, 중생들은 일찍이 생사(生死)를 벗어나고 나의 한 몸이 그 자리에 처하여 싫어하지 않기를 원하며, 모든 사람들이 모두 '아녹다라샴막삼보리'를 얻기를 원하며, 이렇게 닦을 때에 지혜를 보지 아니하고 지혜의 모양을 보지 아니하고 닦는 이도 보지 아니하고 그 과보도 보지 아니하면 이것을 이름하여 지혜를 닦는다 할 것이니라."

지혜를 닦는다는 것은 '모습을 구한다, 본분(本分)을 구한다, 보이는 형상을 구한다, 돈을 구한다, 등 그런 것이 아니다.'라고 했습니다. 즉, 지혜란 엄격하게 보면 눈에 보이지 않고 스스로 아무런 사심없이 행동하는 걸 말합니다. 욕망과 화냄, 어리석음 등 삼독(三毒)을 버리고 사는 것이 바로 지혜의 삶인 것입니다.

우리는 오늘날 세상을 살면서 올바른 지혜를 닦고 있는가? 지혜란 진정 무엇인가? 지혜는 어떤 모습인가? 또한 어떻게 닦아야 할 것인가?에 대해 부단하게 생각하고 수행을 실천해야 합니다.

여러분들도 지혜를 바로 닦을 수 있는 마음가짐을 우선적으로 가져야 하며 세상을 살면서 항상 자신의 삶을 한발 물러나 되돌아보는 시간을 많이 가져야 합니다.

스승은 그냥 되는 것이 아니며 불교에서의 큰스님도 그냥 되는 게 아닙니다. 오랜 세월 동안 열심히 마음을 닦고 정진하여 삶의 지혜를 얻었을 때 그런 모습들이 나타나는 것입니다.

우리는 이와 같이 《백유경》의 '말하는 원앙새'처럼 자신의 분수에 맞지 않는 것을 구하려 하고 또한 자기 것이 아닌 것을 취하려다 오히려 화를 당하는 어리석은 사람이 되어서는 아니 되겠습니다. 사람이 살면서 온갖 악행을 일삼다가 죽을 때가 되어서야 비로소 그 잘못을 뉘우치고 마치 왕에게 끌려가면서도 원앙새 울음 흉내를 내는 저 어리석은 남편이 바로 우리 중생의 모습입니다.

모든 일에는 때가 있는 법입니다. 그때를 놓치고 나면 아무리 후회를 해도 소용이 없는 것이 바로 세상사입니다. 우리 눈에는 보이지 않는 삶의 일정한 법칙이 있기 때문입니다.

성불하십시오.

어떤 왕의 어리석음

옛날 어떤 국왕이 딸을 낳았습니다.

왕은 딸이 성장한 모습을 빨리 보고 싶어서 명의에게 명령하였습니다.

"나를 위해 공주에게 성장 약을 먹여서 빨리 크게 하라."

명의가 말하였습니다.

"저는 공주님께 약을 먹여서 빨리 성장할 수 있는 묘책이 있습니다. 그러나 당장 그 약을 구할 수가 없으니 얻을 때까지 왕께서는 공주님을 보지 마십시오. 제가 약을 구하고 공주님에게 먼저 먹인 뒤 왕께서 보셔야 그 효력이 있기 때문입니다."

명의는 약을 구하기 위해 먼 곳으로 떠났습니다. 그 후 명의는 12년이 지난 뒤에야 돌아와 공주에게 약을 먹였습니다. 공주는 이미 그동안 많이 자라 있었습니다.

공주가 크게 성장해 있는 것을 본 왕은 매우 기뻐했습니다.

"참으로 훌륭한 명의로다. 공주에게 약을 먹여 이토록 자라게 했으니. 내 그대에게 큰 상을 내리리다."

왕은 신하들에게 명령하여 명의에게 보물을 하사했습니다.

"공주가 12년 동안 자란 것은 보지 못하고 그저 장성한 것만을 보고 약의 힘이라고 믿다니 어리석은 왕이다."

신하들은 모두 왕을 비웃었지만 무서워서 어떤 말도 하지 못했습니다.

 모든 일에는 시기가 있고 순서가 있다

부처님 오신 날입니다. 모두 절에 가서 등(燈)을 달고 왔습니까? 등은 나와 나 주위의 모든 이를 환하게 비쳐 주는 마음입니다. 꼭 '부처님 오신 날'이라고 해서 등을 달기 위해 절에 가는 것보다 우리의 마음속에 지혜의 등, 자비의 등, 남을 위한 아름다운 등 하나쯤은 달고 살았으면 좋겠습니다.

오늘의 이야기는 '성질 급한 왕'에 대한 이야기입니다.

한국 사람들은 성질이 급해 언제나 '빨리 빨리'라는 말을 입에 달고 사는데 전 세계적으로 소문이 났다고 합니다. 한번쯤 마음의 여유를 가지고 자신을 뒤돌아보며 사는 것도 좋은 삶입니다.

제가 우스개 하나 할까 합니다. 외국 사람들은 자판기에 불이 꺼져야 커피를 꺼내는데 한국 사람들은 커피가 다 나오기 전에 손을 넣었다가 데는 경우가 종종 있다고 합니다. 또 아이스크림을 먹을 때도 외국 사람들은 핥아 먹거나 빨아서 천천히 먹지만 한국 사람들은 그 차가운 것을 한 번에 깨물어 먹는 바람에 "아이구, 두통이야, 머리야." 하는 경우도 있다고 합니다. 좌우지간 한국 사람들의 '빨리 빨리' 습관은 가히 세계적입니다.

제가 신문에서 한국인이 쓴 '성질 급한 것도 한국인의 미학(美學)'이라는 칼럼을 읽은 적이 있었는데 어찌 보면 논리에 맞지 않는 말일 수도 있지만, 그만큼 우리나라도 발전을 많이 했다는 생각이 들었습니다. 느리다고 해서 좋을 것도 없으며 빠르다고 해서 나쁠 것도 없지만 유의적절하고 현명하게 시간을 조절하는 게 무엇보다 중요합니다.

위의 이야기는 한국인이 가지고 있는 '빨리 빨리' 습관에 경종을 울려주고 있습니다. 물론, 우스개에 지나지 않을 수도 있지만 가만 생각해 보면 그 속에 삶의 교훈이 있음을 짐작할 수 있습니다.

방금 태어난 공주가 빨리 성장한 모습을 보고 싶어하는 왕의 어리석음을 교묘하게 이용한 명의의 간사한 행동과 그러한 행동을 알고서도 왕의 권력이 무서워서 아무런 말도 하지 못하는 신하들의 모습 속에서 우리가 느낄 수 있는 건 바로 어리석음입니다. 하지만 이 글을 쓴 스님이 들려주고자 하는 주제는 자연의 법칙을 그르치

지 말라는 것과 불법 공부와 깨달음은 단번에 이루어지지 않는다는 겁니다.

　세상에는 아무리 하찮은 일이라도 순리라는 게 있습니다. 빨리 자란 딸의 모습을 보기 위해 명의에게 약을 구해 오라는 왕의 명령에 12년 동안 공주를 보여 주지 않고 있다가 공주가 자라자 약을 먹인 명의의 지혜는 간사하다 못해 교활하기까지 합니다. 이보다 더 한심한 것은 이를 알고도 제대로 왕에게 고하지 않는 신하들이 더욱 문제가 있습니다. 이것은 오직 성과만이 제일이고 과정에 대해 묻지 않는 오늘날의 세태와 비견되는 얘기일 수 있습니다.

　옛날 인도에는 1,200년 동안 파서 뚫은 '아산타 석굴'이란 동굴이 있었습니다. 한국인이라면 감히 엄두가 나지 않을 엄청난 역사(役事)였는데 이 동굴은 인도인들의 지혜와 끈기를 엿볼 수 있게 합니다. 한국인들은 인도인들의 '느림의 미학'을 이젠 배워야 할 때입니다.

　요즘 사찰에서는 템플 스테이(temple stay) 행사를 많이 하고 있습니다. 이곳에서 주로 배우는 건 어떻게 하면 '건강하고 행복하게 삶을 영위할 수 있을까?'입니다. 숲속과 산길을 걷거나, 붓글씨와 경전 읽기, 때론 위파사나 수행법을 배우기도 합니다. 이러한 모든 것들이 추구하는 건 바로 '느리게 사는 법'입니다. 한번쯤 바쁜 일상을 접고 이런 행사에 참석해 보는 것도 건강한 삶을 유지하는 데 매우 좋습니다.

　이와 같이 시대가 위급하고 격변하게 흐를수록 느리게 살아가는

'슬로우 라이프(slow life)'를 우리는 배워야만 합니다. 그래야만 자신과 주위를 되돌아보는 마음의 여유를 가질 수 있고 자신을 성찰할 수 있는 계기가 되기 때문입니다. 우리는 지금 최첨단의 정보화시대를 살아가고 있습니다. 인간성은 극도로 말살되고 무엇이 행복인지를 모르고 살아가고 있습니다. 이런 때에 정말 우리에게 필요한 건 무엇일까요? 그것은 바로 '마음 다스리기'입니다.

우리 신도님들을 보면 경전을 배울 때 '빨리 빨리' 배우고 싶어 합니다. 하지만 모든 공부에도 순서가 있습니다. 예를 들면, 기초교리나 초발심, 《반야심경》을 배우지도 않고 그냥 《금강경》, 《법화경(法華經)》 같은 어려운 경전을 먼저 접하려고 합니다. 하지만 기초가 없이 접근하다 보니 오히려 힘들어서 지레 포기하는 경우를 종종 봅니다. 이것은 어리석은 행동입니다. 불교 경전 공부도 쉬운 것부터 한 단계 한 단계 밟아 나가야만 재미도 얻을 수 있습니다. 부처님께서도 제자들에게 차근차근 공부를 시켰습니다. 처음에는 공부가 안 되는 제자들에게 꾸지람도 많이 했지만 제자들은 그럴 때마다 분기탱천해서 열심히 공부를 했던 겁니다.

이와 같이 공부에도 법도(法道)가 있습니다. 가야금의 줄도 마찬가지입니다. 줄이 너무 팽팽하거나 너무 느슨해도 제 소리를 내지 않는 것과 같은 이치입니다. 부처님은 늘 제자들에게 중도(中道)를 가르쳤습니다. 우리 불자들도 이 중도의 가르침을 배워야만 합니다. 그래야만 아름답고 행복한 삶을 영위할 수 있기 때문입니다.

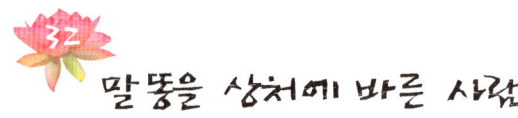

말똥을 상처에 바른 사람

옛날 어떤 사람이 왕에게 심하게 매를 맞았습니다.

그는 매를 맞아 생긴 상처를 빨리 낫게 하기 위해 말똥을 발랐습니다.

어리석은 사람은 그것을 보고 매에는 말똥이 빨리 낫는다는 것을 알게 되었습니다.

"상처에는 말똥을 바르는 것이 최고의 치료법인 것을 알았다."

어리석은 사람은 곧 집으로 돌아가서 그의 아들에게 말하였습니다.

"아들아 지금 나는 대단한 것을 알고 왔다. 지금 네가 내 등에 매를 쳐 보아라. 당장 내가 말똥의 효과를 보리라."

아들은 이 말을 듣자 아버지의 등을 세게 쳤습니다.

등에 상처가 나자 그는 거기에 말똥을 바르고 의기양양하였습니다.

세상을 똑바로 보라 이것이 정견(正見)이다

상가세나 스님이 이 경전을 통해 우리들에게 들려주고자 하는 주제는 바로 정견(正見)입니다. 정견은 불교에서 말하는 팔정도(八正道) 중의 하나로서 사제(四諦)의 이치를 알고 제법(諸法)의 참된 모습을 바르게 판단하는 지혜를 말합니다.

팔정도란 중생이 고통의 원인인 탐(貪)·진(嗔)·치(痴)를 없애고 해탈(解脫)하여 깨달음의 경지인 열반의 세계로 나아가기 위해서 실천 수행해야 하는 여덟 가지 길 또는 방법을 말합니다. 이것은 원시 불교의 경전인 《아함경》의 법으로, 석가의 근본 교설에 해당하는 불교의 매우 중요한 교리입니다.

고통을 소멸하는 참된 진리인 이 여덟 가지 덕목은 정견(正見: 올바로 보는 것), 정사(正思: 올바로 생각하는 것), 정어(正語: 올바로 말하는 것), 정업(正業: 올바로 행동하는 것), 정명(正命: 올바로 목숨을 유지하는 것), 정근(正勤: 올바로 부지런히 노력하는 것), 정념(正念: 올바로 기억하고 생각하는 것), 정정(正定: 올바로 마음을 안정시키는 것)을 말합니다. 이 중에서 오늘 이야기의 중심은 바로 세상을 올바르게 바라보는 눈인 정견에 있습니다.

사람들은 자신이 세상을 바르게 보고, 생각하고 있다고 느끼지만 사실은 정견을 가지고 있지 못합니다. 만약 정견을 제대로 이해하고 이를 행하고 있다면 자신은 부처의 법안(法眼)을 가진 것과 다름

없습니다. 우리가 어리석음을 가지게 되는 원인은 스스로 쌓아온 업식(業識) 때문입니다. 그래서 자기만의 분별심이 발동하여 사물을 제대로 판단하지 못하는 어리석은 결과를 낳습니다. 스스로 상처를 내어 말똥이 효과가 있는지 없는지를 알아보고자 하는 어리석은 사람의 생각도 이와 같습니다. 이것이 상가세나 스님이 이 이야기를 지은 목적입니다.

부처님이 말씀하기를 "사람이 부정관(不淨觀)을 닦으면 곧 몸의 부스럼인 오온(五蘊)을 고칠 수 있다."고 하셨습니다. 그러나 그러한 말을 두고도 대개 사람들은 한술 더 떠 미리 "나는 여색(女色)과 다섯 가지 탐욕을 관하리라."고 합니다. 그러나 결국 미천하고 어리석은 사람들은 그 더러운 것은 보지 못하고 도리어 여색에 홀리어 생사에 흘러다니다 지옥에 떨어지고 맙니다. 이보다 더 어리석은 생각은 없습니다. 오직 뉘우치고 깨달음을 얻는 길만이 몸의 부스럼을 없앨 수가 있습니다.

상처가 난 사람이 말똥을 바르면 낫는 것을 보고 아들에게 상처를 내게 하여 말똥을 바르면 상처가 낫는 것을 보여주려는 그 아버지의 어리석은 행동을 여러분들은 어떻게 생각하십니까? 차라리 상처를 만들지 않는 게 더 중요하다는 겁니다.

'플라시보 효과'라는 게 있습니다. 예를 들면 배가 아픈 이에게 염소 똥을 좋은 약이라고 주었는데 그것을 먹고 정말 아픈 배가 낳았습니다. 그런데 정말 염소 똥이 좋은 약일까요? 배가 나은 건 이것을 먹으면 나을 수 있다는 믿음 때문입니다. 어떻게 보면 사소한 병은 자신의 마음에 달려 있다는 말입니다. 물론 큰 병에는 이런 것도 소용없습니다.

불교에서는 '일체유심조(一切唯心造)'라는 말이 있습니다. 모든 것은 오로지 마음이 지어내는 것임을 뜻하는 불교 용어입니다. 《화엄경》의 중심 사상으로, '일체의 제법(諸法)은 그것을 인식하는 마음의 나타남이고, 존재의 본체는 오직 마음이 지어내는 것일 뿐이다.'라는 뜻입니다. 곧 '일체의 모든 것은 오로지 마음에 있다.'는 것을 말합니다. 실차난타(實叉難陀)가 번역한 《80화엄경》 보살설게품(菩薩設偈品)에 보면 다음과 같은 사구게가 나옵니다.

"만일 어떤 사람이 삼세 일체의 부처를 알고자 한다면(若人欲了知 三世一切佛), 마땅히 법계의 본성을 관하라(應觀法界性). 모든 것은 오로지 마음이 지어내는 것이다(一切唯心造)."

이것은 《화엄경》에서 가장 중요하게 여기는 게송입니다. 불교에서 삼세불은 과거불·현재불·미래불을 가리키는데, 이 일체유심조의 경계는 모든 것이 마음으로 통찰해 보이는 경계로, 마음을 통해 생명이 충만함을 깨닫는 경계를 말합니다. 곧 유심은 절대 진리인 참마음인 진여(眞如)와 중생의 마음인 망심(妄心)을 포괄하는 것으로, 일심(一心)과 같은 뜻입니다. 이 '일체유심조'를 두고 크게 깨달음을 얻었던 스님은 원효입니다.

원효는 661년(문무왕 1) 의상(義湘)과 함께 당나라 유학길에 올라

당항성(唐項城:南陽)에 이르러 어느 무덤 앞에서 잠을 잤습니다. 잠결에 목이 말라 물을 마셨는데, 날이 새어서 깨어 보니 잠결에 마신 물이 해골에 괸 물이었음을 알고 사물 자체에는 정(淨)도 부정(不淨)도 없고 모든 것은 오로지 마음에 달렸음을 깨달아 대오(大悟)했다는 이야기입니다.

결국 염소 똥을 먹고 나은 것도 바로 자신의 마음이 지은 것입니다. 약이라는 것도 잘 써야 합니다. 우리 주변에는 약을 잘못 써 고통받는 분들이 많이 있습니다.

얼마 전 스리랑카에 구호 활동을 가서 그곳에 있는 분들에게 치약이나 간단한 약을 선물했는데 굉장히 좋아했습니다. 그곳은 약이 매우 귀해 몸이 아파도 제대로 치료조차 하지 못합니다. 그러니 조금만 약을 써도 빠른 효과를 본다고 합니다. 말하자면 몸의 항생이 아직 생기지 않았기 때문입니다.

나이가 많은 어른들을 보면 대개 자신이 죽을 때를 안다고 합니다. 제가 알고 있는 큰스님도 당신 가실 시기를 알고 몸의 곡기(穀氣)를 끊어 몸속에 있는 걸 다 비워내셨습니다. 또 어떤 큰스님은 먼 산속에 들어가서 죽음을 맞기도 했습니다. 이것은 사실 죽음을 앞두고 이겨내는 초인적인 인간의 모습으로 보통 사람들이 결코 따라 할 수 없습니다. 이것은 죽음을 두렵게 생각하지 않고 또한 생사를 초월한 큰스님들의 법의 모습이기 때문입니다.

사람의 몸은 스스로 치료할 수 있는 능력을 가지고 있습니다. 저

나 여러분들이나 많이 아파보았지만, 몸은 자기 스스로 회생할 수 있는 힘을 가지고 있습니다. 그런데 그러한 힘을 얻기 위해서는 자신의 몸과 마음을 잘 관조하여 공부를 해야 합니다. 그래야 자신의 몸에 대한 느낌을 알 수가 있게 됩니다.

우리는 몸이 아프면 아픈 대로 받아들이고 느껴야 합니다. 그래야만 내 몸이 병을 낫기 위해 올바른 작용을 할 수 있게 되는 것입니다. 말하자면 생로병사 자체가 바로 인간의 참모습이라는 말씀입니다. 그러므로 우리들에게 보다 중요한 것은 어떤 삶을 살고 어떻게 세상을 살다가 흙으로 돌아가느냐가 중요한 것이 아니겠습니까?

요즘 웰다잉(Well Dying)이라는 말이 유행하고 있습니다. 이는 '죽을 때 잘 죽자.'라는 유행어입니다. 그런데 사실 웰다잉을 위해서는 웰빙(well being) 즉, 잘 살아야 합니다. 웰빙없이 웰다잉은 없습니다. 한번쯤 우리는 어떻게 하면 잘 살다가 죽을 것인가를 생각해야 합니다. 이것이 우리가 세상을 살아가는 목적일 수도 있습니다.

옹기장이 대신 나귀를 사 온 제자

어떤 스승이 있었습니다. 그는 큰 잔치를 베풀기 위해 제자에게 말하였습니다.

"지금 질그릇을 구해서 잔치에 쓰려고 한다. 시장에 나가 옹기장이 한 사람을 돈을 주고 데려 오너라."

제자는 옹기장이가 있는 집으로 갔습니다.

그때 옹기장이는 슬픔에 잠겨 괴로워하고 있었습니다. 이를 본 제자가 옹기장이에게 사연을 물었습니다.

"왜 그리 슬픔에 잠겨 괴로워하고 있습니까?"

"나는 여러 해 동안 온갖 방법을 다 동원해 열심히 일하여 질그릇을 만들었다네. 그런데 오늘 아침 시장에 가서 팔려고 하다가 내가 한 눈 파는 사이 저 놈의 나귀가 질그릇을 모조리 부숴버렸네. 그래서 괴로워하는 것일세."

그때 제자는 기뻐하면서 말하였습니다.

"아아, 이 나귀야말로 진정으로 훌륭합니다. 당신이 오랫동안 만든 것을 아주 짧은 시간 안에 모두 부숴버렸다니. 제가 당장 이 나귀를 사겠습니다."

옹기장이는 매우 기뻐하였습니다. 그는 부서진 질그릇에 해당하는 돈을 받고 그 나귀를 제자에게 팔았습니다.

옹기장이 대신에 나귀를 끌고 온 제자를 본 스승은 물었습니다.

"너는 옹기장이는 데려오지 않고 나귀만 데리고 와서 무엇에 쓰려고 하는가?"

"스승님, 이 나귀가 옹기장이보다 훌륭합니다. 옹기장이가 여러 해에 걸쳐 만든 질그릇을 모두 잠깐 사이에 부숴버렸기 때문입니다."

그때 스승이 말하였습니다.

"너는 참으로 미련하구나. 지금 이 나귀는 부수는 데는 뛰어나지만 백년을 지나도 질그릇 하나 만들지 못할 것이다. 너는 어찌 이를 모르는가?"

 ## 내게 귀중한 것이 무엇인지를 지혜로써 판단하라

오늘은 '옹기장이 대신 나귀를 사 온 어리석은 제자'의 이야기입

니다. 옹기를 만드는 옹기장이를 데리고 오라는 스승의 말에 옹기그릇을 깬 나귀를 사 가지고 온 어리석은 제자의 모습은 바로 우리들일 수도 있습니다.

세상에는 법도(法度)라는 게 있습니다. 이 법도는 때론 확연히 드러나기도 하지만 때론 눈에 보이지 않는 순리로서 존재하고 있습니다. 그럼, 여기에서 말하는 법도란 무엇을 말하는 것일까요?

스승이 원하는 것은 그릇이요, 그 그릇을 구하기 위해 옹기장이가 필요했던 겁니다. 그런데 제자는 옹기장이는커녕 옹기장이의 그릇을 깬 나귀를 산 것은 한마디로 어리석음의 극치라고 할 수 있습니다. 말하자면 오늘 《백유경》은 '정작 귀하고 소중한 것이 무엇인지를 직시하지 못하는 인간의 마음'을 들여다보고 있는 것입니다.

불가에서는 이러한 마음을 두고 혼침(昏沈)과 도거(掉擧), 이 양극단의 마음을 경계하지 못해서 생기는 인간의 나쁜 마음이 자리하고 있기 때문에 그 기준을 세우지 못한다고 했습니다. 사실 이 비유와 같이 옹기를 만드는 사람은 옹기장이이지 나귀가 아닌 것은 자명한 사실인데도 불구하고 오직 눈앞에 일어난 현상만을 두고 판단하는 제자의 어리석은 마음이 곧 우리들의 마음이란 것입니다.

상가세나 스님은 이 글을 쓰고 자체 해설에서 이렇게 덧붙여 말하였습니다.

"이것은 마치 일천백 년 동안 남의 공양을 받고도 조금도 그것을 갚을 줄 모르고 항상 남에게 손해만 끼치는 미천한 중생의 행동과 다름이 없다."

그렇습니다. 우리는 일천백 년 동안 눈에 보이지 않게 남에게서 수많은 은혜를 받아왔습니다. 우리 불자들은 항상 이를 깨닫고 알아야 합니다.

여러분 지금 한번 자신의 주위를 살펴보세요. 어쩌면 우리들 주위에 이 제자와 같은 어리석은 사람이 많이 있을 겁니다. 우리가 구하고자 하는 것은 본질입니다. 그 본질이나 내용을 모르고 오직 겉모습만 보고 판단하려는 사람이 아직도 우리 주변에는 많이 있는 것 같습니다. '사람의 겉모습만 보고 헤매지 말라.'는 말이 있습니다. 사람은 어떤 일을 할 때나 공부를 할 때 우선적으로 내용의 본질을 먼저 파악하는 게 중요합니다.

부처님의 본생 이야기인 「자타카」에도 그런 얘기가 있습니다. 「자타카(jataka)」는 석가모니가 전생에 수행자였던 시절에 행한 일을 기록한 설화집으로서, 본생경(本生經)이라고도 합니다.

원숭이 한 마리가 있었습니다. 원래 원숭이는 욕심이 많지 않습니까? 이 원숭이는 열매를 오른손과 왼손에 각각 들고 그것도 모자라 입에까지 열매를 물고 개울을 건너다가 그만 입에 문 열매 하나를 떨어뜨렸습니다. 이 원숭이는 양손에 든 열매들을 버리고 그 하나를 줍기 위해 개울에 뛰어들었습니다. 하지만 이미 물살에 그마저도 쓸려가고 말았습니다. 말하자면, 잃어버린 하나가 아까워서 모든 것을 잃어버리고 말았던 겁니다.

이 얼마나 어리석고 답답한 원숭이 입니까? 그런데 이와 같은 우(遇)를 범하는 사람이 우리 주변에는 아직도 많이 있습니다. 우리 속담에는 '아흔아홉 개를 가지고 있으면서 나머지 한 개를 빼앗는다.'는 말이 있습니다. 이와 같이 인간의 욕심은 한도 끝도 없습니다.

옛말에 '축피산토 병실가토(逐彼山兎 竝失家兎)'라는 말이 있습니다. '산토끼 잡으려다 집토끼 잃는다.'는 뜻입니다. 이 또한 원숭이와 같이 '본질을 가지고 본질을 바로 알아야 자기 것을 올바로 찾는다.'는 속담입니다. 옹기장이 대신 나귀를 사 가지고 온 제자도 이와 같습니다. 우리는 이 세 가지의 이야기를 통해 자신이 이 세상을 살아가는 본질적인 이유를 한번쯤 생각해 보는 지혜를 가져야 합니다.

또 다른 이야기가 있습니다. '못된 친구 당나귀'라는 이야기입니다.

수레를 끌고 날마다 수백 리를 가는 당나귀가 있었습니다. 그런데 주인이 당나귀를 다른 친구에게 맡기면서 이 당나귀를 다른 당나귀와 절대 섞지 말라고 했습니다. 친구는 같은 당나귀인데 "못생기면, 못생긴 대로, 잘생기면 잘생긴 대로 당나귀끼리 어울리면 되겠지."하고 당나귀를 그 집의 당나귀와 섞어 놓았습니다. 그런데 어찌된 일인지 그 집에 있는 당나귀는 매일 먹고 놀기만 했습니다. 그때 수백 리를 가는 당나귀가 그 집의 살찐 당나귀를 보고 물었습니다.

"너는 무엇 때문에 그렇게 살이 쪘는가?"

그러자 그 집의 당나귀가 말하였습니다.

"내가 살이 찐 것은 일을 하지 않아서이다. 나는 길을 가다가 힘이 들면 주저앉아 버리고, 짐이 무거우면 가지 않겠다고 버텼다."

이야기를 들은 당나귀는 "나도 그렇게 해야지." 하고 생각했습니다.

그러던 어느 날 주인이 당나귀 등에 많은 짐을 실었습니다. 그 당나귀는 한동안 가다가 주저앉아 버렸습니다. 이를 본 주인은 당나귀의 털을 모두 깎아 버렸습니다. 마침내 당나귀는 자초지종을 주인에게 이야기했습니다.

"이 어리석은 당나귀야, 그 주인은 마음이 약하고 착해서 용서를 해 주었지만 나는 그러지 못한다. 어찌 너는 그 당나귀의 모습을 보고 너도 그렇게 하느냐. 이 어리석은 당나귀야."

참으로 재미있는 우화이지 않습니까? 우리는 이와 같이 어리석은 당나귀가 되지 않았으면 합니다.

34 과일을 일일이 맛보고 사는 사람

옛날 어떤 장자가 하인에게 돈을 주면서 남의 농장에서 파는 암바라 열매를 사 오라고 시켰습니다.

"달고 맛있는 것을 잘 골라 사 오너라."

하인은 주인이 시키는 대로 농장 주인에게 말하였습니다.

"우리 주인님이 달고 맛있는 것만을 잘 골라 사 오라고 하셨습니다."

농장 주인이 말하였습니다.

"그래, 우리 집의 과일은 모두 맛이 있는데 네가 하나만 맛을 보고 사면 그 맛을 알 것이다."

하인은 농장 주인의 말대로 맛을 보고 사려고 했습니다.

"나는 지금 하나씩 맛을 보고 사겠습니다. 어찌 하나만 먹어보고 그 맛을 알겠소."

그리고 그는 하나씩 과일 맛을 보고 난 뒤에 자신이 맛본 과일들을 모두 사 가지고 돌아왔습니다.

"어찌 과일에 모두 상처가 나 있느냐?"

"주인님이 맛나고 단 과일만을 사 오라고 해서 그 맛을 보았습니다."

장자는 어이가 없어 그것을 모두 땅바닥에 던져 버리고 말았습니다.

 불법(佛法)은 부단한 수행의 결과물

오늘의 《백유경》 이야기는 '과일을 일일이 맛보고 산 사람'의 이야기입니다. 상가세나 스님이 우리에게 들려주는 이야기는 불법(佛法)에 관한 비유입니다. 대개 어리석은 사람들은 불법을 알고도 이를 일일이 눈으로 확인하고 느끼지 않으면 믿으려 하지 않습니다. 이는 마치 '남에게 보시를 행하게 되면 어떤 병도 얻지 않고 복을 얻을 수 있다.'는 것을 믿지 않는 거와 같습니다.

30여 년 전 통도사 극락암 삼소굴에는 경봉 큰스님이 계셨습니다. 저는 어릴 때 출가해서 경봉 스님의 법문을 많이 듣고 자랐는데 지금도 큰스님의 말씀 중에 가슴에 남는 한 구절이 생각납니다.

"사랑하는 사람들끼리는 '사랑한다, 좋아한다'는 이런 말이 필요 없다. 눈만 껌벅거려도 서로 마음이 통한다."

비록 평범한 큰스님의 법문이었지만 이 속에는 진실이 담겨져 있었습니다. 부처님의 불법도 이와 같습니다. 불자들이 부처님에게 다가가 진실로 마음을 열고 열심히 기도를 한다면 부처님은 원하지 않아도 많은 복을 주실겁니다.

불가에서는 '법거량(法擧揚)'이라는 말이 있습니다. 법거량은 스승에게 깨침을 점검받는 것을 말하는데, 특히 간화선이 중심인 선종(禪宗)에서는 화두(話頭)를 참구해서 깨침을 얻습니다. 그런데 수행자가 화두를 타파했는지 깨달음을 얻었는지를 판단할 기준은 사실상 없습니다. 어떤 시험을 치르는 것도 아니고 몇 년 동안 어떤 과정을 거쳐야 된다는 형식이나 과정이 있는 것도 아니기 때문입니다. 그래서 인가를 받기 전에 스승은 법거량으로 제자의 공부를 점검합니다. 특히 선종은 불립문자(不立文字)와 교외별전(敎外別傳)을 기본 종지로 하기 때문에 이와 같은 점검은 제자들이 공부를 하는 데 큰 도움이 됩니다.

이 법거량은 선사(禪師)와 선사끼리, 혹은 공부하는 스님과 스님끼리 나누는데, 누군가가 딱 한마디 일렀을 때 거기에 대꾸하여 알아듣는 걸 말합니다. 그러나 공부가 부족한 일반인들은 무슨 말인지 이해를 하지 못하지만 두 사람은 뜻이 통합니다. 이와 같이 불법은 스스로 느껴 깨우치는 게 매우 중요합니다.

불가에서는 보시라는 게 있습니다. 불자들은 절에 가서 시주를 하지만 여기에 중요한 게 있는데, 말하자면 무엇을 바라고 하는 보시는 참된 보시가 아니라는 겁니다. 왜냐하면 진정한 보시는 마음 속에서 우러나오기 때문입니다. 그런데도 사람들은 '보시를 하면서도 복을 얻은 뒤에야 불법을 믿을 수 있다.'고 생각합니다.

이런 그릇된 마음으로 보시를 하는 것은 아무런 소용이 없습니다. 이는 마치 '현세의 귀천과 빈궁이 모두 예전에 지은 업의 결과'임을 보고도 그 하나를 미루어 인과를 구할 줄을 모르는 것과 같습니다. 이는 불가에서 말하는 '중맹모상(衆盲模像) 각설이단(各設異端)'이라는 말과 같습니다. 즉, 코끼리 한 마리를 두고 여러 장님들이 각자 코끼리의 형상들을 알고 있는 대로 설명하는 것과 다름없다는 말입니다.

우리는 부처의 불법을 똑바로 보고 내 안의 부처를 찾아야 합니다. 그러기 위해서는 우리의 마음을 번뇌와 고통 속으로 이끄는 욕망을 구하는 마음, 생을 구하는 마음, 명예를 구하는 이 세 가지 마음을 버려야만 합니다. 본질을 알고 그것을 봤을 때 그것이 무슨 말인지 알아차릴 수 있는 그런 지혜를 불자들은 가져야만 합니다.

요즘 불자들이 "어느 절이 영험이 있다."고 하면서 이리저리 몰려다니는 걸 많이 봅니다. 그런데 이런 모습은 보기에도 좋지 않습니다. 어느 절에 가도 부처님은 다 있습니다. 불교에서는 보이는 것보다 보이지 않는 게 더욱 큽니다. 불교는 단순한 종교가 아니며 결코 눈으로 볼 수 없습니다. 불자들은 반드시 이를 깨닫고 느껴야 합니다.

오늘, 여러분들이 불교 무상사에 앉아 법문을 듣는 것도 수많은 인연의 결과물입니다. 당신은 어디에서 왔습니까? 이와 같이 우리가 여기에 오늘 존재하는 건 수많은 인연과 업이 이루어 낸 결과물이라는 것을 결코 잊어서는 안 됩니다.

이것이 바로 불교입니다. 사실, 우리 불교 자체는 어렵지 않습니다. 항상 스스로 느끼고 스스로 깨달아 마음의 본질을 깨닫게 하는 것이 불교입니다. 즉, 마음공부입니다. 그러므로 불자들도 철저히 마음공부를 하여야 합니다.

제가 불교에서 말하는 인과법에 대한 우화를 하나 하겠습니다.

옛날, 어떤 사람이 길을 가고 있었습니다. 나무에 새가 세 마리 앉아 있길래 배가 고파 활을 쏘아 세 마리를 다 잡아 버렸습니다. 그리고 한 마리만 먹고 두 마리는 버렸습니다. 그는 얼마 후 결혼을 하여 아들 셋을 낳았는데, 무럭무럭 자라다가 나중 과거를 봐 똑같이 과거에 급제하였습니다. 그런데, 과거 급제한 날 한 시에 아들 세 명이 모두 죽어버렸습니다. 이 사람은 엉엉 울며 너무나 억울해 절에 가서 큰스님에게 물었습니다. 그런데 이 스님은 아들 세 명은 전생에 당신이 죽인 세 마리의 새였다고 했습니다. 배가 고파 한 마리만 먹어도 될 텐데 장난으로 먹지도 않을 세 마리를 모두 죽이는 바람에 그 원혼이 다시 아들로 태어나 그 원혼을 갚았다고 했습니다.

얼마나 무서운 이야기입니까? 이것을 두고 불교에서는 인과응보(因果應報)라고 합니다. 우리가 본질을 모르고 그저 자신만의 욕심을 채우다 보면 결국 화를 당하게 된다는 전생 이야기입니다.

세상을 살다 보면 참으로 힘든 일을 많이 겪게 됩니다. 힘든 일을 겪을 때는 전생에 대한 업보를 감하거나 업을 감하는 것입니다. 또한 행복하면 전생에 지은 복을 받습니다. 그래서 오늘 우리 삶이 힘들거나 행복하거나 이를 잘 알아차리고 이에 맞게 노력하는 게 매우 중요합니다.

35 나무를 베어 버린 사람

옛날 어떤 나라에 훌륭한 무화과나무 한 그루가 있었습니다. 그 나무는 키가 아주 크고 가지가 무성하여 장차 열매를 맺으면 향기롭고 맛이 있을 것 같았습니다.

그때 어떤 사람이 왕에게 갔습니다. 왕은 그에게 말하였습니다.

"이 무화과나무는 장차 맛있는 열매를 많이 맺을 것이다. 너는 그것을 먹지 않겠는가?"

그는 이렇게 말하였습니다.

"왕이시여, 이 나무는 매우 키가 크고 그 둘레가 넓어 아무리 열매를 먹고 싶어도 딸 수가 없으니 얻어먹을 수가 없습니다."

왕은 이 말을 듣고 열매가 맺자 그 나무의 열매를 얻기 위해 노비들을 시켜 그 나무를 베어 버렸습니다. 거대한 나무는 쓰러지고 그 열매들은 모두 짓이겨지고 말았습니다. 왕은 다시 그 나무를 세우고자 하였으나 이미 죽어 버렸으므로 되살릴 수가 없었습니다.

 ## 욕심은 화를 일으키게 하는 원인

우리 속담에 '콩 심으면 콩이 나고, 팥 심으면 팥이 난다.'는 말이 있습니다. 이것은 아주 평범한 이치인 것 같지만 이 속에는 부처님이 말씀하신 인과법(因果法)이 들어 있습니다. 이와 같이 사람이 자연의 법칙을 어기고 쓸데없는 욕심을 가지게 되면 스스로 화를 자초하게 됩니다. 이것이 이번 이야기의 핵심입니다.

어떤 일을 이루기 위해서는 그에 상응하는 대가를 반드시 치러야 합니다. 크고 훌륭한 무화과나무가 열매를 맺었는데도 불구하고 오히려 남의 말을 듣고 나무의 밑둥을 잘라 버려 나무와 열매를 동시에 잃어버린 이 어리석은 왕의 모습은 어쩌면 우리들의 모습인지도 모릅니다.

성공에는 '시간과 노력'이 반드시 필요합니다. 이 중요한 과정을 거치지 않으면 그 무엇도 이룰 수 없듯이, 이 어리석은 왕은 열매를 먹는 데에만 정신이 팔려 중요한 사실을 잊고 있었던 겁니다.

절에 가보면 불자들은 '불전함'이 복전(福田)함으로 써진 것을 보게 됩니다. 복은 선근(善根)을 심는 행위이기 때문에, 받는 것이 아니고 짓는 거라고 합니다. 복전에 돈을 넣게 되면 복을 받는 게 아니라 복을 짓게 되는데, 무조건 돈을 넣는다고 해서 바로 복이 찾아오지는 않습니다. 다만, 차곡차곡 쌓여서 어느 날 자신도 모르게 돌아오게 되는 겁니다.

이렇듯 모든 것은 때가 있습니다. 사람이 복을 많이 짓게 되면 누대에 걸쳐 선한 가보를 받게 되어 나 자신은 물론 자식들과 손자들까지도 복을 받게 된다는 말씀입니다. 때문에, 때가 되면 언제나 맛있는 열매를 얻을 수 있는데도 불구하고 남의 말을 믿고 무화과나무를 베어 버리는 어리석은 왕이 되어서는 안 됩니다.

욕심이 과해 오히려 화를 입은 재미있는 우화 한 토막을 들려주겠습니다.

옛날 어떤 마을에 한 남자가 있었는데 그는 아내와 세 딸을 남기고 죽었습니다. 그는 이후 전생을 알 수 있는 능력을 가진 금빛 백조로 환생하였습니다. 백조는 어느 날 자신의 과거를 기억해 내고 아내와 딸을 찾아갔습니다. 그런데 아내와 딸들은 형편없이 빈곤한 생활을 하고 있었습니다.

이를 본 백조는 그녀들 앞에 나타나 "나는 너희들의 아버지란다. 이 금빛 날개깃을 한 개 줄 테니 팔아서 편안하게 살아라." 하고 말했습니다. 아내와 딸은 무척 기뻐했습니다. 그 후 금빛 날개를 가진 백조는 가끔씩 찾아와서 금빛 깃털을 하나씩 주고 돌아가곤 했습니다. 덕분에 아내와 딸은 편안하게 살 수 있었습니다.

그런데 갑자기 아내가 욕심을 부리기 시작해 딸들에게 "동물은 원래 믿을 게 못돼 언제 먼 곳으로 날아가 버릴지도 모르니 이번에 백조가 찾아오면 날개깃을 모두 뽑아 버려라"고 말했습니다. 하지만 세 딸은 "아버지가 너무 불쌍하다."면서 반대했지만 결국 아내는 욕심 때문에 백조를 잡아 털을 몽땅 뽑아 버리고 말았습니다. 억지로 뽑은 깃털은 모두 하얀색으로 변해 버렸고, 백조는 그만 죽어 버렸습니다. 아내는 그제야 후회했지만 아무런 소용이 없었습니다.

우리는 이 이야기처럼 자신들을 한번쯤 되돌아보아야 합니다. 요즘 세상 사람들은 열심히 일하지 않고 일확천금을 꿈꾸는 분들이 많습니다.

인간의 욕심은 끝이 없습니다. 모든 사람들은 부처의 심성을 가지고 있습니다. 그런데 욕심이라는 잡초가 여래의 심성(心性)을 가리고 있습니다. 욕심은 사람의 본질적인 욕구이기 때문에 욕심을 없애려고 하는 것보다는 이를 다른 쪽으로 이용해 보는 것도 좋습니다. 즉, 나만 잘되기를 바라는 것보다도 우리 모두 잘되기를 바라는 것입니다. 이를 두고 불교에서는 발원(發願)이라고 합니다. '욕심과 발원'은 엄격히 다릅니다. 욕심은 다분히 개인적이고 이기적인 바람이지만, 발원은 공통적 바람을 염두에 둔 겁니다. 또한 욕심은 본능적인 것이지만 발원은 능동적인 것입니다. 부와 명예를 추구하는 건 사람의 본능이지만 발원은 애당초 없는 것을 만들어 나가기 때문에 '승화된

욕심'이라고 할 수 있습니다. 발원을 하면 원력이 생깁니다. 부처님께 빌어 원하는 바를 이루려는 마음의 힘이 생긴다는 뜻입니다. 기도만 해서도 안 됩니다. 그러기 위해서는 자기 마음을 닦고 열심히 수행하고 자신의 일에 최선을 다하여야만 합니다.

불자들은 사찰에 가면 그저 부처님 앞에 "내 아들 좋은 대학에 가게 해 주십시오, 내 남편 잘되게 해 주십시오, 또 돈을 많이 벌게 해 주십시오." 합니다. 이런 게 사실 좋은 원이 아닙니다. 차라리 남을 위해 기도하시는 것이 좋습니다. 이를테면 "내 주위의 모든 사람이 모두 잘 되게 해 주십시오. 세상의 가난한 사람들이 모두 잘 되게 해 주십시오." 이렇게 큰 원을 세운다면 아마 우리의 이기심도 사라지고 자신에게도 좋은 일이 많이 생길 겁니다.

이렇듯이 극락이란 따로 있는 게 아니라 내 마음이 행복해지면 바로 극락인 것입니다. 마음 하나 돌리면 지옥 같은 세상도 극락으로 바꿀 수가 있습니다.

《금강경》에 보면 '응무소주 이생기심(應無所住 而生其心)'이라는 사구게가 있습니다. 이는 '마땅히 어디에도 머물지 말고 마음을 움직여라.'는 뜻입니다. 말하자면 색과 물질에 머물러서 마음을 내지 말라는 뜻입니다. 우리가 항상 좋은 일을 할 때에도 이와 같이 머무른 바 없이 아낌없이 해야 합니다.

부처님 말씀에 "사람은 욕망을 따라 이름을 구하지만, 이름이 드러날 때쯤이면 몸은 이미 죽고 만다. 세상에서 이름만을 탐하고 도를 배우지 아니하면 헛되이 몸만 피로하게 될 것이다. 마치 향을 태우면 처음에는 향내를 맡고 좋아하지만 향이 다 타고 나면 몸을 위태롭게 할 불[火]만 그 뒤에 남아 있는 것과 같다."

세속의 명예란 한낱 헛된 것임에도 불구하고 세상 사람들은 항상 재물과 명예를 구하고자 합니다. 사람들이 이처럼 평생 재물과 명예를 얻는 데만 급급해 할 뿐 진실한 도를 배우지 않고 닦지 않는다면 설령 한때 명성을 얻었다고 해도 그것이 세간에 드러나게 될 때쯤이면 자신은 이미 이 세상 사람이 아닌 죽음 저 편에 서 있게 되는 것입니다.

그것은 결과적으로 아무것도 남기지 못한 것이 될 뿐만 아니라 공덕조차도 없어 공(功)을 생각한 나머지 모양[形]을 괴롭히는 것과 같고 헛된 재물과 명예를 위해 뼈아픈 노력을 기울인 것과 다르지 않습니다. 이는 마치 향을 태우면 한때는 참으로 아름다운 향내를 맡으며 즐길 수 있으나 그러는 사이 향이 모두 타버리고 나면 뒤에는 불씨와 재만 남는 것과 같다고 할 수 있습니다.

《육조단경》에 이르기를 '약한 초목은 큰비를 만나면 뿌리가 뽑히고 뒤집어져서 자랄 수 없다.'고 하였습니다. 어리석은 사람은 큰일을 이루지 못하고 눈앞의 이익만 생각하게 된다는 말씀입니다.

부처님은 법(法)의 왕으로서 엄격한 '계율의 나무'가 있습니다. 그 나무에는 훌륭한 열매가 많이 있습니다. 하지만 이를 알고서도 계율을 지키지 않고 부처님의 법을 어긴다면 그 열매를 따먹을 수 없습니다. 오히려 부처의 법을 비방하는 큰 죄를 짓는 사람들이 많습니다. 이것은 마치 나무를 베어 버린 왕처럼 어리석은 사람과 다를 바가 없습니다. 그러므로 불자들도 자신의 욕심 때문에 부처님의 계율을 어기는 사람이 되지 맙시다.

36 대머리로 고민한 의사

옛날 어떤 사람의 머리에는 머리카락이 하나도 없었습니다.

그는 겨울만 되면 매우 춥고, 여름이 되면 매우 더웠으며 모기와 벌레가 머리를 물기 때문에 밤낮으로 고통에 시달렸습니다.

그때 그 마을에는 방술(方術)이 뛰어난 의사가 있었는데 그 역시 대머리였습니다.

그 사람은 의사를 찾아가 이 고통에서 벗어나게 치료를 부탁했습니다.

의사는 곧 모자를 벗어 자신의 머리를 그에게 보이면서 말하였습니다.

"나도 그 병으로 지금 고통을 받고 있는 중이오. 만일 내가 그것을 다스려 당신을 낫게 할 수 있다면 먼저 내 머리부터 낫게 하여 이 고통에서 벗어나고 싶소."

그 사람은 그냥 집으로 돌아오고 말았습니다.

불법(佛法)과 원력(願力)을 얻기 위해서는 홀로 수행하라

이번 이야기는 대머리로 고민한 의사의 이야기입니다. 사람들은 대개 자신만이 복이 없고 가난하다고 생각합니다만 사실 이는 모든 사람들의 고민이기도 합니다. 이와 같이 모든 사람들은 자신이 처한 현실에 만족할 줄 모르고, 이상적인 것만 생각하고 좀 더 나은 것만을 추구합니다. 이것은 마치 대머리를 걱정하는 사람이 스스로 괴로워하면서 고치지 못하는 것과 다를 바가 없습니다.

이와 비슷한 이야기를 하나 들려주겠습니다.

옛날 한 수행자가 있었는데 그는 늘 생로병사를 두려워하여 슈라마나나 바라문의 한 훌륭한 의사에게 찾아가 "원컨대 그대는 나를 위해 이 덧없는 생사의 걱정을 덜고 항상 안락한 곳에서 영원히 살아 있게 해 주십시오."라고 간절하게 부탁했습니다. 그때 이를 듣고 있었던 바라문들은 비아냥거리며 이렇게 대답하였습니다.

"나도 그 덧없는 생로병사를 걱정하여 영원히 사는 곳을 찾았으나 끝내 얻지 못하였소. 만일 내가 그대의 병을 고칠 수 있다면 내가 먼저 병을 고친 다음에 그대의 병을 고쳐주겠소."

이것은 마치 저 대머리를 걱정하는 사람이 스스로 괴로워하면서 고치지 못하는 것과 다를 바가 없습니다.

요즘 사람들은 성형수술을 많이 합니다. 때문에 심지어 제 자식조차 알아보지 못하는 웃지 못할 일도 가끔 생긴다고 합니다. 또한 잘못된 성형수술로 피부가 손상되어 평생 고생하는 얘기도 듣습니다. 우리는 참으로 이상한 세상에 살고 있다는 생각도 듭니다.

오늘 상가세나 스님이 《백유경》에서 들려주고자 하는 본질은 이것이 아닙니다.

불자 여러분, 여기 이 자리에 앉아 있는 여러분들의 주인공은 누구일까요? 그것은 우리가 가진 마음이며 이 삶이 바로 주인공입니다. 부처님이 말씀하시는 요지는 여기에 있습니다. 부처님은 자신이 앓고 있는 모든 문제의 근원은 자신에게서 출발하기 때문에 불법(佛法)을 구해야 하는 것도 자신의 마음이라는 겁니다. 결국 자신의 노력으로 불법의 위대함을 만나야 남의 손을 빌려 불법을 구하는 건 잘못된 일입니다.

자신의 일을 남이 대신 할 수는 없습니다. 바꾸어 말하면, 내 자신이 잘 살아가려면 나를 닦고 내 스스로 노력하지 않으면 안 된다는 말입니다. 이와 같이 부처님의 위대한 불법과 원력을 얻기 위해서는 자기 스스로 부단하게 공부하지 않으면 안 됩니다.

인간에게는 '생로병사 희로애락'의 여덟 가지 고통이 있습니다. 이 모든 것은 자신이 만들어 내고 지어냅니다. 누가 만들어 내는 것이 아닙니다. 오직 자신이 이러한 고통을 만드는 것뿐입니다. 그럼, 우리가 이러한 고통 속에서 벗어나기 위해서는 어떻게 해야 할까요? 그 해결법은 기도와 수행이며 오로지 마음을 닦고 공부하고 수

련하는 길뿐입니다.

　스님들이 삭발을 하는 것도 이러한 마음공부의 한 방편인데, 스님들은 한 달에 두 번, 보름날과 그믐날 삭발을 합니다. 이 날은 몸 속의 근기가 부족하며 힘이 없다고 해서 김이나 두부잡채가 나옵니다. 지금이야 전기면도기가 있으니 아주 쉽지만, 옛날에는 삭발하는 것도 하나의 고역이었습니다. 때문에 머리칼을 두고 불교에서는 수행자의 본분을 잃지 말라는 다짐의 뜻에서 '무명초(無明草)'라고 합니다. 불교에서 무명이란 잘못된 의견이나 집착 때문에 진리를 깨닫지 못하는 마음의 상태를 말하는데 모든 번뇌의 근원이 된다고 합니다. 따라서 삭발은 세속에서 벗어나 구도의 대열에 들어선 출가자의 정신의 상징이며, 청정수행의 의지의 표현입니다. 그래서 스님들은 무명초가 자라기 전에 삭발을 자주 하는 겁니다. 또한 대중들이 한 방에서 먹고 자고 공부하고 참선하고 일상생활을 함께하기 때문에 사생활이 보장되지 않을 수도 있습니다. 보편적으로 여러 사람이 같이 생활을 하다 보면 머리카락이 많이 날립니다. 심지어 먼지 속에 머리카락이 든 경우도 있습니다. 그래서 부처님은 보름에 한 번씩 삭발하라고 계율을 만드신 것입니다.

　《과거현재인과경(부처가 스스로 자기의 전기를 이야기하는 내용으로 인과의 이치를 설명한 경전)》에는 부처님의 삭발에 대해, "태자가 칼을 가지고 스스로 수염과 머리를 깎고 '이제 머리와 수염을 깎아서 일체의 번뇌와 습인(襲因)을 남김없이 없애기를 발원하노라.' 하셨다."고 하여 머리카락과 번뇌를 연결시키고 있습니다.

또한 어떤 경전에서는 머리카락을 교만심과 연관시켜 설명하기도 합니다. 《비니모경》에는 '머리를 깎는 이유는 교만을 제거하고 스스로의 마음을 믿기 위함'이라고 했습니다.

따라서 스님들이 삭발하는 것은 수행을 방해하는 근원인 아집과 교만, 온갖 유혹의 감정을 끊는다는 것을 외형적으로 보여주는 행위라고 할 수 있습니다. 때문에 출가 후 불교의 입문식인 득도식(得度式)의 의식에 따라 보름마다 한 번씩 삭발하는 것을 통례로 하고 있는 겁니다.

남방불교에서는 스님들은 머리를 깎고 승복을 입고 발우를 가지고 탁발을 나갑니다. 이것은 의도적인 것이 아니라 수행자의 모습을 보이기 위함입니다.

동사섭이라는 말이 있습니다. 보살이 중생을 교화하는 네 가지 방법 중의 하나로 보시섭, 애어섭, 이행섭 등이 있으며 부처나 보살이 중생의 근기(根機)에 따라 몸을 나타내어 사업, 고락, 화복 따위를 함께하여 그들을 진리로 이끌어들이는 방법을 말합니다. 즉, 이웃을 나와 같이 한다는 뜻이지요.

역지사지(易地思之)란 말처럼 상대편의 처지나 입장에서 먼저 생각해 보고 이해하는 한 주가 되시기를 발원합니다.

37 두 귀신의 다툼

옛날 한 마을에 비사사라는 두 귀신이 살고 있었습니다.

그들은 작은 상자와 지팡이 한 개, 신발 한 켤레를 가지고 있었습니다. 그들은 서로 가지려고 다투었지만 해가 지도록 그것을 해결하지 못하였습니다.

그때 이를 본 어떤 사람이 두 귀신에게 물었습니다.

"이 상자와 지팡이, 신발은 그 어떤 진기한 힘을 가지고 있기에 그토록 서로 가지려고 다투고 있는가?"

두 귀신이 대답하였습니다.

"이 상자는 의복, 음식, 평상, 침구 따위의 생활도구들을 모두 만들어 내는 진기한 힘을 가지고 있으며 이 지팡이는 어떤 원수를 만나더라도 능히 물리칠 수 있는 힘을 가지고 있습니다. 그리고 이 신만 있으면 세상 그 어느 먼 곳이라도 날아갈 수 있습니다."

이 사람은 두 귀신의 말을 듣고 이렇게 말하였습니다.

"지금 너희 둘은 잠시 이 자리에서 이 물건들을 두고 떨어져 있으라. 그러면 내 이를 골고루 나누어 주리라."

두 귀신은 이 말을 듣고 잠시 멀리 피해 있었습니다. 그는 곧 상자와 지팡이와 신을 싣고는 눈 깜짝할 사이에 날아가 버렸습니다.

두 귀신은 깜짝 놀랐으나 어쩔 수가 없었습니다. 그는 귀신들에게 소리쳐 말하였습니다.

"너희들이 다투고 있는 물건들을 지금 내가 가지고 간다. 이제 너희들은 다투지 않아도 될 것이다."

 번뇌의 과보는 자기 자신이 만드는 것

비사사라는 귀신은 부처님의 불법을 믿지 않는 마귀나 외도(外道)들을 말하는데 상자와 지팡이, 신발은 그들이 가지고 있는 번뇌의 비유입니다. 천하에 둘도 없는 보물을 가지고 있으면서도 이에 만족하지 못하고 오히려 남의 것을 구하려다가 자신이 가진 보물조차 잃어버리게 되는 어리석은 귀신에 대한 이야기는 '번뇌로 얻게 되는 과보'에 관한 겁니다.

이 이야기가 우리들에게 들려주고자 하는 진리는, 자신이 가지고 있는 게 진짜 소중한 것임을 모르고 오히려 남의 것만을 탐내다가 전부를 잃어버리게 되는 어리석은 인간들을 꾸짖는 것이라 하겠습니다.

인도의 불교학자 세친(世親)이 지은 《유식삼십송(唯識三十頌)》에는 인간의 마음에서 일어난 번뇌의 현상에 대해 다음과 같이 설명하고 있습니다.

'번뇌위탐진 치만의악견 수번뇌위염 한부뇌질간(煩惱謂貪瞋 痴慢疑惡見 隨煩惱謂忿 恨覆惱嫉慳)'

인간에게 번뇌로 일어나는 마음현상은 탐욕, 성냄, 어리석음, 거만, 의심, 잘못된 견해 등이며 이로 인해 뒤따르는 번뇌는 분노, 원망, 죄를 감추는 것, 기만 등이라고 했습니다. 따라서 인간의 번뇌 하나로 야기되는 문제는 무려 9가지나 되며, 이러한 번뇌는 인간의 욕심이 빚어내는 집착 때문이라고 합니다. 보물을 놓고 두 귀신이 싸우는 것도 바로 집착에서 오는 번뇌라고 할 수 있습니다.

불교에서 말하는 행복이란 마음속의 고(苦)를 털어내는 것을 말하는데, 스님들에게는 고를 털어내는 것을 두고 '열반'이라 합니다. 따라서 고는 번뇌를 버리고 마음의 평안을 얻는 것이라 하겠습니다.

제가 또 다른 비유 하나를 들겠습니다. 세상에는 탐·진·치 삼독(三毒) 때문에 깊은 나락에 빠져 헤어나지 못하는 사람들이 아직도 많이 있습니다.

예전에 돈을 갑자기 많이 번 사람이 저한테 찾아온 적이 있었습니다. 저는 그 사람에게 돈을 어떻게 많이 벌게 되었는지를 물어보았습니다. 어디서 정보를 들었는지 시골 땅을 샀더니 하루아침에 10배가 올랐다고 합니다. 그리고서 하는 말이 "지금 세상은 아무리 열심히 일을 해도 돈을 벌 수가 없다"는 괴변을 늘어놓았습니다. 그리고 몇 년 뒤, 그는 당당했던 그때의 모습은 없고 오히려 밥을 얻어먹으러 절에 왔습니다. 그는 쓸모없는 땅에 또다시 전 재산을 투자했다가 누군가에 의해 사기를 당해 망했다고 합니다. 이 모든 것은 자신이 만든 욕심 탓이 아닐까요?

저는 절에서 공부하는 수행자이기 때문에 세상 사람들의 마음을 감히 읽을 수 있습니다. 참 이상한 것은 똑같이 땅을 샀는데도 성공하면 투자자가 되고 실패하면 투기꾼이 되는 세상이라는 것입니다. 어쨌든 돈을 벌기 위해서 땅을 사거나 집을 사는 행위는 잘못된 것이라 할 수 있습니다. 어쩌면 이 신도의 예도 어리석은 두 귀신과 같다고 할 수 있습니다. 욕심이 지나치면 이렇게 모든 것을 잃게 됩니다.

부처님께서도 욕심을 미친 소에 비유한 적이 있었습니다. 절묘한 표현이라 할 수 있습니다. 누구나 알 수 있는 명백한 사실인데도 사람은 욕심이 넘치기 시작하면 이성을 잃기 마련인가 봅니다. 결국 인간의 번뇌는 욕심을 버리지 못하는 데서 생기는 겁니다.

행복이란 결과에만 있지 않습니다. 미래를 위해 차근차근 앞으로 나아가는 과정에서 행복이 옵니다. 일확천금은 불행의 씨앗이 될 수도 있다는 말입니다.

불교 경전에 보면 이런 이야기가 있습니다.

"지옥에 가 보니 두 사람이 앉아서 밥을 먹으려 하고 있었다. 그들은 손에 숟가락은 들고 있었으나 팔이 굽혀지지 않아 온통 밥알이 떨어져 그 주위는 썩어 냄새가 진동했다. 그런데 극락에 가서 보니 두 사람도 팔이 굽혀지지 않았으나 서로 떠먹여 주고 있었는데 두 사람의 얼굴에는 행복이 가득했다. 이것이 지옥과 극락의 차이이다."

참으로 단순하지만 이 이야기는 인간의 어리석음과 지혜를 동시에 깨우쳐 주고 있습니다. 지옥에 사는 사람들은 오로지 자신의 이익만을 추구하고, 극락의 사람들은 상대방을 이해하고 있었던 겁니다.

얼마 전 중국에 큰 지진이 일어나서 많은 사람들이 죽었습니다. 미얀마도 큰 태풍으로 인해 피해를 많이 보았습니다. 이들을 돕기 위해 우리 불자들도 동참한 적이 있었습니다. 그런데 그들은 구호를 받으면서도 항상 남을 배려하는 모습을 보여주었습니다. 일본인도 마찬가지입니다. 그들은 우리나라 사람들과는 달리 상대방을 위해 양보하고 돕습니다. 그들은 왜 남을 돕는 것을 습관적으로 하고 있을까요? 그 이면에는 불교 사상이 있기 때문입니다. 우리는 그들의 남을 배려하는 모습을 배워야 합니다.

상생(相生)이라는 단어가 있습니다. '서로 도와서 함께 살자.'는 의미입니다. 얼마 전만 하더라도 회사나 단체 등에서 데모나 파업

등을 많이 했지 않습니까? 그 여파로 서로 불신하고 해서 회사가 어렵게 되고 나라도 어렵게 되어 IMF라는 국제금융구제를 받게 되기도 했습니다. 근로자는 경영자에게 신뢰와 양보를, 경영자는 근로자를 무한한 애정으로 감싸 안아야 합니다. 그래야 회사도 발전할 수 있습니다. 그런 상생의 진리를 모르고 서로 욕심을 부려서 한쪽은 더 돈을 달라 일은 적게 하려고 버티고, 또 한쪽은 돈을 이만큼 줄 테니 일을 이만큼 많이 하라고 하니까 서로 의견 대립이 될 수밖에 없습니다. 그러다 보니 회사는 자꾸 어려워지고 근로자는 경영자를 믿지 못하는 극단적인 일이 발생하기까지 합니다. 이 또한 욕심이 빚어내는 화근입니다.

아랍 신화 중에 '마이다스'라는 왕이 있습니다. 황금에 눈이 어두웠던 '마이다스' 왕은 신에게 "내 손으로 만지는 모든 것을 황금으로 변하게 해 달라."고 소원했습니다.

그러자 신은 왕의 소원을 들어줍니다. 그러니 왕은 만지는 것마다 황금으로 변하니까 너무너무 좋았습니다. 그래서 하루 종일 황금을 만드는 일에만 열중했지요. 손끝에 닿는 것마다 황금빛으로 변하니까 얼마나 신이 났겠어요? 그런데 그날 밤 왕은 절망하고 울부짖기 시작했습니다. 자기 손으로 만들어 놓은 황금의 세계를 바라보면서 절망하기 시작했습니다. 사랑하는 딸과 친구가 왕의 손이 닿는 순간 황금으로 변하고 말았던 것입니다. 이제는 소원대로 모든 것이 황금으로 변했지만 왕은 울부짖으며 절규했습니다.

"내가 원하는 것은 황금이 아닙니다. 내 딸의 생명을 돌려주십시오. 내가 진정 원하는 것은 친구들과의 우정입니다."

우리는 때때로 "지금보다 가난했어도 옛날이 좋았는데."라고 말합니다. 생활이 풍족하지 않지만 적당함을 잃지 않았을 때 행복을 느낄 수 있습니다. 너무 지나치면 오히려 모자람만 못합니다.

옛 말씀에 '과유불급(過猶不及)'이라는 말이 있습니다. 이는 '지나치면 모자란 것만 못하다.'는 말입니다. 한번쯤 곰곰이 새겨 보아야 합니다. 부처님 사상에도 중도(中道)라는 게 있습니다. 이는 현실의 세계나 이상의 세계 어느 것에도 치우치지 않는 사상을 말합니다. 그래서 불교에서는 이상을 향해 수행을 하지만 현실 세계를 버리지 아니하고 자비의 행도 같이 한다는 의미로 쓰입니다. 이런 중도 사상을 두고 위로는 진리를 구하고 아래로는 중생을 교화하는 사상, 즉 '상구보리 하화중생'이라고 합니다.

우리는 대개 성인들을 두고 "진리는 하나인데 여러 가지로 이야기한다."고 합니다. 부처님의 말씀도 마찬가지입니다. 결국 진리란 여러 가지로 회자될 뿐 그 근본에는 흔들림이 없습니다. "집착하는 법을 버려라." 그것이 높은 수행의 지름길인 것입니다. 결국 사람에게 있어서 욕심을 버리는 건 바로 행복을 구하는 것임을 우리는 자각해야 합니다. 그러기 위해서는 믿음을 바탕으로 한 지혜로운 삶인 신혜행증을 실천하여 선이 무엇인가를 바로 믿고, 바로 알고, 바로 실천하고, 바로 깨달아야 합니다. 불자들도 그러한 마음과 정신으로 산다면 이 세계가 바로 우리가 원하는 불국 정토가 될 겁니다. 불자들도 그런 마음으로 이 삶을 아름답고 지혜롭게 살았으면 좋겠습니다.

38 대문과 나귀와 밧줄만 지킨 하인

　어느 주인이 대궐 같은 집에 살고 있었습니다. 주인은 먼 길을 떠나기 전에 하인에게 엄한 분부를 내렸습니다.
　"너는 항상 대문을 잘 지키고 특히 나귀와 밧줄을 잘 살펴라."
　주인이 집을 떠난 뒤, 마을에는 재미있는 풍류놀이가 펼쳐졌습니다.
　하인은 풍류놀이가 보고 싶어 가만히 있을 수가 없었습니다. 하인은 고민 끝에 묘안을 짜내었습니다. 대문을 떼어내 자신의 몸에 밧줄을 묶고 나귀를 타고 풍류놀이가 펼쳐진 곳으로 갔습니다. 하인이 집을 비운 것을 본 도적은 집안의 온갖 재물들을 모두 훔쳐가 버렸습니다.
　마침내 주인이 집으로 돌아와 방 안에 있던 재물이 없어진 것을 보고 하인에게 물었습니다.
　"재물은 다 어디로 갔느냐?"

하인이 대답하였습니다.

"주인님께서 저에게 대문과 나귀와 밧줄을 잘 간수하라고 했지 않았습니까. 그것들을 잘 간수했으니 나머지는 제가 알 바 아닙니다."

기가 찬 부자는 다시 하인에게 말했습니다.

"내가 너에게 대문을 잘 지키라고 했던 것은 바로 재물 때문인데 그것들을 모두 잃어버리고 말았으니 그 대문은 쓸 데가 없다."

 애욕의 밧줄을 잘 다스려라

'대문과 나귀만 지킨 하인'에 대한 이야기입니다. 대문은 그 집안의 상징적인 존재입니다. 주인이 하인에게 대문을 지키라는 것은 집안의 재물을 잘 지키라는 뜻인데 부수적으로 지시한 나귀와 밧줄 때문에 하인은 그 본질을 모르고 자신의 애욕만을 위해 행동하다가 결국 도둑을 맞게 된다는 이야기입니다. 어쩌면 하인의 어리석은 행동은 오늘 우리들의 모습인지도 모르겠습니다.

여기에서 말하는 하인은 중생이며 주인은 부처라고 할 수 있습니다. 또한 나귀와 밧줄은 어리석은 중생이 가진 여섯 가지 감관의 문을 말하며, 밧줄은 그 경계에 들어 집착하지 말고 애욕의 밧줄로 잘 다스리라는 뜻입니다.

우리 불자들은 '108번뇌'라는 말을 자주 합니다. 이에 대한 유래에 대해서 아는 불자들은 거의 없습니다. 108번뇌가 생기는 것은 인간이 가진 여섯 가지 감각의 문인 육근(六根)에 호·악·평등(好·惡·平等)의 3을 곱하면 18, 육식(六識)에 낙수(樂受), 고수(苦受), 사수(捨受)의 3을 곱하면 18, 이 둘을 합하면 36이 됩니다. 여기에 과거세, 현세, 미래세인 3을 곱하면 108이 되는 것입니다. 여기에서 육근이란 안근(眼根), 비근(鼻根), 이근(耳根), 설근(舌根), 신근(身根), 의근(意根)을 말합니다. 즉 눈, 코, 귀, 혀, 몸, 뜻, 육근으로 이루어진 죄를 없애는 것이 바로 육근 참회입니다. 인간의 몸은 눈, 코, 귀, 혀, 몸, 생각으로 이루어져 있는데 이것들이 옳은 사유를 하지 못하면 번뇌가 생깁니다. 육식이란 이 육근을 통해 인식하는 여섯 가지 작용을 말합니다. 인간의 번뇌는 인간의 몸을 구성하는 이 여섯 가지가 만드는 겁니다. 결국 번뇌란 현재, 과거, 미래에서 오는 인간의 모든 문제를 말하는데, 이렇듯 불교가 가진 철학은 깊이가 있고 섬세하며 절묘합니다.

그러므로 우리 불자들이 번뇌를 지우기 위해서는 열심히 기도를 해서 육근을 깨끗하게 하는 방법 밖에 없습니다.

하인이 자신이 하고 싶은 일에만 빠져 주인이 말한 나귀와 밧줄을 잘 지키라는 오직 한 가지 지시만을 생각하고 어리석음을 범한 것은 마치 중생이 부처님의 뜻을 모르고 육근의 오욕락에 빠져 헤매는 것과 다를 바가 없습니다. 이처럼 어리석은 중생들은 자신이 하고 있는 일이 옳다고만 생각하고 남의 말을 귀중하게 듣지 않는 경향이 많으며, 무명(無明)을 벗어나지 못하고 자신이 만든 애욕의 밧줄에 자신을 묶고 마는 과오를 저지르고 맙니다.

저는 지금 울산 월봉사에서 주지 소임과 울산시립요양원 원장 소임을 맡고 있는데, 일을 하다 보면 모든 것이 예사로 보이질 않습니다. 휴지 한 장, 티끌 하나라도 다른 사람들에게는 보이지 않지만 저의 눈에는 보입니다. 더욱이 물 한 방울 낭비하는 것도 예사롭게 보지 않습니다. 이것이 바로 주인과 객의 차이이며 책임감입니다.

저는 가끔 이 세상이 본질이 아닌 것에 사람들의 마음이 혹하는 것을 많이 봅니다. 사찰이나 복지관 같은 시설에서는 기도나 제사, 어르신들을 위로하는 행사가 많아 꽃으로 주변을 장엄하는 경우가 많습니다. 생화가 아닌 것도 더러 있고 혹은 품종 개량된 꽃들을 보기도 합니다. 그런데 이 조화들은 본질을 오도한다고 볼 수 있습니다. 우리가 꽃을 사람에게 전하는 것은 사랑하는 본심 때문입니다. 그런 본심을 두고 가짜 꽃을 보내는 것은 옳지 않습니다.

사람을 평가할 때도 마찬가지입니다. 그 사람이 가진 진면목은 보지 않고 자기의 분별심으로만 대개 사람을 평가하는데 이는 잘못된 견해입니다. 우리가 사물의 진면목을 찾는 지혜를 갖기 위해서는 애욕을 버려야만 합니다.

불교 수행의 목적은 깨달음에 있습니다. 현대인들은 물질적으로는 풍요로워졌지만 가중된 업무와 스트레스, 고독감 등으로 하루하루 지쳐가고 있습니다. 이러한 때에 불교 수행은 지친 우리의 심신을 달래주고 마음을 편안하게 합니다. 또한 본디부터 우리가 지니고 있는 그대로의 진면목을 밝혀 줍니다. 그러므로 현대인의 자기 성찰과 행복 증진에 마음공부나 불교 수행만큼 더 좋은 것은 없습니다.

옛 격언에 이런 말이 있습니다.

'농부의 자식에게는 쌀을 물려주기보다 농사짓는 법을 가르쳐야 하고, 어부의 자식에게는 고기를 잡아 줄 것이 아니라 그물 치는 법을 가르쳐야 한다. 훌륭한 사냥꾼에게 활을 다루는 기술보다 더욱 중요한 건 짐승이 머무르는 곳을 알고 그것을 찾아내는 기술이다.'

훌륭한 제자는 하나만 가르치면 열을 압니다. 또한 훌륭한 스승은 제자에게 무엇을 가르쳐야 함을 잘 압니다. 제자는 스승의 겉모습을 배우기보다는 그 마음을 꿰뚫어 보아야 합니다.

옛날, 어떤 스승 밑에 두 사람의 제자가 있었습니다. 두 제자는 스승으로부터 도를 배운 후 이웃 나라로 향했습니다. 두 사람은 한참 길을 걷다가 코끼리의 발자국을 발견하였습니다. 제자 한 사람이 자세히 살핀 후 이렇게 말했습니다.

"이 발자국은 암코끼리의 것인데 새끼를 배었으나 눈이 멀었을 것이다. 또 어떤 여자가 이 코끼리를 타고 있는데, 아마 그 여자는 계집아이를 임신하고 있을 것이다."

그 말을 들은 다른 제자가 말했습니다.

"자네는 어떻게 그것을 아는가?"

"하나를 보면 열을 아는 것이라네. 만일 믿지 못하겠거든 가서 확인해 보세."

그리하여 두 사람은 서둘러 걸음을 옮겼습니다. 한참을 달려가니 코끼리 한 마리가 서 있는데 과연 첫 번째 제자가 한 말과 어긋나지 않았습니다. 또 그 주변을 살펴보니 코끼리가 새끼를 낳은 뒤였고, 그 곁에는 한 여자가 앉아 있었습니다. 자세히 바라보니 그 여자는 길가에서 방금 계집아이를 낳은 후 쉬고 있는 중이었습니다.

두 번째 제자는 그 모습을 확인한 후 탄식하며 말했습니다.

"저 친구와 함께 스승 밑에서 공부했지만 나는 아직 사물의 이치를 깨닫지 못했구나!"

얼마 후 두 사람은 다시 스승에게로 돌아와서 두 번째 제자가 스승에게 아뢰었습니다.

"우리 두 사람이 함께 길을 가는데, 이 친구는 코끼리 발자국을 보고 여러 가지 이치를 알았지만 저는 알지 못하였습니다. 원컨대 스승님은 저에게도 비법을 가르쳐 주십시오."

이야기를 듣고 난 스승은 다른 제자를 불러 물어보았다.

"너는 어떻게 그것을 알았는가?"

첫 번째 제자가 대답했습니다.

"스승님께서 늘 말씀하시던 대로 따랐을 뿐입니다. 저는 코끼리가 오줌눈 것을 보고 그것이 암놈인 줄을 알았고, 오른쪽 발자국이 깊은 것을 보고 새끼를 밴 줄 알았으며, 길가의 오른쪽 풀이 쓰러진 것을 보고는 오른쪽 눈이 멀었다는 것을 알았습니다."

"그럼 임신한 여인이 있다는 것은 어찌 알았느냐?"

"코끼리가 멈춘 곳에 소변 자국이 있는 것을 보고 그 사람이 여자인 줄을 알았으며, 오른쪽 발자국이 깊은 것을 보고 임신한 줄을 알았습니다."

제자의 대답을 듣고 난 스승이 말했다.

"대개 공부는 깊이 생각해서 통달하는 것이다. 어설프게 해서는 이루지 못하는 것이니, 가르쳤는데도 깊이 깨닫지 못하는 것은 스승의 허물이 아니니라."

물론 제자의 지혜는 뛰어났지만 스승은 그것이 자신의 허물임을 가르쳤다. 그것은 깨달음이 아니라 하나의 지혜에 지나지 않았기 때문입니다.

저희 스승이신 월하(月下) 큰스님께서는 생전 많은 제자들에게 자신의 진면목에 대한 화두를 많이 내리셨습니다. 특히 "불제자는 마땅히 불성을 밝히는 노력으로 자신의 성품자리를 찾고야 말겠다는 대발심(大發心)을 일으켜야 하며 삶 속에서의 실천을 통해 마침내 부처님과 같이 영원한 대자유인이 되는 길을 묵묵히 가야 한다"고 말씀하셨습니다.

우리 불자들도 자신의 진면목을 한번 돌아볼 수 있는 시간이 되시기를 발원합니다.

39 소를 훔친 사람

어떤 마을의 사람들이 남의 소를 훔쳐 모두 나누어 먹었습니다.

소를 잃어버린 사람이 소 발자국의 흔적을 찾다가 마을 연못가에 이르자 그곳에 소의 피가 말라붙어 있었습니다. 그는 마을 사람들을 불러 놓고 한 사람씩 소에 대해 물었습니다.

"이 마을의 사람들이 소를 훔쳐 먹지 않았느냐?"

소를 잡아먹은 사람들 중의 한 사람이 말하였습니다.

"나에게는 마을이 없습니다."

다시 소의 주인이 물었습니다.

"너희들이 사는 마을 복판에 연못이 있는데 그곳에서 소를 잡아 나누어 먹지 않았는가?"

"연못이 없습니다."

다시 소의 주인이 물었습니다.

"연못 곁에 나무가 있지 않은가?"

"나무가 없습니다."

"이 마을 동쪽에서 소를 훔치지 않았는가?"

"동쪽이 없습니다."

"소를 훔칠 때는 한낮이 아니었는가?"

"한낮이 없습니다."

소의 주인이 다시 물었습니다.

"비록 마을이 없고 나무와 연못이 없다고 하더라도 어떻게 이 천하에 동쪽과 한낮이 없을 수 있는가? 나는 이 마을 사람들이 거짓말을 하는 것을 알겠다. 다시 물어보겠다. 너희들은 소를 훔쳐 먹었는가?"

"사실은 우리가 소를 잡아먹었습니다."

"그런데 왜 먹지 않았다고 하는가?"

"우리가 잘못했기 때문에 말을 할 수가 없었습니다."

계정혜(戒定慧) 삼학(三學)을 닦아라

불자 여러분, 안녕하세요. 산사는 유월만 되면 푸름이 짙어 '푸른 침대'가 된다는 말이 있습니다. 이런 때는 시간을 내어 가까운 산사에 가서 참선이나 명상 등 수행을 하면 찌든 때를 벗길 수 있으며 마음의 평화도 얻을 수 있습니다.

오늘은 '소를 훔친 사람' 이야기를 하겠습니다.

불가에는 삼학(三學)이라는 것이 있습니다. 불도(佛道)를 수행하는 자(者)가 반드시 닦아야 할 계(戒)·정(定)·혜(慧)의 근본 수행을 말합니다. 계는 악을 저지르지 않고 선을 닦는 계율(戒律)을 말하며, 정은 심신을 고요히 하고 정신 통일을 하여 마음이 산란하지 않게 하는 선정(禪定), 혜는 번뇌를 파하고 진리를 증득(證得)하는 지혜를 가리킵니다. 이 세 가지는 아주 밀접한 관계가 있습니다.

즉 지혜를 호지(護持)하고, 또 얻어진 지혜를 제대로 활용하기 위해서는 정신을 통일하여 무념무상(無念無想)의 상태인 선정이 필요하게 되며, 이 선정을 얻기 위해서는 악행을 그만두고 심신(心身)을 가다듬는 계가 지켜져야 합니다. 그러므로 이 삼학은 우리 마음의 세 방면을 뜻하는데 계는 의지, 정은 감정, 혜는 지식으로 불가분의 관계에 있습니다. 이 세 가지가 융합하여 이상적인 마음의 작용을 이루어서 완전한 인격체가 형성됩니다.

오늘 《백유경》에서 들려주는 이야기는 삼학 중에서도 계이며 그 중에서 살생과 거짓말에 대한 겁니다. 사찰에서 기도를 시작할 때 필수적으로 독송하는 경전 중의 하나인 《천수경》에는 열 가지 악한 행위인 십악(十惡)이 나오는데 살생(殺生), 투도(偸盜), 사음(邪淫), 망어(妄語), 기어(綺語), 악구(惡口), 양설(兩舌), 탐욕(貪慾), 진에(瞋恚),

사견(邪見)입니다. 이 중에서 소를 죽이는 행위는 살생이며 거짓말은 망어라고 할 수 있습니다. 우리는 이 십악을 늘 참회합니다.

이 밖에도 불교에서는 몸으로 짓는 세 가지 죄, 생각으로 짓는 세 가지 죄, 입으로 짓는 네 가지 죄가 있습니다. 이를 두고 신구의 삼업이라고 합니다. 기어는 사기, 악구는 욕, 양설은 이간질입니다. 눈과 코는 두 개인데 입은 하나임에도 불구하고 입으로 짓는 죄는 참으로 많습니다. 그래서 어른들이나 스승들은 항상 입조심하고 말조심하라고 합니다. 한번 뱉은 말은 주워 담기 힘들기 때문입니다.

그래서 《천수경》에서도 제일 처음 나오는 구절이 '정구업진언(淨口業鎭言)'인데 이는 《천수경》의 첫 마디로 '입으로 지은 업을 깨끗이 하는 참된 말'이라는 뜻입니다. 이 진언에는 '오방내외안위제신진언', '개법장진언', '참회진언', '정법계진언', '호신진언', '관세음보살본심 미묘육자대명왕진언' 그리고 '준제진언'이 있습니다. 이들 진언들은 각기의 성능을 가지고 있으면서 주술적 위력을 발휘하여 중생들의 소원을 이루게 해 줍니다.

죄를 짓고 남에게 거짓말을 자주 하는 사람은 설사 남이 모른다고 하더라도 사실은 하늘에서 마흔두 명이나 되는 천인(天人)이 천안(天眼)으로 보고 있다는 점을 알아야 합니다. 이렇게 많은 분들이 보고 있는데 어찌 우리가 죄를 지을 수 있겠습니까? 하지만 사람들은 오늘도 스스로 죄를 짓고 있으면서 자신이 죄를 지은 사실조차도 모릅니다.

가끔 저는 《백유경》을 공부할 때마다 많이 놀랍니다. 경전이 지어진지 무려 일천 오백년이란 세월이 흘렀는데도 현대를 살아가는 우리들의 모습을 절묘하게 지적하고 있기 때문입니다. 요즘 정치인들도 자신의 목적을 이루기 위해 거짓말을 많이 합니다. 말하자면 유권자를 현혹시키는 선심 공약을 많이 하는데, 그럴 때면 한심하다는 생각조차 듭니다. 아마 그들도 구업의 과업을 받게 될 겁니다. 물론 선의의 거짓말을 하는 경우도 종종 있는데, 불교에서는 이러한 것을 방편의 한 가르침으로 받아들입니다.

《법화경》에 나오는 '화택(火宅)'의 비유인 '법화칠유(法華七喩)' 중 하나인 '삼거화택(三車火宅)의 비유를 들겠습니다. 이것은 삼승(三乘)을 가르치기 위해 세 마리의 우차를 방편으로 제시하고 있습니다.

하루는 어느 장자가 이웃 마을에 가서 일을 보고 집으로 돌아오는 길에 자신의 집이 화마에 휩싸여 있는 것을 보고 허겁지겁 달려왔습니다. 이 장자는 가쁜 숨을 몰아쉬며 불길에 휩싸인 집 안을 향해 애들을 불렀습니다.

아무리 불러도 애들은 노는 데만 정신이 팔려 불이 났는지도 모른 채 뛰어다녔습니다. 장자는 하는 수 없이 불길 속에 갇혀 있는 애들을 향해 "너희들을 위해 우차를 세 대 준비했다. 하나는 황금빛이 나고 다른 하나는 은빛이 나며 또 다른 하나는 구릿빛이 나는 우차다. 너희들에게 선물할 테니 빨리 나오너라." 하고 소리쳤습니다.

놀이에만 정신이 팔려 있던 애들은 서로 먼저 황금 우차를 차지하려고 뛰쳐나왔습니다. 큰 아들 녀석이 제일 먼저 뛰쳐나와 "황금 우차는 제 것입니다."라며 찾기 시작했습니다. 아들 세 명이 모두 불길 속에서 나오자 장자는 아들 녀석들을 꾸짖기 시작했습니다.

"나는 지금 너희들을 안전한 곳으로 인도하기 위해 방편을 설했다. 너희들에게 약속한 우차는 비록 형상이 없다고는 하지만 탐욕과 성냄과 어리석음에 휩싸여 있는 삼독심의 불길을 끄고 피안의 언덕으로 인도하고자 한다."

삼형제는 장자의 말을 듣고 깊이 뉘우치며 눈물을 뚝뚝 흘렸습니다.

여기에서 장자의 불난 집은 말세중생이 사는 곳을 말하며 삼형제는 삼독심을 표현한 것이고, 우차는 삼승을 설명하기 위한 방편입니다. 따라서 경전 속에서도 선의의 거짓말이 곧 방편의 가르침이라는 것을 깨달아야 합니다.

그렇다고 선의의 거짓말을 남발해서는 안 됩니다. 위급한 상황이나 혹은 피치 못할 사정이 생겼을 경우 선의의 거짓말을 할 수는 있습니다. 방편을 통한 선의의 거짓말이 또 다른 거짓말을 야기시킬 수 있기 때문입니다.

선의의 거짓말과 삿된 거짓말은 행동과 얼굴 표정, 그리고 언행만 봐도 짐작하고 남습니다. 거짓말은 하면 할수록 합리화시키기 위해 또 다른 거짓말을 하게 됩니다. 거짓말은 곧 구업을 짓는 일입니다. 우리들이 아침·저녁으로 《천수경》을 수지 독송하는 이유도 바로 여기에 있습니다. 구업은 8한 지옥 중 6번째 지옥문에서 사자들이 긴 혀를 빼내 톱으로 쓸거나 못질합니다. 가히 그 고통은 생각만 해도 아찔합니다. 사람은 자신이 지은 죄업만큼 반드시 고통을 받게 되어 있습니다.

살아가면서 자신이 한 거짓말로 인해 가족과 친구가 피해를 입거나 고통을 당하는 경우가 있습니다. 남을 해롭게 하는 것 만큼 자신도 그 업을 받는다는 걸 항상 명심해야 합니다. '악인악과 선인선과(惡因惡果 善因善果)'라 했습니다. 비록 지은 구업이 현생에 그 죄업을 받지 않는다고 해도 또 다른 구업은 짓지 말아야 합니다. 부처님은 자신이 지은 죄는 억겁을 거쳐 자신에게 반드시 되돌아온다고 했습니다. 그래서 부처님은 '불생의 삶'이 바로 '최상의 씨앗'이라 했던 겁니다.

오늘 날, 미제의 살인 사건들이 많이 일어납니다. 하지만 죽어 지옥에 가면 천안(天眼)을 가진 선인들 때문에 이들의 과보는 반드시 받게 될 것입니다. 마치 소를 잡아 먹은 사람이 실토를 하는 것과 다를 바가 없듯 인과응보의 대가를 치르게 될 것입니다.

불자 여러분은 항상 선한 마음과 선한 행동을 하며 살아야 하겠습니다.

40 털 한 줌을 놓고 다툰 어린 아이

옛날 어떤 두 아이가 강가에서 놀다가 털 한 줌을 주웠습니다.
한 아이가 이것을 보고 말하였습니다.
"이것은 선인(仙人)의 수염이 틀림없다."
그러자 다른 아이가 말했습니다.
"이것은 큰 곰의 털이다."
그때 강가에는 선인이 살고 있었습니다.
이 두 아이는 서로 다투다가 할 수 없이 선인에게 가서 의심나는 것을 판결해 달라고 하였습니다.
선인은 쌀과 깨를 씹고 있다가 손바닥에 뱉어 놓고 아이들에게 말하였습니다.
" 애들아, 잘 보아라. 내 손바닥 위에 있는 것은 공작의 똥이다."

아이들은 쌀과 깨를 입에 넣는 것을 보았는데도 그것을 공작의 똥이라고 하는 선인을 비웃었습니다. 이 이야기를 아이들이 마을 사람들에게 말하였습니다.

아이들이 분명 쌀과 깨라고 했는데 그것을 공작의 똥이라고 하고 또한 그 수염에 대해 물음을 던진 아이들에게는 답을 주지 않은 선인을 마을사람들이 비웃기 시작했습니다.

올바른 스승이 되라

오늘의 《백유경》은 '털 한 줌을 놓고 다툰 어린 아이'의 이야기입니다. 사람은 인생을 살아가는 동안 많은 스승을 만납니다. 학교 다닐 때는 선생님, 직장에 다닐 때는 직장 선배님, 학원에 다닐 때는 학원 선생님, 절에서 만나는 스님, 이 모든 분이 스승입니다. 또한 우리를 낳고 키워 주시는 부모님도 스승이라 할 수 있습니다.

절에서도 스님들이 공부할 때 최상의 도(道)를 깨치기 위해서는 좋은 도반과 좋은 도량, 좋은 스승을 만나야 한다고 합니다. 훌륭한 스승 밑에서 훌륭한 제자가 많이 난다는 말이 있습니다. 그래서 훌륭한 스승은 제자에게 "나를 뛰어넘고, 나의 모습을 뛰어넘어라. 그것이 바로 나를 행복하게 하는 일이다."라는 말을 하기도 합니다.

훌륭한 스승은 제자에게 올바른 가르침을 던져 주어야 합니다. 이것이 바로 선자(先者)의 도리입니다. 하지만 오늘날의 몇몇 스승들은 정작 바르게 가르치기는커녕 제자에게 헛된 것만 가르칩니다. 이는 바른 교육이 무너진 까닭입니다. 스승은 지식만 가르쳐서도 안 되며 올바로 제자가 이 세상을 살아가도록 삶의 자세나 도리를 가르쳐야 합니다. 그래야만 지식도 빛을 발할 수가 있는 겁니다. 이것이 바로 이 땅의 스승들이 지녀야 할 자세라고 할 수 있습니다.

경전 《대반야경》에 보면 부처님은 "또 선현아, 보살마하살이 제2의 이구지(離垢地)에 머무를 때에는 여덟 가지 법을 생각하고 닦아 익혀서 속히 원만하게 해야 하니, 어떤 것이 여덟 가지인가 하면, 첫째는 청정한 계율이요, 둘째는 은혜를 알아 은혜를 갚는 것이며, 셋째는 안인(安忍)의 힘에 머무르고, 넷째는 환희의 기쁨을 느끼며, 다섯째는 유정들을 버리지 않고, 여섯째는 항상 크게 가엾이 여기는 마음을 내며, 일곱째는 모든 스승과 어른에게 공경하고 믿는 마음으로 묻고 받들고 공양하되 마치 부처님을 섬기듯이 하는 생각으로 하고, 여덟째는 바라밀다를 부지런히 구하고 닦아 익히는 것이다. 선현아, 보살마하살이 제2의 이구지에 머무를 때에는 이와 같은 여덟 가지의 법을 생각하고 닦아 익혀서 속히 원만하게 해야 한다. 또 선현아, 보살마하살이 제3의 발광지(發光地)에 머무를 때에는 다섯 가지의 법에 머물러야 하니, 무엇이 다섯 가지인가 하면, 첫째는 많이 듣기를 부지런히 구하되 만족해 하는 일이 없고 들은 법에 대하여서는 문자에 집착하지 않으며, 둘째는 물듦이 없는 마음으로 항상 법보시(法布施)를 하여 비록 널리 교화한다고 하더라도 높은 체하지 않으며, 셋째는 국토를 장엄하고 청정하게 하기 위하여 모든 선근(善根)을 심고 비록 그것으로 회향한다고 하더라도 잘난 체하지 않으며, 넷째는 유정들을 교화하기 위하여 비록 끝없이 나고 죽는 것을 게을리 하지 않는다고 하더라고 높은 체하지 않으며, 다섯째는 비록 부끄러움에 머문다고 하더라도 집착함이 없다. 선현아, 보살마하살이 제3의 발광지에 머무를 때에는 이와 같은 다섯 가지의 법에 늘 편안히 머물러야 한다."

이와 같이 우리들이 공부를 함에 있어서 가져야 할 마음자세와 스승을 어떻게 대하여야 되는지를 알아야 합니다. 부처님은 열반을 하실 때도 제자들에게 큰 가르침을 주셨습니다. 제자들이 부처님이 열반에 들려고 하자 이렇게 물었던 겁니다.

"이제 부처님께서 가시고 나면 저희들은 누구를 의지하고 살아야 합니까?"

그때 부처님께서는 "자등명 법등명, 자귀의 법귀의(自燈明 法燈明, 自歸依 法歸依)하라. 내가 간 후엔 내가 말한 가르침이 곧 너희들의 스승이 될 것이다. 모든 것은 덧없이 흘러가니 쉬지 말고 정진하라."고 하셨습니다. 즉, '부처님 법과 계율에 의지하고 자신의 진리에 의지하고 등불로 삼으라.'고 하셨던 겁니다. 사실, 불교에서 이보다 더 높은 법문은 없습니다. 부처님의 법은 오늘날 전해 내려오는 팔만사천경에 달하지만 이 법문들의 요지는 자기 자신이 주인공이며 자기 스스로를 등불로 삼는 일보다 더한 가르침은 이 세상에 없다는 겁니다.

저는 어렸을 때 은사이신 월하 큰스님을 모시고 살았는데 큰스님은 많은 연세에도 불구하고 항상 빨래도 손수 하셨습니다. 남이 보든 안 보든 당신이 해야 할 일은 스스럼없이 하셨는데 나는 그 모습을 보고 참으로 느낀 것이 많았습니다.

말하자면, 월하 큰스님은 그냥 큰스님이 아니었으며 또한 그냥 스승님이 아니었습니다. 제자들에게 뼛속 깊이 가르침을 주셨던 이 땅의 큰 스승님이셨습니다. 큰스님의 법문 중에 기억나는 게 하나 있습니다.

"지금 할 일이 있으면 지금 하고, 지금 할 일이면 더 잘하고, 누구든지 할 일이 있으면 내가 하자."라는 말씀이셨습니다.

해야 할 일은 당장 하고 이왕 할 일이면 더 잘해야 하고, 또한 누구 먼저 하기 전에 솔선수범하여 일을 하라는 말씀입니다. 비록 평범한 일상 법문이셨지만 그 속에 높은 법언(法言)이 들어 있습니다. 사람은 그래야 합니다. 이렇게 월하 큰스님은 작은 것 하나까지도 일일이 직접 챙기시면서 통도사를 이끌어 나가셨습니다. 저는 여든의 연세에도 불구하고 종단의 큰일을 하시는 모습을 보고 이것이 바로 오늘날 스승의 참모습이라는 것을 뼈저리게 느꼈던 겁니다. 또한 월하 큰스님은 "불교에서의 가풍은 안으로 구하는 것이 없고 또한 밖으로 구하는 것이 없는 것."이라 하셨습니다. 이 말씀은 바로 "나를 지키고 중도를 취하라."는 뜻입니다.

　월하 큰스님은 평소에도 아픈 사람의 집을 자주 찾아갔습니다. 그러던 중 어느 날 무당집에서 법문을 청했습니다. 그래서 제자들이 거기 가시면 안 되신다고 만류를 했는데 그때 하시는 말씀이 "월하가 뭔 대수인가. 부처님께서도 여러 곳을 다 다니시면서 중생을 제도했는데 월하가 뭔 대수라고 어디를 못가겠는가?" 하고 가셨던 기억이 납니다. 이렇게 저희 큰스님은 하찮은 곳까지 다 가셔서 법문을 전하시고 박물관 짓는 데 큰 거금을 내놓으셨던 것입니다. 나는 지금도 월하 큰스님이 나의 스승임을 자랑스럽게 생각하고 있으며, 큰스님의 마음과 행동 하나하나가 내 인생의 좌표로 남아 있습니다. 이렇듯 큰 스승은 아무나 되는 게 아닙니다. 아니 아무나 스승이 되어서도 안 됩니다.

　《지장보살본원경》 '분신집회품'에 보면 부처님이 지장보살에게 수기를 내리시고 말씀하시기를 "중생이 각각 차별이 있으므로 여러 몸을 나투어 제도하여 해탈케 한다며 분신(分身)의 까닭은 중생의 근기에 차별이 있기 때문"이라고 하셨습니다. 저희 월하 큰스님도 살아생전에 지장보살처럼 이렇게 중생들을 교화하셨던 겁니다.

　말하자면, 저희 은사 월하 큰스님은 중생의 생활 속에 들어가 중생 교화를 중요하게 생각하셨는데 특히 신심과 공익성을 매우 중요하게 여기셨던 겁니다. 특히 동사섭을 매우 강조하셨는데, 이는 중

생에게 무엇인가 구하지 않고 중생을 이익 되게 원력을 세우고 실천하라는 가르침이었습니다.

스님의 법문은 '부처님도 도둑을 제도하려면 같이 도둑질하면서 도둑질이 나쁘다는 것을 깨우쳐 주라.'는 것이었습니다. 결국 참된 스승의 모습은 중생의 생활 속에 깊이 들어가 그들에게 자비심을 심어 주어야 한다고 말씀하셨던 겁니다. 이와 같이 참된 스승은 아무나 되는 게 아닙니다.

지식을 가르쳐 주는 것만이 참다운 스승이라 할 수 없습니다. 올바른 스승은 제자에게 인간의 참모습을 가르쳐야 합니다. 그러나 불행하게도 우리는 참스승을 만나기가 참으로 힘듭니다.

요즘 아이들은 출세 지향의 교육만을 받아 지혜를 잃어버렸습니다. 이로 인하여 모든 현상의 기본 질서를 깨치지 못하고 있습니다. 말하자면, 오직 공부이외는 아무것도 모르는 아이로 변하고 있는 겁니다. 적어도 부처님의 법을 믿고 따르는 불자라면 내 아이만은 이렇게 키워서는 안 됩니다.

부처님은 "모든 일은 사람의 마음에 달렸다."고 하셨습니다. 큰스님들에게 부처님의 법이 무엇인지 질문을 하면 이구동성(異口同聲)으로 '마음'이라고 하십니다. 불교란 것은 팔만대장경이 그토록 많고 많지만, 똘똘 뭉치면 마음 "심(心)"자 한 자에 있다고 합니다. 마음 쓰기에 따라 지옥과 극락이 변한다고 하지 않습니까? 요즘은 그것을 '좋은 마인드'라고 표현합니다. 남을 위해서가 아닌 자신을 위해서 좋은 긍정적인 마인드를 갖는 한 주가 되었으면 합니다.

　세상을 변화시키려면 자신이 먼저 변해야 합니다. 바른 깨달음은 올바른 가르침이 있을 때에만 옵니다. 그것은 마치 저 선인이 아이들이 묻는 것에는 대답하지 않고 깨를 씹어 뱉어 공작의 똥이라 하는 것과 다를 바가 없습니다.

　아이들은 어른들이 하는 일을 보고 자랍니다. 여러분은 아이들에게 부끄러운 스승이 되지 않도록 노력하시기를 바랍니다.

왕의 거짓말

어떤 악사가 천 냥을 받기로 약속하고
임금님 앞에서 음악을 연주하였습니다.
임금님과 신하들은 악사의 훌륭한 연주 솜씨에 감동하여
숨을 죽이며 음악을 들었습니다.
이윽고 악사의 연주가 끝났습니다.
박수 소리가 장내를 가득 메웠습니다.
악사는 임금님께 나아가 천 냥을 달라고 요구했습니다.
그러나 왕은 돈을 주지 않고 그 악사에게 말하였습니다.

"네가 조금 전 내게 음악을 연주해 주었지만 그것은 한낱 내 귀만을 즐겁게 하였을 뿐이다. 내가 너에게 돈을 주겠다고 했던 것도 다만 너를 즐겁게 하기 위해서였을 뿐이다."

악사는 기가 막혔습니다.
그러나 임금님의 말씀을 곰곰이 생각해 보니
조금도 틀린 말이 아닌 것 같았습니다.

 ## 모든 것은 '마음'에 달려 있다

오늘 공부할 내용은 왕의 거짓말입니다. 세상을 살아가다 보면 자신도 모르게 거짓말 할 때도 있고, 어쩔 수 없이 할 때도 있습니다. 그런데 우리가 지어내는 이 거짓말은 과연 어디에서 나오는 것일까요?

불가에서는 '인간의 본질은 육신이 아니라 마음이다.'라는 말이 있습니다. 결국 '이 마음'이 사라지면 남는 것은 아무것도 없습니다. 그야말로 무지와 악의 구렁텅이 속으로 빠질 것이 자명합니다. 거짓말도 참말도 모두 사람이 지어내는 마음속에 있기 때문입니다.

상가세나 스님이 우리에게 들려주고 있는 건 단순히 '왕의 거짓말'을 말하고자 하는 게 아닙니다. 인간의 마음을 즐겁게 하는 본질적인 것이 무엇인가? 라는 문제입니다. 우리의 몸은 앞에서도 말한 바와 같이 '입, 코, 눈, 귀, 몸, 뜻'인 육근(六根)으로 이루어져 있습니다.

악사가 아름다운 음악을 연주한 것은 왕의 귀를 즐겁게 하기 위해서이며, 왕이 악사에게 천 냥을 주겠다고 한 달콤한 이야기도 바로 우리가 가진 육근 중의 하나인 귀를 즐겁게 하기 위함입니다. 《백유경》이 들려주고자 하는 교훈의 핵심은 바로 여기에 있는 겁니다.

세상에는 거짓말이 난무하고 있으며, 가짜가 판을 치는 세상입니다. 이 모든 것은 단순히 인간이 가진 육근을 즐겁게 하기 위함입니다. 코는 좋은 냄새만 맡으려고 하고 눈은 좋은 것만을 보려고 하고, 귀는 감미로운 것만을 들으려고 합니다. 이렇게 인간의 몸은 욕망으로 가득 차 있습니다.

세상의 어리석은 사람들도 이와 같습니다. 하지만 이러한 욕심은 사실, 우리가 세상을 올바르게 살아가는 데 조금도 이익이 되지 않는다는 것을 알아야 합니다. 즐거움이란 실(實)이 없으며 끝내 멸(滅)하는 것에 지나지 않듯이 우리에게 보다 중요한 건 바로 인간의 참모습입니다. 왕은 악사에게 명백하게 음악을 연주하면 천 냥을 주겠다고 약속했고, 그때문에 악사는 음악을 연주했습니다. 하지만 왕은 권력을 이용하여 돈을 주지 않았지만 재미있는 건 왕의 이야기를 듣고 악사는 틀린 말이 아니라고 생각했다는 데에 있습니다.

자 그럼, 여기에서 무엇이 잘못되었다고 생각하십니까? 형사적 심리로 분석을 해 보았을 때 악사는 왕에게 음악이라는 물건을 팔면서 그에 상응하는 대가로 돈 천 냥을 받기로 약속했지만 받지 못했습니다. 이를 볼 때 분명 잘못은 왕에게 있습니다. 그런데 과연 음악을 연주한 악사는 천 냥의 돈을 받을 자격이 있는가? 라는 문제입니다. 물론 당연히 약속을 했으니 받아야 마땅합니다. 하지만, 악사는 그저 왕의 귀만 즐겁게 했을 뿐, 왕의 영혼을 위로하고 행복하게 할 연주 실력이 부족했던 겁니다. 여기에서 우리는 '왕의 말이 맞는 것 같다.'는 악사의 말이 왜 나왔는가를 충분히 유추할 수 있습니다. 이 번 얘기의 핵심은 바로 여기에 있는 겁니다. 결국 이 비유는 '왕의 거짓말'을 통해 즐거움은 끝내 아무것도 남지 않는 쾌락에 지나지 않는다는 것을 가르치기 위한 겁니다. 바꾸어 말하면 이러한 '어리석은 자가 곧 중생'이라는 겁니다.

세상은 진실만이 통합니다. 악사가 연주한 빈 음악 소리와 왕이 한 거짓말은 전혀 진실성이 없었던 겁니다. 단지 두 사람의 거래는 단순히 귀를 즐겁게 하기 위한 유희에 지나지 않았던 겁니다.

부처님은 인생에 대해 "마치 요란한 음악 소리와 같이 부질없는 것이며, 또한 머무르고 구하는 것이 없는 것이다."라고 하셨습니다. 인간이 추구하는 즐거움에 대한 욕망은 한갓 부질없음에 지나지 않음을 질책하셨던 겁니다.

우리는 세상을 살아오면서 남에게, 혹은 가족들에게 거짓말 같은 망어를 하지 않았는지를 한 번쯤 반성해야 합니다. 언제나 중생들은 즐거움을 누군가로부터 얻으려고만 합니다. 또한 내가 가진 즐거움이 영원할 거라는 착각을 합니다. 하지만 이러한 쾌락은 일순간에 지나지 않습니다.

불교에서는 순식간에 지나가는 시간을 두고 '찰나'라고 하는데 이 시간은 75분의 1초, 즉 약 0.013초에 해당한다고 합니다. 눈을 한번 깜박거리기조차 힘든 시간이지만 불교에서는 이 짧은 시간을 두고 삶에 대한 비유로 많이 쓰입니다. 세상은 '찰나마다 모든 것이 생겼다 멸하고, 멸했다가 생기는데 이것이 끊임없이 지속되어 이루어지는 것이 생'이라고 합니다. 이를 두고 '찰나생멸(刹那生滅)·찰나무상(刹那無常)'이라고 합니다.

우리의 인생은 이렇듯 무상합니다. 그럼 이 짧은 찰나 시간 속에 살고 있는 우리들은 어떻게 살아야 할까요?

시간은 누구에게나 똑같이 주어지지만 시간을 인식하는 개념은 사람마다 차이가 납니다. 어떤 사람은 시간이 빨리 지나간다고 느끼고, 어떤 사람은 지겹게 시간이 안 간다고 느낍니다. 군대 들어간 사람에게 시간이 빨리 간다고 이야기해 보십시오. 아마도 좋은 소리 못들을 것입니다. 그리고 결혼한 지 한 달 된 신혼부부에게 물어보십시오. 시간이 어떻게 가냐고 물어보면 아마도 행복해서 하루가 1시간 같다고 할 겁니다. 이렇게 시간의 개념에 대해 차이가 납니다.

이와 같이 우리의 인생사는 언제나 즐거운 시간만 있을 수 없습니다. 사랑하는 사람과 헤어질 수도 있는 거고, 병들어서 아플 수도 있고, 경제적인 어려움에 봉착할 수도 있습니다. 행복한 시간이 영원할 수는 없다는 말입니다.

예로부터 부처님은 "세상의 변하지 않는 진리는 세상의 모든 것이 변한다는 데에 있다."고 말씀하셨습니다. 이를 삼법인(三法印)이라고도 합니다.

제행무상(諸行無常)은 '모든 사물은 한순간도 변하지 않는 것이 없다.'는 뜻입니다. 물질적, 정신적 모든 현상은 생기고 소멸하는 변화를 가지고 움직입니다. 사람들은 순간의 현상을 보고 그것이 변하지 않고 존재한다는 잘못된 생각을 가지고 있습니다. 제법무아(諸法無我)는 그렇기 때문에 나 자신도 영원하지 않다는 겁니다. 세상의 모든 존재는 여러 가지 인연으로 생겨난 겁니다. 때문에 실제로는 자아의 실체도 홀로 존재하는 게 아닙니다. 그러나 사람들은 자신의 아집에 집착하여 자신이 영원히 존재하는 양 살고 있습니다. 열반적정인(涅槃寂靜印)은 윤회의 고통에서 벗어나는 부처님이 될 수 있는 이상의 경지를 말합니다. 제행무상, 제법무아를 알면 열반적정에 들 수 있다고 합니다. 이 세 가지 진리를 가슴에 담으면 인생의 새로움을 느끼게 될 것입니다. 즐거움에 빠져 있을 때는 고통의 한순간을 느끼지 못하듯이 고통 속에 있을 때는 즐거운 때를 느끼지 못합니다. 이렇듯 인간의 삶은 고통과 즐거움이 항상 반복된다는 것을 알아야 합니다. 지금 자신이 돈을 많이 가져 행복하다고 자만을 하여서는 안 되며 반대로 자신이 가난하다고 해서 절망해서도 안 됩니다.

　이와 같이 부처님의 가르침은 삶에서 고통과 맞닿을 때 어떻게 이길 수 있는지 그 방법을 가르쳐 주는 '진리의 보험'과도 같습니다. 여러분들은 절에 가서 부처님의 가르침을 바로 듣고 느껴서 '진리의 보험' 하나씩을 들어야겠습니다. 매일매일 소중한 시간이 되시기를 기원합니다.

42 스승의 다리를 부러뜨린 두 제자

옛날에 두 명의 제자를 둔 스승이 있었습니다.
스승은 나이가 들면서 다리에 병이 나 아프게 되어,
제자들에게 아픈 다리를 내밀면서
오른쪽과 왼쪽 다리 하나씩을 주무르라고 하였습니다.
두 제자에게 다리를 내맡긴 스승은 다리가 시원하자 잠이 들었습니다.
그러나 두 제자는 평소 사이가 좋지 않아
늘 서로 미워하고 다투고 질투하였습니다.
다리를 주무르는 동안에도 두 제자는 서로 노려보고 있었습니다.
마침내 오른쪽 다리를 안마하던 제자가
스승의 왼쪽 다리를 붙잡고 방망이로 내리쳤습니다.
그러자 왼쪽 다리를 안마하던 제자도

오른쪽 다리를 방망이로 내리쳤습니다.

결국 스승의 양쪽 다리가 다 부러지고 말았습니다.

부처님의 가르침인 중도(中道)를 실천하라

상가세나 스님이 지은 《백유경》은 한갓 우스개로 가득하지만, 이 속에는 전하고자 하는 분명한 삶의 메시지가 들어 있습니다. 우화적인 비유를 통해 인간의 어리석음을 깨우치게 하는 그 메시지는 하나의 경침과도 같습니다.

이번 이야기의 핵심은 바로 인간의 질투에 관한 것입니다. 인간의 질투는 인간이 가진 생각과 존재의 가치관인 지혜, 인내, 사랑, 관대, 존경, 이러한 모든 것을 잃게 만드는 원인이 됩니다.

이 우화 속에서도 마찬가지입니다. 스승은 평생 두 제자를 가르쳤지만 오히려 그 두 제자는 그들 사이의 질투로 인해 스승에 대한 존경심은 물론, 차마 인간으로서는 해서는 안 될 일을 저지르고 맙니다. 이는 스승이 제자를 잘못 가르친 것이 아니라 애초 가르치지 말아야 할 인성(人性)을 가진 제자들을 만났던 겁니다. 넓게 보면 스승의 안목이 부족한 탓이라 할 수 있는데, 애초부터 그들은 스승에 대한 존경심보다는 자신들이 최고가 되려는 나쁜 생각을 가지고 있었던 겁니다.

하지만 상가세나 스님이 우리에게 들려주는 경침은 좁은 의미에서 보면 인간의 질투와 욕심이라 할 수 있지만 넓게 보면 부처님의 법을 전하고 있다는 것을 불자들은 알아야 합니다. 스승의 두 다리는 다름아닌 부처님의 불법입니다. 그런데 두 제자는 부처의 법을 배우면서도 이에 대한 본질적인 깊이를 이해하지 못하고 오직 자신들의 어리석은 생각만으로 가득 차 있었습니다. 때문에 항상 자신들의 견해만 주장하다가 불법을 오도하고 말았던 것입니다.

좀 더 넓게 이야기하자면, 불교에서는 대승(大乘)과 소승(小乘)이 있습니다. 대승은 중생을 제도하여 부처의 경지에 이르게 하는 것을 이상으로 하는 불교를 말하는데 교리와 이상, 목적이 모두 크고 깊으며 그것을 받아들이는 중생의 능력도 큰 그릇이라 하여 이렇게 말합니다. 말하자면 소승을 비판하면서 일어난 유파로 한국, 중국, 일본의 불교가 이에 속합니다. 이에 반해 소승은 수행을 통한 개인의 해탈을 가르치는 교법으로 석가모니가 죽은 지 약 100년 뒤부터 시작하여 수백 년간 지속된 교법으로 성문승(聲聞乘)과 연각승(緣覺乘)이 있습니다. 상가세나 스님이 《백유경》을 쓴 당시에도 부처님 법을 두고 많은 제자들이 다툼을 한 적이 있었습니다.

결국 이 우화는 부처님 법을 두고 제자들이 싸움을 하다가 부처님 법의 본질을 잃어버리는 이야기라고 할 수 있습니다. 비유하자면 마치 대승(大乘)을 배우는 제자는 소승(小乘)을 그르다 배척하고,

소승을 배우는 사람은 또 대승을 그르다 하기 때문에 큰 성인의 가르침은 결국 그 두 길마저 모두 잃게 되는 이치와 같습니다.

우리는 항상 어떤 가르침 앞에서 망설이게 됩니다. 이 길이 옳을까? 혹은 저 길이 옳을까? 이럴 때 가장 필요한 사람이 바로 스승인데 훌륭한 스승을 만나는 일은 결코 쉽지 않습니다. 우리 속담에 '좋은 스승 밑에 훌륭한 제자가 난다.'는 말도 이 탓입니다. 또한 '뛰어난 사람의 뒤에는 훌륭한 스승이 있다.'는 말이 있습니다. 이것은 바로 자신을 부단하게 갈고 닦고 있으면 자연스럽게 훌륭한 스승도 만날 수 있다는 뜻이 아니겠습니까? 그러므로 우리들은 항상 각자의 길을 열심히 가면서 자신을 갈고 닦는 것이 무엇보다 중요합니다.

또 다른 각도에서 보면, 두 제자를 잘못 가르친 스승의 잘못도 있다는 생각을 해 봅니다. 스승이 중도의 가르침을 두 제자에게 가르쳤다면 아마도 이 두 제자는 서로 선의의 라이벌이 되었을 겁니다. 좋은 라이벌은 자신의 발전은 물론 모두를 발전시키는 계기를 만들 수 있습니다.

부처님의 10대 제자 중에 가장 뛰어난 제자는 가섭존자와 아난존자였습니다. 두 존자는 상이하게 다른 외모와 성격, 신통력으로 부처님의 사랑을 받은 제자들입니다.

가섭존자는 인간의 모든 집착·번뇌를 버리고 심신을 수련하는 두타행자로서 가장 선종적인 이상적 인간상에 근접한 분으로 부처님이 돌아가신 후 교단을 이끈 제자입니다. 아난존자는 부처님을

20년 동안 시봉하며 부처님이 말씀하신 가르침을 세상에 알리는 역할을 한 제자입니다. 그래서 다문제일이라고 부르고 있습니다. 오늘날의 법당에도 석가모니 부처님이 모셔진 곳에 가끔 할아버지 모습의 가섭존자와 젊은 스님 모습의 아난존자를 볼 수 있습니다.

좋은 라이벌은 이뿐만이 아닙니다. 중국 선종사(禪宗史)에 보면 혜능 선사가 선종을 펼칠 수 있었던 건 신수 대사가 교종을 뒷받침하며 좋은 라이벌로 존재했기 때문입니다. 우리나라의 원효 대사와 의상 대사도 그렇지 않습니까? 이분들이 중도의 법을 바로 펼쳤기 때문에 이렇게 훌륭한 부처님의 가르침이 오늘날까지 전해오게 된 것입니다.

《잡아함경》「이십억이경(二十億耳經)」을 보면 '거문고의 비유'가 있습니다.

부처님은 극단에 빠져 수행을 하는 소나라는 제자를 타이르면서 '수행은 거문고 줄처럼 하라.'고 가르쳐 주셨습니다.

"수행도 거문고 줄과 같아 너무 급하면 오히려 피곤해지고 반대로 너무 느슨하면 게을러진다. 그러므로 수행자는 두 가지의 이치를 잘 알아서 너무 급하지도 않고 느슨하지도 않게 수행해야 한다."

이후 소나는 부처님의 가르침대로 수행하여 깨달음을 얻어 아라한이 되었다고 합니다. 이 같은 부처님의 가르침을 두고 후세의 사람들은 '중도(中道)'라고 이름 붙였습니다. 중도란 양극단 어느 쪽에도 치우치지 않는 적절한 방법이란 뜻입니다.

사람이 이런 명백한 진리가 있음에도 불구하고 '자기가 최고라는 어리석은 집착에 빠지게 되는 원인'은 스스로의 의심과 의혹으로 인해 번뇌에 빠져 있기 때문입니다. 이는 '분별하고 집착하는 마음' 때문인데 사실 집착이라는 것은 소인배들이나 가지는 욕심에 지나지 않습니다. 이는 마치 저 어리석은 제자가 스승의 두 다리를 부러뜨리는 것과 다를 바가 없습니다.

여러분들도 항상 부처님의 마음, 부처님의 가르침, 부처님이 말씀하신 진리의 바다에서 지혜를 찾아야 합니다.

43. 뱀의 머리와 꼬리가 서로 다툰 이야기

어떤 뱀 한 마리가 있었습니다.

그 뱀의 머리와 꼬리는 늘 다투었습니다.

어느 날 뱀의 꼬리가 말하였습니다.

"내가 앞에서 가야 하겠다."

이 말을 듣고 머리가 화가 나 말하였습니다.

"내가 언제나 앞에서 먼저 갔는데 이제 와서 꼬리야 왜 앞에 갔겠다고 하느냐?"

이렇게 매일 머리와 꼬리는 싸웠습니다.

하루는 머리가 앞에서 먼저 움직이려 하자

꼬리는 나뭇가지를 휘감고 버텼습니다.

하는 수 없이 머리가 양보를 하였습니다.

그리하여 결국 머리가 양보하여 먼저 꼬리가 앞에서 가다가 곧 불구덩이에 떨어져 타 죽고 말았습니다.

 세상에는 일정한 삶의 법칙이 있다

불자 여러분, 안녕하세요? 요즘은 도심 속의 선원을 중심으로 108배와 참선이 웰빙 건강법으로 유행하고 있다고 합니다. 어떤 불자들은 내게 이 두 가지의 수행법에 대해 질문을 많이 합니다. 이를테면 "108배를 먼저하고 참선을 하는 것이 좋습니까?"라는 질문입니다.

생활의 리듬을 봤을 때는 먼저 108배를 하고 참선을 하는 게 좋습니다. 물론, 사람마다 차이가 있을 수 있겠습니다만, 절은 동선(動禪)이며, 참선은 좌선(坐禪)이라 할 수 있습니다. 동선을 먼저 하고 나서 마음을 고요하게 가라앉히고 좌선을 하는 것이 수행에 매우 좋습니다.

오늘은 '뱀의 머리와 꼬리가 다툰 이야기'를 하겠습니다.

우리가 사는 세상은 아무렇게 흘러가는 것처럼 보이지만, 어떤 자연의 법칙에 의해 순리적으로 흘러가고 있습니다. 봄이면 싹이 돋고, 여름이면 잎이 푸르고, 가을이면 잎이 지고, 겨울이면 다시 싹을 틔우기 위해 봄을 기다리는 것처럼, 자연은 하나의 법칙을 가지고 있으며 우리의 삶도 이러한 법칙에 의해 굴러가고 있습니다. 이를 역행하거나 거역하게 되면 어떤 불이익을 당할 수가 있다는 것을 뱀의 비유를 통해 가르쳐 주고 있습니다.

여기에서 뱀의 머리는 스승이며, 꼬리는 제자입니다. 눈이 없는 꼬리가 앞서 가겠다는 발상은 한마디로 제자가 스승을 이기겠다는 발상입니다. 하지만 억지임을 알고서도 양보한 머리 또한 '어리석다.'고 할 수 있습니다. 이 어리석음으로 인해 뱀은 결국 불구덩이에 빠져 타 죽고 맙니다.

이 이야기는 오늘을 사는 우리들에게 많은 교훈을 던져 줍니다. 세상은 순리에 맞지 않는 일임을 알면서도 고집을 피워 잘못된 길로 들어서게 되는 사람들이 많습니다. 한마디로 말해, 눈이 없어 위험한 곳을 볼 수도 없고 귀가 없어 위험한 소리도 듣지 못하는 꼬리가 먼저 앞을 가겠다는 것은 바로 죽음 속으로 들어가는 것과 진배없습니다. 이는 부처의 계율에 익숙지 못한 제자(뱀의 꼬리)들이 항상 계율을 범하다가 끝내는 저들끼리 지옥으로 들어가는 것과 같은 이치입니다. 연륜과 법륜은 그저 얻어지는 것이 아니라 오랜 수행 속에서 얻어지는 겁니다. 그런데 이를 모르는 외도들이 뱀의 꼬리처럼 불법을 무시하다가 최후를 맞는 것과 같다는 말입니다.

저는 얼마 전 월봉사 어린이 법회에서 히말라야 설산에 사는 새로 한 몸에 머리가 두 개인 공명조(公命鳥)에 관한 이야기를 한 적이 있습니다. 이 새는 경전 《월인석보》에도 나옵니다. 어느 날 이 새는 마을 잔치에 가서 서로 자기가 음식을 많이 먹겠다고 하다가 결국 그 자리에서 배가 터져 죽고 맙니다. 뱀의 머리와 꼬리에 대한 이야기와 거의 흡사합니다.

대개 뱀은 신성의 대상이나 악의 근원으로 많이 상징됩니다. 서양에서는 이브를 유혹하는 사악한 존재로 그리고 있지만 불교에서는 교훈적인 존재, 그리고 불멸의 존재로 신격화되기도 합니다. 불교에서 뱀을 신격화하는 이유 중의 하나는 뱀의 특성 때문인데, 주로 불교에서는 뱀이 허물을 벗는 것을 두고 '죽음으로부터 다시 태어나는 것'으로 인식하였기 때문입니다. 따라서 뱀의 신성(神性)은 불사(不死)의 존재라는 인식과 깊은 관련이 있습니다. 또한 여러 개의 알과 새끼를 낳는 뱀은 풍요와 다산(多産)의 상징으로 여깁니다.

뱀은 여러 지역의 무속 신화에도 등장하는데, 과거 우리나라에서는 집안 살림을 늘리거나 축나게 하는 상징적인 동물로 많이 등장하기도 하지만 인간을 해치거나 속이려는 사악한 존재로 나타나기도 합니다. 대표적인 예로 강원도 치악산에 있는 상원사의 연기 설화(緣起說話)에는 뱀이 사람을 해치려다 실패하고 만다는 내용이 실려 있고, 기독교의 구약성서에서는 에덴동산에서 하와를 속여 금단의 열매를 따먹도록 한 사악한 존재로 나오기도 합니다.

부처님께서 보리수 나무 아래에서 득도(得道)한 지 35일째 되던 날, 그것을 시기한 마구니가 엄청난 바람과 비를 쏟아 부었습니다. 이때 무찰린다(Muchalinda)라는 거대한 코브라가 부처님 옆에 똬리

를 틀고 앉아 7개의 널찍한 목을 펴서 7일 동안 폭우로부터 피하게 해 주고 명상에 잠겨 있는 부처님을 보호해 주었습니다.

캄보니아나 태국 같은 불교 국가를 가면 부처님이 좌선하고 계시는데 그 뒤에 7개의 머리를 가진 뱀이 형상화되어 있는 그림이나 동상이 많이 있는데, 부처님이 깨달음을 얻도록 도와준 고마운 존재가 뱀이기 때문입니다.

오늘날 우리 주위에는 실력을 갖추고 있지 않으면서 허세를 피우는 사람들이 많이 있습니다. 이런 사람이 바로 뱀의 꼬리에 해당하는 사람이 아닐까요?

이와 같이 상가세나 스님이 《백유경》에서 들려주는 뱀의 머리와 꼬리 이야기는 바로 자신에게 주어진 할 본분을 잊지 말라는 이야기입니다. 머리가 해야 할 일이 따로 있고 꼬리가 해야 할 일이 따로 있는 것처럼, 사람은 누구나 자신의 역할이 있습니다. 자신의 자리에서 자신의 일에 최선을 다하는 사람이야말로 진정한 부처님이 아닐까요?

재산을 둘로 나누는 형제

옛날 마라국에는 아주 큰 부자가 살고 있었는데
그는 병이 위독하여 두 아들에게 재산을 나눠주려고 했습니다.
"내가 죽은 뒤에 싸우지 말고 너희들은 내 재산을 골고루 잘 나누어 가져라."
"네 아버님, 그렇게 하겠습니다."
마침내 큰 부자가 죽었습니다.
작은 아들은 아버지의 분부에 따라 재산을 딱 둘로 쪼개어 나누려고 결심했습니다. 그래야만 아버지의 뜻에 따르는 일이라고 생각하였던 것입니다. 그러나 형은 늘 불평만을 늘어놓았습니다.
"우리가 이렇게 나누는 것이 공평하지 못하다."
두 형제가 싸우는 것을 본 어리석은 노인이 그들에게 말하였습니다.

"내가 너희들에게 재산을 공평하게 나누는 방법을 일러줄 테니 지금 있는 물건들을 부수어 두 몫으로 만들어라."

"어떻게 부수는 것이 좋겠습니까?"

"만일 옷이 있다면 반을 찢어 두 몫으로 나누고, 밥상과 그림, 병, 집, 돈이나 항아리 등도 둘로 부수어 두 몫으로 만들어라."

이리하여 그 형제는 모든 재산을 둘로 쪼개어 나누어 가졌습니다.

이것을 본 세상 사람들은 그 형제들을 비웃었습니다.

지옥으로 빠지게 하는 인간의 욕심

이번에는 욕심을 부리다가 아무것도 얻지 못한 형제에 대한 이야기를 해 드리겠습니다. 서로 양보하고 잘 타협하면 좋은 결말을 맺을 수 있는 데도 불구하고 욕심만을 앞세우다가 형제가 모두 나락으로 빠지는 이야기입니다. 물론 옷, 항아리, 그림 등을 찢어서 나눈다는 것은 어떤 상징적인 뜻으로 이해해야 합니다.

이 두 형제를 보면 어리석음이 지나쳐 나중에는 참 안타깝다는 생각마저 들게 합니다. 이 비유는 사물에 대한 분별력을 가져야 하고, 또한 지나친 욕심은 오히려 화를 부른다는 점을 강조하고 있습니다. 상가세나 스님은 어리석은 두 형제를 빗대어 인간의 사악한 욕심이 어떠한 결과를 일으키는지를 단적인 예를 들어 말씀하신 것입니다.

요즘에는 유산 안 물려주기 운동 단체까지 생겼다고 합니다. 얼마 전, 유산을 받아서 어느 대학교에 기증했는데 그 유산이 잘못 기증되었다 하고 소송을 걸어 다시 돌려받는 경우도 있었습니다. 오죽하면 부모들이 재산을 물려주지 않겠다고 하겠습니까? 요즘 시대에 형제간에 싸움이 일어나는 가장 큰 이유가 재산상속 때문이라고 합니다. 소송은 물론, 주먹다짐까지 일어나는 일이 예사라고 하니 정말 안타까운 일입니다. 욕심이 원인이겠지요.

어떤 자식들은 부모의 재산 때문에 일조차 하지 않으려고 듭니다. 어쩌면 자식에게 재산을 물려주지 않는 것도 한 방법인지도 모르겠습니다. 유산이란 것도 잘 받아서 잘 쓰면 좋지만 무위도식으로 부모의 재산을 탕진하다가 돌이킬 수 없는 나락으로 빠지는 경우도 많습니다.

심지어 복권에 당첨된 사람들의 끝도 항상 불행하다고 하니, 하여튼 돈이란 쓰기 나름인가 봅니다. 원래 힘들게 번 돈은 그 나름의 가치가 있는 법인데 힘들게 벌지 않은 돈은 쉽게 나갑니다.

이 《백유경》에 나오는 형제와는 전혀 상반된 이야기인데 《동국여지승람(東國輿地勝覽)》에 형제간의 우애를 그린 '형제투금(兄弟投金)'이라는 전설이 있습니다.

고려 공민왕 때 길을 가던 두 형제가 금덩이를 주워 둘이 나란히 나누어 가졌습니다. 형제는 공암진(지금의 서울 양천)에 도착하여 배를 탔습니다. 그런데 함께 배를 타고 가던 중 동생이 갑자기 금을 강에 던져 버렸습니다. 깜짝 놀란 형이 동생에게 그 이유를 물으니 "전에는 형님을 존경하고 사랑하였는데 금덩이를 주운 다음에는 욕심이 생겨 형님이 없었으면 내가 다 차지할 수 있었을 텐데 하는 생각이 들었습니다. 이 금덩이가 우리 형제 사이를 갈라놓았던 겁니다. 그래서 물에 던져버렸습니다." 하고 말했습니다. 이 말을 들은 형은 부끄러워 얼굴을 들지 못했습니다. 형도 동생과 같이 나쁜 마음이 일기 시작했던 것입니다. 형은 동생의 말과 행동이 옳다고 생각하여 자신이 가지고 있던 금도 강물에 던져 버렸습니다. 이후부터 두 형제는 우애 좋게 잘 살았다고 합니다.

이《백유경》의 형제와 동국여지승람에 나오는 형제를 비교하니 어떻습니까? 정말 상반되지 않습니까? 이 형제들을 생각해 보면 욕심을 부린 형제는 모든 것을 잃고, 욕심을 버리고 금을 강에 던진 형제는 더욱 돈독한 형제애를 얻었으니 말입니다. 이와 같이 재물도 어떻게 쓰는가에 따라 그 가치가 달라집니다.

요즘 젊은이들은 낭비벽이 심하다고 합니다. 우리 불자들은 아이들에게 무조건 돈을 주어서는 안 됩니다. 스스로 돈을 벌 수 있는 지혜를 가르쳐야 합니다. 어렵게 아르바이트를 해서 번 돈은 쓰기도 힘듭니다. 그래야만 돈의 가치와 일에 대한 보람을 느낄 수가 있기 때문입니다.

사람이 물질에 어두워지면 우선 분별력을 잃게 되어 옳고 그름에 대한 판단력이 흐려집니다. 잘못된 분별력은 자신만 망치는 게 아니라 가족의 미래도 망칠 수 있습니다. 사람이 올바른 직관력을 가지기 위해서는 스스로 노력하는 자세를 가져야만 합니다.

불교 경전에 보면 삼독(三毒)이라는 게 있습니다. 즉 탐(貪)은 욕망이며, 진(嗔)은 화냄, 치(痴)는 어리석음을 말합니다. 이 세 가지는 따로 노는 게 아닙니다. 욕망과 화냄, 어리석음은 서로 얽히고설키는데 사람이 물질을 탐하게 되면 그것을 지키기 위해 화를 내게 되고 급기야 사람을 해치게 되는 어리석음을 범하게 됩니다.

예전에 통도사의 경봉 큰스님은 "사람이 죽어서 가져가는 것은 수의 한 벌 뿐이다."라고 말씀하셨습니다. 사람의 목숨은 천년 만년 동안 유지되는 게 아니라 살아야 겨우 백년뿐입니다. 이런 짧은 세월을 살면서 인간들은 어찌 그리 욕심을 많이 가지고 있는지 모르겠습니다. 재산이 많다면 차라리 좋은 요양원이나 사회복지 단체에 기증하는 방법도 자신의 복을 짓는 일입니다.

오늘 《백유경》에서 이야기하는 주제는 지나친 욕심을 갖게 되면 오히려 화를 불러온다는 걸 강조하기 위함입니다. 이 우스개 같은 우화는 우리에게 많은 것을 던져 주고 있는 겁니다. 욕심이 지나친 나머지 옷을 찢어 나누고 심지어 항아리나 돈, 그림들을 두 개로 나누는 형제의 이야기를 빗대어, 상가세나 스님은 인간의 사악한 욕심이 어떠한 결과를 일으키는지를 단적인 예를 들어 말씀하셨습니다.

사실, 인간들은 지혜를 가지고 있지만 이러한 어리석음 때문에 제대로 사용하지 못하고 있습니다. 이는 마치 형제가 돈을 두 조각으로 나누는 것과 어찌 다를 수 있겠습니까?

《대반야바라밀다경》에서 욕심을 적게 내는 방법에 대해 제자가 물었을 때 부처님이 답변을 해 주는 내용이 있습니다.

"세존이시여, 어떤 것이 보살마하살이 욕심을 적게 내는 것입니까?"

"선현아, 보살마하살은 오히려 큰 깨달음도 구하지 않거늘, 하물며 세간의 이익과 명예 등의 일을 바라겠느냐. 이것이 보살마하살이 욕심을 적게 내는 것이다."

이와 같이 부처님은 욕심을 아주 내지 말라는 소리는 하지 않으십니다. 다만 그 욕심이 어디서부터 왔는지를 설명하시면서, 스스로 욕심이라는 병에 대해 치료하도록 도와주십니다. 원래 물질이란 자체는 있다가도 없고 또 없다가도 있는 겁니다. 그럼 물질보다 중요한 건 무엇일까요? 그것은 바로 우리들이 가진 아름다운 마음, 참된 마음, 진실한 마음, 지혜로운 마음입니다. 하지만 마음이란 것은 우리 눈에 보이지 않습니다. 이 마음들을 가르치는 게 바로 불교라는 종교입니다.

이와 같이 불교는 마음의 종교이며 깨달음의 종교이며 지혜의 종교입니다. 부처님께서 우리를 이 세상 위에 던져 놓고 "그래 한 번 살아 보아라. 살아가면서 좋은 업을 쌓으면 죽어 좋은 곳에 갈 것이고 나쁜 업을 지으면 나쁜 세상에 간다."고 하셨습니다.

《열반경》에서 부처님은 이렇게 말씀하십니다.

"욕심이 적은 사람은 남의 마음을 사기 위해 굽혀 아첨하지 않고 모든 감관에 이끌리지 않는다. 또 욕심을 없애려는 사람은 마음이 편안해서 아무 걱정이나 두려움이 없고 하는 일에 여유가 있어 부족함이 없다. 그래서 열반의 경지에 들게 되는 이것을 가리켜 욕심이 적음, 즉 소욕(少欲)이라 한다. 만약 모든 고뇌를 벗어나고자 한다면 만족할 줄 알아야 한다."

우리 불자들은 이와 같은 부처님의 말씀을 잘 듣고 생각하고, 지혜로써 더욱 자신을 길러야 합니다. 부처님 말씀을 배우고 실천하는 것도 우리의 마음이 번뇌를 끊고 평온한 상태에 이르고자 하는 겁니다. 불자들은 이런 지혜를 빨리 얻어 불교에 귀의하여 좋은 업을 짓고 또 좋은 곳에 태어나야 합니다.

그럼 우리의 욕심은 어디서 나올까요? 바로 우리가 가진 마음, 즉 탐진치 삼독에서 나옵니다. 하지만 부처님은 인간의 욕심을 없애기 위해서는 싹보다 뿌리까지 없애 버려야 한다고 했습니다. 욕심은 아무리 많이 가지려 해도 다함이 없습니다.

제가 아는 늦게 출가하시는 분들이 하는 말입니다.

"세속에 살다 보니까 세속의 삶이 참 부질없음을 느꼈다. 또한 힘들게 살다 보니 아무것도 아니더라. 아내도 아프고 자식들도 힘들어하고 나도 병이 들어보니 정말 부질없는 삶이라는 생각이 들었다. 부처님의 가르침을 듣고부터 나는 마음이 편안해졌다."

사실, 불교는 종교이기 이전에 삶의 깨침을 주는 매개체입니다. 절에서 살면서 그런 가르침을 듣고 공부하다 보니 '이것이 불교구나, 이것이 삶의 길이구나, 이것이 참된 삶의 길이구나.'를 진실로 느낍니다.

'소유지족'이란 말이 있습니다. '적은 것에 만족하라.'는 뜻입니다. 우리가 차 한 잔을 마시더라도 행복하다면 그것이 바로 '소유지족'입니다.

소금의 맛

옛날 매우 어리석은 사람이 있었습니다.

그의 마음속엔 늘 불평만 가득하였습니다.

그러던 어느 날 그는 남의 집에 가서 그 집 주인이 주는 음식을 먹고 싱거워 맛이 없다고 불평만을 늘어놓았습니다.

집 주인은 그 말을 듣고 음식에 소금을 조금 넣어 주었습니다.

음식은 금새 싱거운 맛이 사라지고

제대로 된 음식 맛이 혀끝에 맴돌았습니다.

어리석은 사람은 "음식이 맛있는 것은 아마 소금 때문일 것이다. 소금을 조금만 넣어도 이렇게 맛이 나는데 하물며 많이 넣게 된다면 얼마나 맛이 있겠는가?"라고 생각하였습니다.

그리하여 그는 무지하게 소금만 먹게 되었습니다.

그러던 어느 날 그의 혀끝의 입맛이 틀어져 마침내 병이 나고 말았습니다.

대승(大乘)적 깨달음을 얻어라

 불교는 마음의 종교요, 깨달음의 종교이며 지혜의 종교입니다. 저는 항상 법문할 때 불교에 대해 이런 말을 합니다. 불교와 타종교의 차이점은 깨달음에 있습니다. 다른 종교는 대개 '구원을 얻는다, 한 신에 대해서 복종한다.' 그런 의미이지만 불교는 바로 깨달음에 있습니다.

 그럼 불교에서 말하는 '깨달음'이란 건 무엇일까요? 나의 마음과 행동을 알아차린다는 겁니다. 이를 두고 관법(觀法)이라고 하는데, 깨달음을 얻기 위한 불교 수행 방법에는 사마타 관법과 위빠사나 관법이 있습니다.

 사마타는 일반적으로 '사념처 수행'이라고도 하는데, 삼학(三學)인 계정학을 열심히 수행하여 '마음을 고요하게 가라앉혀 흔들리지 않으며 항상 평정심을 잃지 않는 상태'를 말하며, 위빠사나는 사마타의 경지 위에서 '지관 명상을 통하여 분별심이나 아상이 완전히 사라지고 어떠한 미혹이나 흔들림도 완전히 사라져 모든 번뇌와 집착을 완전히 여읜 공(空)의 상태'로 가는 수행법을 말합니다. 즉, 사마타는 소승(小乘)적이나 위빠사나는 대승(大乘)적 관법입니다. 또한 사마타는 위빠사나에 드는 과정에서 거쳐 가는 한 과정이라 볼 수 있습니다. 이것이 바로 불교에서 말하는 깨달음의 관법입니다. 《백유경》은 사마타적 관법에서 천년 전 지어진 경전입니다. 물론 여기에서 대승적 깨달음을 찾는 것은 우리의 몫입니다.

소금의 맛에 나오는 어리석은 사람의 이야기는 바로 우리들의 모습입니다. 싱거운 음식에 소금을 넣으면 한결 맛있어진다는 건 당연한 이치입니다. 그러나 어리석은 사람은 단지 소금이 그 맛을 낸다는 것으로 알고 소금만을 먹어 입맛까지 틀어지는 어리석음을 범했던 겁니다. 이것은 하나만 알고 둘을 모르는 거와 같습니다.

불교에서 보면 인간은 '재산욕, 명예욕, 식욕, 성욕, 수면욕 등 오욕락(五欲樂)'을 가지고 있습니다. 이 오욕락 때문에 인간은 수많은 죄를 짓기도 합니다. 여기에 나오는 어리석은 사람은 오욕락 중에도 입맛의 식욕에 빠져 올바른 성찰을 하지 못했습니다. 하지만 이 이야기가 우리에게 전해 주고자 하는 교훈은 이뿐만이 아닙니다. 소금은 깨달음의 도(道)를 얻기 위한 과정을 말하는데, 도란 무작정 한다고 해서 되는 게 아닙니다.

제가 아는 한 보살이 있었습니다. 이 분은 신심이 매우 깊어 일주일에 한 번은 삼천 배를 하였습니다. 그런데 너무 심하게 절을 하다가 몸이 아파 드러누웠습니다. 무릎 관절이 나빠진 겁니다. 절도 적당하게 해야 합니다. 모든 것은 자신의 마음에 달려 있습니다. 무턱대고 삼천 배를 한 달에 4번씩이나 하니 연약한 여자의 몸으로 탈이 날 수밖에 없었던 겁니다. 수행도 자신의 몸을 다스리며 해야 합니다.

소금만 먹은 사람이 입맛이 틀어진 것은 마치 수행자가 보름 동안 음식을 굶고 수행에 정진하면 마치 커다란 도를 얻을 수 있다고 착각하는 것과 다를 바가 없습니다. 음식을 공양하는 것도 하나의 수행 과정입니다. 도를 구하는 것은 입맛이 틀어지거나 음식을 끊는 것과는 전혀 다르다는 사실을 알아야 합니다. 또한 자신의 관절이 나빠질 때까지 삼천 배를 너무 자주 하는 것도 수행과는 거리가 멉니다. 차라리 매일 108배씩 하는 것이 몸의 건강에도 좋고 수행에도 좋다는 말씀입니다.

이와 같이 세상은 어느 하나 한 가지만으로 빛나는 것은 없습니다. 서로 서로 화합해야만 조화가 이루어지고 마침내 그 가치가 빛을 발하게 됩니다. 현명한 사람은 바로 이러한 화합과 조화를 잘 이끌어 내는 사람입니다. 반 숟가락의 소금이 음식의 맛을 훌륭하게 내듯이 말입니다.

부처님은 제자 아나율(Aniruddha)에게 중도에 대해 가르친 적이 있습니다. 부처님 당시에는 제자들이 계셨습니다. 1대 제자는 지혜(智慧)제일 사리자(舍利子), 제2대 제자는 신통(神通)제일 목련 존자, 3대 제자는 두타(頭陀)제일 마하가섭(摩訶迦葉), 4대 제자는 천안(天眼)제일 아나율(阿那律), 5대 제자는 해공(解空)제일 수보리(須菩提), 6대 제자는 설법(說法)제일 부루나(富樓那), 7대 제자는 논의(論議)제일 가전연(迦旃延), 8대 제자는 지계(持戒)제일 우바리(優婆離), 9대 제자는 밀행(密行)제일 라훌라(羅候羅), 10대 제자는 다문(多聞)제일 아난(阿難)이었습니다.

부처님은 아나율이 너무나 열심히 공부하는 것을 보고 안타까운 나머지 가야금을 가지고 와서 줄을 팽팽하게 해서 쳐보라고 했습니다. 줄을 치자 갑자기 팽팽하던 줄이 끊어져 버렸습니다. 부처님은 가야금의 줄을 통해 바로 아나율에게 중도의 이치를 가르쳤던 겁니다.

이렇듯이 우리는 중도의 마음을 가지고 세상을 살아가야 합니다. 그래야만 소금이 맛있다고 엄청 많이 넣어서 고통스러워하는 그런 우를 범하지 않습니다. 이것이 바로 지혜로운 삶입니다. 우리가 절에 와서 부처님 전에 기도를 하는 것도 하나의 깨달음을 얻기 위한 수행입니다. 사람이 깨달음을 얻게 되면 그 다음에 지혜가 생깁니다. 《반야심경》에 보면 '어의반야바라밀다. 반야바라밀다. 반야를 의지해서 깨달음을 얻자.'라는 구절이 있습니다. 이것이 곧 《반야심경》의 모습입니다.

이와 같이 수행도 항상 마음과 몸을 다스리며 해야 큰 깨달음을 얻을 수 있다는 것을 우리 불자들은 명심해야 합니다.

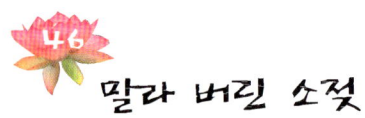

46 말라 버린 소젖

어떤 사람의 집에 손님이 찾아왔습니다. 주인은 손님에게 소의 젖을 모아 대접하려고 생각하였습니다. 그리고 그날은 손님에게 소젖을 짜서 대접하였습니다. 그런데 매일 오는 손님에게 소젖을 짜서 대접하는 것이 귀찮다는 생각이 들었습니다. 주인은 마침내 이렇게 생각했습니다.

"내가 매일 소젖을 짜서 두면 소젖은 점점 많아서 둘 장소도 없어질 것이고 또한 맛도 변질되어 먹지 못하게 될 것이다. 차라리 뱃속에 소젖을 모아두고 필요할 때 한꺼번에 짜는 것이 좋겠다."

그리고는 당장 어미 소와 송아지를 따로 떼어 두었습니다. 며칠이 지나자 송아지는 어미 소의 젖을 먹지 못하고 시름시름 앓다가 그만 죽어 버리고 말았습니다. 한 달이 지난 후 손님이 다시 찾아 왔습니다. 주인은 음식을 대접하고 소젖을 짜려고 하였으나 어찌 된 일인지 말라 나오지 않았습니다.

 손님은 주인에게 그동안의 이야기를 듣고서 그 어리석은 주인을 비웃었습니다.

모든 일에는 그에 맞는 때가 있다

 이 이야기는 우리에게 많은 교훈을 던져 줍니다. 《백유경》 속에는 대중을 위한 이야기, 왕을 위한 이야기, 출가자를 위한 이야기, 외도를 위한 이야기, 교법에 관한 이야기들이 있는데 이 내용은 게으른 대중의 어리석음을 깨우쳐 주는 이야기입니다.

 우리 몸은 자꾸 움직여 줘야 에너지가 생깁니다. 젖소도 매일 젖을 짜주어야만 많이 나옵니다. 그런데 주인은 젖을 짜는 것이 귀찮아서 한꺼번에 짜려고 하다가 새끼까지 잃어버리는 우(遇)를 범하고 맙니다.

 저는 어릴 적부터 절에 있었는데 육식은 구경도 하지 못했습니다. 그래서 육식을 대용해서 가끔 우유를 먹었습니다. 이것도 여의치 못하면 주로 가마솥에 누룽지를 삶아 먹습니다. 때로는 영양제로 구수한 누룽지에 전지분유 한 스푼을 넣고 설탕 한 스푼을 넣어 먹었습니다. 수행을 하시는 스님들은 육식을 하지 않기 때문에 기력을 회복하기 위해 주로 이렇게 분유를 타서 먹습니다.

이 이야기 속의 주인은 절약을 핑계 삼아 게으름을 행사하다가 소젖을 말라 버리게 하고 송아지마저 죽게 했습니다. 우리가 세상을 살아가면서 무조건 아낀다고 해서 능사가 아님을 알아야 합니다. 쓸 곳은 쓰고, 쓰지 말아야 할 곳은 철저히 아끼는 검약 생활의 지혜를 가져야 합니다.

제가 재미있는 비유를 하나 들겠습니다.

옛날 통도사에는 노스님들이 많이 계셨습니다. 그 분들 중에 인도의 간디처럼 생기신 한 노스님이 계셨는데, 그 스님을 두고 우리는 성자 간디라고 불렀습니다. 그 스님께서는 항상 젊은 스님들이 찾아가면 떡이나 사탕, 이런 것을 안 드시고 놔뒀다가 나눠 주곤 하셨습니다. 젊은 스님들은 배가 고프거나 입이 심심할 때면 자연히 그 노스님에게 가곤 하였습니다. 그래서 그런지 이 간디 스님의 방에는 늘 불자나 스님들이 많았습니다.

이와 달리 심술궂은 노스님이 계셨는데, 이 분은 젊은 스님들이 조금만 실수를 해도 고함을 치시곤 했습니다. 그러면 불자님들은 어떻게 하겠습니까? 좋은 스님 쪽에 가시겠습니까, 안 좋은 스님 쪽에 가시겠습니까?

당연히 좋은 스님 쪽에 가겠지요. 이렇듯이 우리는 항상 마음에 자비심을 가져야 합니다. 이를 두고 인지상정(人之常情)이라고 하는데 사람이면 누구나 가지는 보통의 마음을 말합니다.

오늘 《백유경》과 비슷한 이야기가 있습니다. 물론 우리가 어릴 적 많이 듣고 자란 이야기입니다.

옛날 금 계란을 매일 하나씩 낳는 닭이 있었습니다. 그런데 주인은 알을 기다리는 게 지겨워서 한꺼번에 금 계란을 꺼내기 위해 닭의 배를 갈랐습니다. 그 속에는 금 계란은커녕 위장과 내장만 있었습니다. 이것도 인간의 욕심을 비유한 이솝 우화입니다.

경상남도 언양에 가보면 석남사라는 비구니 사찰이 있는데 그 가지산에는 바위에서 쌀이 난다고 해서 이름 붙인 쌀 바위가 있었습니다. 옛날부터 그 바위에서는 쌀이 조금씩 나왔다고 합니다. 이 이야기를 들은 어떤 사람이 어느 날 쌀을 많이 얻기 위해 나무 꼬챙이로 바위 구멍을 막 쑤셔서 그 이후부터는 쌀이 나오지 않았다고 합니다.

양산 통도사에 가보면 백운암이라는 암자가 있습니다. 이 암자의 왼쪽에는 금샘이 있고, 오른쪽에는 은샘이 있습니다. 이 우물에서는 아주 맛있는 샘물이 졸졸졸 나오는데 어떤 어리석은 스님이 좀 많이 나오게 하려고 큰 구덩이를 팠더니 흙탕물이 되어 버렸다는 이야기가 있습니다. 이것도 인간의 욕심 때문에 일어난 일입니다.

그런데 이와 달리 돈이 많은 부자가 돈을 너무 안 쓰는 것도 탐심(貪心)입니다. 오직 자신만을 생각해서 지나치게 아끼기 때문인데 이것도 하나의 욕심임을 알아야 합니다. 돈은 쓸 때는 써야만 돈이 잘 벌립니다.

부처님께서도 재산을 어떻게 모으고 써야 하는지를 경전에서 지적한 바 있습니다. 돈이 많은 부자라고 해서 그것을 오직 자신의 통장에만 둔다면 이것은 진정한 재산이 될 수가 없다는 말입니다. 사람은 죽을 때 자식도, 재산도 가져갈 수 없습니다.

얼마 전 대전의 김밥 할머니의 이야기를 여러분은 들었을 겁니다. 그 분은 평생 절약하고 아끼면서 살았지만 남을 위해 전 재산을 아낌없이 기부하셨습니다. 요즘은 없으신 분들이 더 많이 기부를 한다고 합니다. 외국의 대표적인 기부가로서는 워렌 버핏, 빌게이츠를 들 수 있습니다.

워렌 버핏(Warren Edward Buffet)은 미국의 기업인이자 투자가로 뛰어난 투자 실력과 기부 활동으로 인해 '오마하의 현인'이라고도 불립니다. 빌게이츠는 마이크로 소프트사의 회장입니다. 어쩌면 그 분들은 기부를 많이 해서 돈을 많이 버는지도 모르겠습니다. 이와 같이 아무리 재산이 많다고 해도 시기와 때를 가려 제대로 쓰지를 못한다면 그 재산은 가치가 없는 것입니다.

부처님께서도 보시에 대해 "내게 재물이 많이 쌓인 뒤에 남을 돕겠다는 생각은 아니 하는 것보다도 못하다." 하셨습니다. 또한《금강경》에는 "삼천대천세계의 칠보로써 보시를 하는 것보다 사구게의 경 한 줄 만이라도 남에게 읽어 주는 것이 더욱 공덕이 크다."고 하였습니다. 이렇듯 보시란 마음의 정성이 매우 중요합니다.

남을 돕는 것도 다 시기와 때가 있는 법입니다. 재물이란 사람이 살아가는 데 필요한 하나의 방편입니다. 집과 아이들을 키우기 위한 최소한의 재산만 가지고 사는 것도 옳은 삶입니다. 돈은 많을수록 항상 문제가 생깁니다. 돈이 많다고 행복한 것도 아니며 돈이 없다고 해서 불행한 것도 아닙니다. 사람이 부자가 되는 것도 다 때가 있습니다. 마치 소젖을 짤 때도 그 시기가 있는 것처럼 말입니다.

이와 같이 남을 돕는 것도 다 적절한 시기가 있습니다. 우리가 좋은 일을 많이 하면 왠지 가슴이 뿌듯하고 행복해집니다. 그런데 나쁜 짓을 많이 했을 때는 가슴이 두근거립니다. 마음의 행복을 위해서도 남을 돕는 삶을 항상 살아야 하겠습니다.

47 배에 맞아 상처 난 이야기

옛날 머리에 털이 없는 사람이 있었습니다.

그때 다른 사람이 배(梨)를 가지고 와서 그의 머리를 세게 때렸습니다. 그의 머리는 이내 상처가 났습니다. 그런데도 머리에 털이 없는 사람은 아픔을 참으면서도 피할 줄을 몰랐습니다.

옆에서 그것을 보고 있던 사람이 말하였습니다.

"당신은 왜 피하지 않고 피가 나도록 맞고만 있습니까?"

머리에 털 없는 사람이 대답하였습니다.

"저 사람이 자신의 힘만을 믿고 교만하여 지혜가 없기 때문에 그것을 일러주기 위해서입니다. 왜냐하면 그는 내 머리에 털이 없는 것을 보고 한갓 돌이라 생각하고 배를 가지고 내 머리를 때렸기 때문입니다. 그 어리석음을 깨우쳐 주기 위해서입니다."

그러자 옆에 있는 사람이 다시 말하였습니다.

"내가 보기에는 맞고 있는 당신이 더욱 어리석은데 어찌하여 그를 두고 어리석다고 하십니까? 또한 머리를 맞아 상처가 나 피가 나고 있는데도 왜 이를 피할 줄을 모르십니까?"

 어리석음은 자기 자신이 만든다

일 년 중에 가장 생동감 있고 활기찬 달이 삼월인 것 같습니다. 산과 들에 봄꽃이 피기 때문이기도 하지만 겨울 방학을 끝낸 꼬맹이 아이들이 유치원에 오기 때문입니다. 제가 머물고 있는 월봉사에서 운영하는 룸비니라는 유치원이 있습니다. 이곳에 가면 꼬맹이들이 저의 손을 잡고 활짝 웃습니다. 이런 모습을 보면 아이들이 바로 부처가 아닐까 생각됩니다.

이 아이들에게 저는 가끔 경전을 들려주곤 합니다. 부모님들은 성장기에 있는 아이들을 불교 유치원에 보내 주셨으면 합니다. 아이들이 불교를 알게 되면 우선 자비와 존경심을 배우게 되고 삶의 지혜를 배우기 때문입니다.

불교 경전에는 재미있는 이야기들이 많이 있습니다. 그 중에서도 《백유경》은 아주 쉽고 재미있으며 교훈적인 내용들로 구성되어 있습니다. 물론, 이야기들이 현실과는 동떨어진 내용들도 있지만 이 속에는 고도의 불법(佛法)들이 숨겨져 있습니다.

오늘은 '배에 맞아 상처 난 머리'라는 이야기입니다.

우리 주변에 나이가 많지 않은데도 머리가 벌써 빠진 대머리가 많습니다. 사람이 머리가 빠지는 것은 유전적인 경향도 있지만 생활환경의 호르몬 때문이라고 합니다. 그래서 신경이 예민하거나 정신적인 일을 많이 하는 사람은 머리가 잘 빠진다고 합니다. 물론, 우리 스님들은 평생 머리를 깎고 살기 때문에 대머리가 되는 부담감은 없습니다만.

여기에서 상가세나 스님이 들려주고자 하는 교훈은 대중의 어리석음입니다.

일찍이 부처님은 사람이 세상을 살다가 비명횡사를 하거나 실패를 거듭하는 것에는 세 가지의 이유가 있다고 하셨습니다. 그 하나가 병이 있는데도 고치려 하지 않는 것, 또한 고치면서도 나쁜 일을 행하는 것, 마지막으로 자만과 교만심이 많아 참과 거짓을 스스로 구별하지 못하기 때문이라고 하셨습니다. 사람의 몸에 생긴 병만 병이 아닙니다. 마음의 병이 더욱 큽니다. 부처님이 말씀하신 병은 바로 어리석음 때문에 일어나는 것을 두고 한 말입니다.

머리에 털이 없는 것을 보고 돌이라고 생각하는 사람이나, 피가 나도록 계속 맞고 있는 사람이나 어리석기는 매한가지입니다. 이것이 바로 오늘날 우리 중생들의 모습입니다. 사람들은 계율에 대한 믿음이 없으며 삶의 지혜를 닦아야 하는데도 오직 자신의 생각만이 옳다고 하여 고집을 피우는 행태라고 할 수 있습니다. 이런 무지의 끝에는 오직 파멸만이 뒤따른다는 것을 우리 불자들은 명심해야 합니다.

몸속의 병은 병원에서 고칠 수 있지만 어리석은 마음의 병은 그 어떤 의학의 기술로도 고칠 수 없습니다. 다만 이를 온전히 고치기 위해서는 부처님의 밝은 지혜뿐입니다. 중생들은 유독 집착을 끊지 못하는데 이를 거울삼아 밝은 도(道)로써 자신을 고쳐야만 합니다.

무자년 겨울, 한 어리석은 사람의 행동으로 우리나라 국보 1호인 숭례문이 불타 사라지고 말았습니다. 육백년의 긴 세월을 버텼던 그 장중했던 건물은 불과 1시간 만에 다 타버렸습니다. 인간의 이기심이 불러낸 어이없는 사건이었습니다. 저는 그날, 그것을 바라보면서 두 가지 생각이 들었습니다.

하나는 '세상에 영원한 것은 없다.'라는 무상(無常)이었으며, 또 하나는 불교의 진리를 알았더라면 저 사람은 적어도 숭례문에 불을 지르지 않았을 거라는 생각이었습니다. 무엇이 저 사람을 그토록 무지의 세계로 치닫게 했을까요? 우리는 이와 같이 착각의 시대에 살고 있습니다. 불을 지른 사람이나 이《백유경》에 나오는 두 사람이나 다 똑같이 어리석은 사람임이 틀림없습니다.

세상에 저항하기 위해 숭례문에 불을 지른 사람이나 힘이 세다고 남의 머리를 때리는 사람, 그리고 맞고만 있는 사람이나 모두 어리석기는 매한가지라는 말입니다.

대개 모든 사람이 자신이 지혜롭다고 생각하지만 사실은 부처님의 손바닥 안입니다. 지혜를 가진 사람은 자신이 지혜롭고 명석하다고 스스로 말하지 않습니다. 지혜는 조용한 마음에서 뿜어 나오는 현명함입니다. 또한 지혜는 그냥 나오는 게 아니라 많은 수행을 거쳐 마음의 고요에서 흘러나옵니다. 그러므로 우리는 닦을 수(修), 행할 행(行), 수행을 부단하게 해야 합니다.

사람은 몸에 병이 나면 심해지기 전에 빨리 병원에 가야 합니다. 억지로 참는다고 해서 능사가 아닙니다. 마음의 병도 마찬가지입니다. 빨리 절에 찾아가 부처님을 만나 마음의 병을 고쳐야 합니다. 그러기 위해서는 어떻게 해야 할까요? 수행을 열심히 하여 마음의 병을 고치고 지혜를 얻어야 합니다.

불교에서는 지혜를 얻기 위한 '보시(布施), 지계(持戒), 인욕(忍辱), 정진(精進), 선정(禪定), 지혜(智慧)' 등 육바라밀(六波羅蜜)이 있습니다. 이는 우리 불자들이 반드시 지키고 실천해야 할 대승불교의 기초적인 수행 덕목입니다. 깊이 말하면 생사(生死)의 고해를 건너 이상향인 열반(涅槃)의 피안에 이르는 여섯 가지 덕목(德目)을 말합니다.

보시(布施)는 단나바라밀(檀那波羅蜜)이라고 하는데 재시(財施)·무외시(無畏施)·법시(法施) 등 널리 자비를 베푸는 행위를 말합니다. 지계(持戒)는 시라(尸羅)바라밀로서 재가(在家)·출가(出家)·소승·대승 등의 일체 계(戒)를 지키는 수행을 말합니다. 인욕(忍辱)은

잔제(孱提)바라밀로서 모든 욕망으로부터 자기 자신을 참아 내는 것을 말하며 정진(精進)은 비리야(毘梨耶)바라밀인데 자신의 몸을 게으르지 않게 수행에 힘쓰는 것을 말합니다. 선정(禪定)은 선나(禪那)바라밀로서 마음을 고요하게 하여 온전한 자신을 만드는 것을 말합니다. 이러한 다섯 가지를 행하면 마침내 가장 큰 덕목인 지혜(智慧), 즉 반야(般若)바라밀을 얻게 되어 모든 사악한 지혜와 나쁜 소견을 버리고 참 지혜를 얻게 됩니다.

그런데 이와 같은 불교의 육바라밀을 거꾸로 해도 참 깊이가 있습니다. 지혜란 고요함에서 나오고, 고요함이란 부지런히 닦는 데서 나오고, 부지런히 닦는다는 것은 잘 참는 데서 나오고, 잘 참는다는 것은 규칙을 지키는 데서 나오고, 규칙을 지킨다는 것은 보시할 수 있는 넓은 마음에서 오기 때문입니다.

지혜라는 건 지식과 다릅니다. 지식이라는 것은 한정된, 어찌 보면 학문적으로 배우는 것에 불과합니다. 우리가 박사라고 해서 다 박사가 아닙니다. 한 분야만 아는 것이 박사지, 모든 것을 다 안다고 해서 박사가 되는 것은 아닙니다. 하지만 지혜라는 것은 지식과 관계되는 게 전혀 아닙니다. 그럼 지혜란 무엇을 말할까요? 바로 깨달음입니다. 깨달음을 얻게 되면 만사가 형통됩니다. 이렇게 되면 사람의 마음은 그지없이 평온하게 되어 행복하게 살게 됩니다.

자, 여기서 또 쉬어가는 코너로 제가 재밌는 이야기 하나 하겠습니다. 옛날에 고려시대 때 고려장이라는 제도가 있었습니다. 그때는 먹을 것이 없어 일흔 살만 되면 노인들을 산에 버렸다고 합니다. 정말 눈물나는 풍습이었죠. 그런데 어느 마을에 한 효자가 있었습니다. 그는 차마 자식인 도리로 아버지를 산에 버릴 수가 없어 깊은 산 동굴에 모셔 놓고 마을 사람들 몰래 음식을 갖다드렸습니다. 물론 법령으로 인해 발각되면 고초를 당하는데도 불구하고 말입니다. 그는 산을 내려와서 마을 사람들에게 아버지가 죽었다고 거짓으로 통곡하였습니다. 그는 이후 1년 동안 지극정성으로 아버지를 모셨습니다.

어느 날, 중국에서 사신이 왔습니다. 그 사신은 고려의 왕을 조롱하기 위해 "고려에는 지혜 있는 사람이 없는 것 같다."고 말하였습니다. 이 소리를 들은 고려의 왕은 화를 내며 "왜 그렇게 생각하느냐?"고 물었습니다. 사신이 하는 말이 "제가 문제 세 가지를 낼 것이니 이를 풀면 지혜의 나라라고 인정하겠습니다."

그 세 개의 문제란 나무토막을 쥐어서 어느 곳이 위쪽이고 어느 곳이 아래쪽인가? 두 번째는 두 마리의 크기가 비슷한 망아지 중 어떤 것이 새끼고 어떤 것이 어미인가? 그리고 뱀 두 마리 중 어느 것이 암놈이고 어느 것이 수놈인가? 였습니다. 이 중 한 문제라도 틀리면 인정을 하지 않겠다는 것이었습니다. 나라에서는 공고를 내었지만 도저히 아는 사람이 없었습니다.

그런 어느 날, 공고를 본 아들이 산으로 올라가서 아버님한테 여쭈었습니다. 뜻밖에 자신의 아버지는 너무도 쉽게 답을 말했습니다.

"첫째, 나무토막을 물에 던져 물위에 뜨는 것은 위쪽이고 아래쪽에 가라앉는 것은 밑이다. 두 번째는 망아지에게 먹이를 주어서 먼저 먹는 놈이 새끼이고 나중에 먹는 놈이 어미이다. 또 세 번째는 뱀 두 마리를 모래사장에 올려놓아 보라. 뱀이 흔적 없이 모래 위를 스르륵 가는 것은 암놈이고 흔적을 남기는 놈이 수놈이다."

그래서 아들은 그길로 왕에게 달려가 답을 이야기하였습니다. 이 소리를 들은 왕이 큰 상을 내리면서 "누가 너에게 이 답을 가르쳐 주었는가" 하고 물었습니다. 그래서 아들은 모든 것을 왕에게 고백했다고 합니다. 왕은 효자의 말을 듣고 크게 깨달아 그길로 고려장을 없앴다고 합니다.

이와 같이 깨달음이란 멀리 있는 것이 아닙니다. 늘 우리의 주변에 널려 있습니다. 성불하십시오.

48 거짓으로 죽은 아내

　옛날 한 어리석은 사람이 있었습니다. 그의 곁에는 아름다운 아내가 있었는데 그는 아내를 매우 사랑하고 소중하게 여겼습니다. 이와는 달리 그의 아내는 진실하지 못하고 음탕하여 남편이 없을 때는 외간 남자와 몰래 정을 통하곤 했습니다.

　그러던 중 하루는 남편이 먼 길을 떠나자 아내는 남편을 버리고 외간 남자와 함께 도망갈 작정을 했습니다. 아내는 고민을 하다가 함께 살고 있는 노파를 찾아가 은밀하게 말하였습니다.

　"내가 떠난 뒤에 어떤 여자의 시체라도 좋으니 방에 두고 내 남편에게 말해 주십시오. 내가 사라진 후에 나는 병으로 죽었다고 말입니다."

　노파는 마을을 수소문하여 병으로 죽은 한 여자의 시체를 집으로 가지고 갔습니다. 그리고 남편이 집으로 돌아왔을 때 그에게 말했습니다.

"당신 아내가 당신이 없는 동안 병으로 죽었습니다."

남편은 시체를 보자 그것이 자기 아내의 몸이라고 믿고서 슬피 울면서 괴로워하였습니다. 남편은 심지어 기름을 부어 화장을 하고는 그 뼛가루를 자루에 담아 밤낮으로 안고 잤습니다. 그러던 어느 날 그의 아내는 함께 도망갔던 외간 남자가 싫어져서 다시 집으로 돌아와 남편에게 말하였습니다.

"내가 당신의 아내입니다."

그러나 죽었다는 아내가 돌아왔지만 뜻밖에도 남편은 조금도 놀라지 않았습니다. 그리고 이렇게 말하였습니다.

"내 아내는 벌써 죽었다. 너는 누구인데 나에게 내 아내라고 거짓말을 하는가?"

아내는 간곡하게 두 번 세 번 거듭 말했으나 남편은 끝까지 믿지 않았습니다.

 부부 사랑에도 도(道)가 있다

이번 이야기는 '어진 남편과 음탕한 아내에 대한 이야기'입니다. 세상에는 '진실과 거짓'이라는 명백한 사유가 존재하고 있으며 이 두 가지의 양극단이 항상 대립관계를 이루고 있습니다.

그래서 부처님은 설법을 하면서 이렇게 말씀하셨습니다.

"태양이 떠오르지 않는 동안에는 반딧불이 빛을 낸다. 그러나 해가 떠오르면 그 빛은 점점 사라져 반딧불은 더 이상 빛나지 않게 된다. 외도(外道)의 빛 또한 그와 같다. 올바르게 깨달은 이들이 세상에 태어나지 않는 한 외도들은 빛을 발하고 어리석은 자와 제자들도 깨끗하지 않게 될 것이다. 또한 사악한 생각을 하는 자들 또한 괴로움으로 벗어나지 못할 것이다."

세상은 항상 양극단을 이루고 있습니다. 선이 있으면 악이 있고, 빛이 있으면 어둠이 있고, 기쁨이 있으면 슬픔이 있기 마련입니다. 하나가 멸하면 다른 하나가 새롭게 생성하게 되는 것입니다. 부처님이 반딧불의 비유를 통해 외도들의 멸(滅)을 예견하고 어리석은 제자들을 꾸짖는 이 설법은 우리들에게 많은 가르침을 던져 줍니다.

이번 이야기의 핵심 주제도 바로 여기에 있습니다. 우리는 '진실'을 '진실'이라고 받아들이기 위해서는 충분한 그만의 가치가 있어야 합니다. 아내는 '거짓말'을 행했고 남편은 아내의 거짓말을 '진실'로 믿고 있었다는 데에 있습니다. 이런 어진 남편을 속이고 외도를 일삼는 아내의 행동은 벌을 받아 마땅합니다. 남편은 끝까지 아내의 사랑을 지켜 나가면서 거짓말을 한 아내에게 마지막까지 벌을 내리고 있습니다. 이와 같이 자기 욕심을 위해서 다른 사람을 속이면 과보가 따르게 되어 있습니다. 도가 넘치는 거짓은 반드시 그 죄를 달게 받게 되어 있습니다. 어쩌면 이러한 사실이 진실인지도 모르겠습니다.

상가세나 스님이 이 비유를 통해서 불자들에게 들려주는 이야기는 단순하지 않습니다. 부처님의 불법을 믿지 않는 외도들의 어리석음에 경종을 울리기 위함입니다. 원래 정신이 삿된 사람은 누가 아무리 진리를 깨우쳐 준다고 해도 그 진리를 제대로 받아들이기가 어렵습니다. 하지만 어진 남편은 자신이 가진 지혜를 통해 아내의 거짓을 뉘우치게 하고 있습니다. 물론, 바보스럽게도 그것을 그대로 받아들였지만 그 이면에는 아내에 대한 증오도 있었다는 겁니다. 하지만 그것을 지혜로써 아내의 잘못을 뉘우치게 한다는 점에서 이번 이야기는 우리에게 많은 교훈을 던져 주고 있습니다.

《잡아함경》에는 다음과 같은 부처님의 가르침이 있습니다.

'마음이 탐욕으로 물든 사람은 즐거움을 얻을 수가 없으며 어리석음으로 가려진 사람은 아는 것이 순수하지 못하다. 그러므로 탐욕을 버리면 마음이 자유로워지며 어리석음을 벗어나면 아는 것이 모두 자유롭다는 이치와 같다.'

사람은 탐욕을 버리면 자유로워지고 어리석음을 벗어나면 이치를 안다는 말입니다. 이 말을 하나로 요약하면 바로 깨달음입니다. 이 이야기의 중심 주제는 바로 자신의 거짓을 뉘우치고 참회하고 깨닫기입니다. 불교 경전에 보면 아내의 도리와 남편의 도리에 대한 법문이 실려 있습니다.

《육방예경(六方禮經)》은 초기불교에서 재가자가 지켜야 할 실천

규범을 설한 경전으로 아내가 남편을 섬기는 다섯 가지 법이 적혀 있습니다.

'첫째 남편이 외출했다가 돌아올 때에는 일어나서 맞이할 것이요, 둘째 남편이 외출하여 부재중일 때는 식사를 준비하고 청소를 하고 기다릴 것이며, 셋째 다른 남자에게 사심을 두지 말고 남편이 꾸짖더라도 얼굴빛이 변하여 같이 꾸짖지 말 것이며, 넷째 남편의 지시에 따라 살림을 잘 보살필 것이고, 다섯째 항상 남편이 휴식한 뒤에 쉬고 항상 아침에는 일찍 일어나야 된다.

가정에서 부인의 도리는, 첫째 가사를 잘 처리한다. 둘째 근속을 잘 대우한다. 셋째 스스로 도리를 지킨다. 넷째 모든 가정의 재산을 잘 관리하고, 다섯째 해야 할 일을 솜씨 있게 처리하고 근면해야 한다.'

또 불교의 입장에서 어진 아내의 도리를 들려준 경전 《옥야경(玉耶經)》에 보면 이렇게 적혀 있습니다. 《옥야경》은 옛날 욕심 많고 나쁜 짓만 하는 옥야라는 못된 아내가 있었는데 어느 날 부처님이 그녀에게 법문 하는 것을 정리한 경전입니다.

"옥야여, 단정함을 믿고 교만하여 공손치 못함은 큰 잘못이다. 얼굴이 예쁘다고 해서 교만하거나 거만하여 남의 미움을 사는 것은 단정함이 아니다. 온화하고 공손하며 마음씨가 고와 사람들의 사랑을 받는 자가 참으로 단정하고 어여쁜 사람이다. 옥야여, 여인이 부모와 남편을 섬기는 데에 오순삼악이 있다.

첫째, 밤늦게 자고 일찍 일어나서 머리 빗고 세수하고 의복을 정돈하여 단정히 하고, 무슨 일이든 어른에게 먼저 여쭈어 보고 좋은 음식이 있으면 어른께 먼저 드려라. 둘째, 남편이 나무라고 책망할지라도 성내거나 원망하지 마라. 셋째, 마음으로 남편을 지켜 사음하지 않아야 한다. 넷째, 항상 남편이 집을 나서면 배웅하고 집을 잘 정돈하라. 다섯째, 남편의 좋은 일만을 생각하고 나쁜 일은 생각하지 마라.

삼악이라는 것은, 첫째 부모와 남편을 예법답게 섬기지 않고 좋은 음식을 먼저 먹고 저녁에는 일찍 자고 아침에는 해가 뜬 뒤에 일어나며 남편이 나무라고 가르치면 눈을 부릅뜨고 남편에게 반항하는 것이며, 둘째 남편에게 두 마음을 품고 다른 남자를 생각하는 것이다. 세째 남편을 죽게 하여 다시 다른 남자에게 시집가는 것을 말한다.

"옥야여, 너는 오순을 즐기느냐, 삼악을 즐기느냐?"

옥야는 대답이 없었다.

"옥야여, 세상에는 일곱 가지 아내가 있느니라. 첫째, 어머니와 같은 아내를 말한다. 남편을 사랑하기를 부모와 같이 하여 주야로 보살펴 지성으로 공양해야 한다. 둘째, 누이와 같은 아내, 남편을 받들되 형제, 골육지친과 같이 해야 한다. 셋째, 좋은 친구와 같은 아내, 남편 대하기를 애정이 간곡하여 사이사이 항상 여쭈어서 착한 일을 돕고 나쁜 일을 제지하는 좋은 친구와 같아야 한다. 넷째, 부인다운 아내니, 남편을 섬기기를 예의를 다하여 겸손하고 명(命)

을 존중하며 일찍 일어나고 늦게 자며 입으로 부질없는 말이 없고 몸으로 게으른 태도가 없으며 부인의 도를 다해야 한다. 다섯번째, 종과 같은 아내니, 항상 남편을 두려워하며 거만하지 않고 각별히 공손하며 정양하고 순일하며 살림에 충실하며 좋은 음식과 의복을 가리지 않나니, 마치 노비가 상전을 섬기듯 해야 한다. 여섯 번째, 원수와 같은 아내니, 남편을 대하기를 원수를 대하듯 하며 화내는 마음을 품어 부부의 정이 없으며 떠돌이 나그네와 같은 입버릇이 잦고, 싸우기를 좋아하며 몸도 단정치 못하며 살림을 돌보지 않으며 음란한 짓을 하며 부끄러운 줄 모르고 집안을 욕되게 하니 이와 같이 원수와 같은 아내이다. 일곱 번째, 독부니, 다른 사내와 눈이 맞아 남편을 원수로 여기며 죽이기를 꾀하며 딴 사내와 짜고 독약을 가져다 남편의 목숨을 빼앗는 아내이다. 이 일곱 가지 중의 착한 아내는 여러 사람의 공경과 칭찬을 받고 천신이 보호하여 죽은 뒤에도 천상에 태어나서 쾌락을 누리려니와, 악부는 나쁜 소문이 퍼지며 현생에도 욕되고 죽은 뒤에 삼악도에 떨어져서 영겁의 고통을 받게 된다. 옥야여, 이 일곱 가지 아내 중에 너는 어떤 것이 되려느냐?"

옥야는 눈물을 흘리며 부처님께 사뢰었다.

"제가 어리석어 망동하였습니다. 이 뒤로는 마땅히 종 같은 아내가 되어 부모와 남편을 잘 받들어 섬기겠습니다."

이후 옥야는 부처님께 십계를 받아서 우바이(여신도)가 되었다고 합니다. 어쩌면 보살님들께서는 또 이런 말을 할 수 있습니다. 아니 왜 아내의 도는 말하고 남편의 도는 말 안 하였느냐? 부처님은 아내의 도뿐만 아니라 남편의 도(道)도 법문을 하셨습니다. 이밖에 자식의 도(道)와, 배움의 도, 제자의 도 역시 있습니다.

불자 여러분! 항상 마음과 행동을 조심하여 지혜로운 불자가 되시기를 기원입니다. 그래야만 우리 삶이 아름답게 유지될 것입니다.

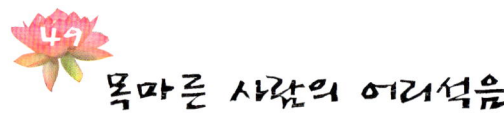
49 목마른 사람의 어리석음

옛날 아주 미련하고 어리석어 지혜가 없었던 사람이 있었습니다.

어느 날 그는 길을 걷다가 매우 목이 말라 물을 찾았습니다. 그러나 물은 보이지 않았습니다. 몹시 더워 갈증이 난 그는 강물 위에 피어 오른 아지랑이를 보고는 물이라고 생각하고 강으로 달려갔습니다. 그러나 막상 강에 이르러서는 그는 그저 강을 바라만 보고 있을 뿐 도무지 물을 마시려고 하지 않았습니다.

그러자 이 광경을 보고 옆사람이 말하였습니다.

"당신은 몹시 목이 말라서 물을 찾더니 지금 강에 와서는 왜 물을 마시지 않는가?"

그가 대답하였습니다.

"그대가 다 마시고 나면 내가 마시겠다. 물이 너무 많아 한꺼번에 다 마실 수 없기 때문이다."

사람들은 그 말을 듣고 모두 크게 비웃었습니다.

 깨달음을 얻으려면 오욕락(五慾樂)을 버려라

어느새 우리 곁엔 봄이 찾아왔습니다. 봄은 생명력을 창조하는 계절입니다. 제가 살고 있던 통도사 자장암으로 올라가는 계곡에는 이맘때면 개구리 알이 지천으로 깔려 있습니다. 저는 그런 모습을 볼 때마다 신비한 자연의 힘에 스스로 많이 놀랍니다. 자연의 놀라운 생명력은 감히 인간의 힘으로는 알 수 없을 정도로 위대합니다.

오늘의 이야기는 '목마른 자의 어리석음'입니다.

우리가 가진 육근(六根)은 항상 오욕락을 향하고 있습니다. 때로는 그에 만족하는 그 무엇인가를 얻었어도 더 많이 얻기 위해 인간은 탐심을 버리지 못하고 있습니다. 여기에서 상가세나 스님이 이야기하고자 하는 것은 인간이 가진 끝없는 욕심에 관한 비유입니다.

처음에는 갈증이 나 한 방울의 물을 그토록 원하다가 자신 앞에 있는 강물을 보고 그 물을 모두 가지고 싶어 하는 인간의 어리석은 마음을 꾸짖는 비유입니다. 사실, 이 이야기의 주제는 물이 아니라 도와 계율입니다.

목마른 사람이 물을 보고도 마시지 않는 것은 마치 부처님의 계율을 알면서도 부정하는 것과 같은 이치입니다. 곧 부정은 생사의 늪에서 인간이 끊임없이 헤매는 것과 다를 바가 없습니다. 왜냐하면 도란 구하려고 하면 멀리 달아나기 때문입니다. 우리의 행복도 구하려고 하면 달아나듯 말입니다. 이와 같이 깨달음의 도는 단박에 깨칠 수 있는 것이 아니라 마음의 수행을 거쳐야만 비로소 얻을 수 있습니다. 만약 이를 깨달을 수 있다면 우리는 마음의 행복을 구할 수 있습니다. 본디 사람의 마음은 욕심으로 가득 차 있습니다. 때문에 부처님은 하늘에서 보물의 비가 내려도 이에 만족하지 못하는 것이 인간의 욕심이라고 하셨습니다.

여기에서 물의 비유는 바로 도입니다. 어리석은 인간은 간절하게 도를 구하지만 막상 도가 자신 앞에 놓이자 이를 오히려 외면합니다. 그토록 간절한 것이 내 앞에 있지만 더 많은 것을 취하기 위해 행동하는 인간의 사악한 마음은 우리에게 많은 교훈을 던져 주고 있습니다.

상가세나 스님은 이 글을 짓고 난 뒤 '황금이 태산처럼 쌓였다 한들 욕심 많은 사람은 만족할 줄을 모르니 지혜로운 사람은 이를 바르게 알아야 하는 것이 사람의 도리입니다. 비록 하늘의 오욕락(五慾樂)을 얻었다고 하여도 그것에 즐거워하지 않고 욕심을 버리고 집착을 버린다면 그것이 참 즐거움이다.'라고 해석을 붙였던 것입니다.

갈증에 목이 탄 사람은 물을 마셔야 합니다. 그런데 앞에 물이 있는데도 물을 먹지 않는 사람의 마음은 도대체 무엇일까요? 다른 말로 표현하면 하나의 부정입니다.

사람이 출가하여 스님이 되고자 하는 것은 열심히 공부하여 깨달음의 도를 구하고 성불(成佛)을 이루기 위함입니다. 이를 위해서 절에서는 계정혜 삼학은 물론, 많은 경전을 공부하고 있습니다. 그런데 이 많은 것을 배우고 실천하지 않는다면 출가 본래의 의미는 퇴색될 수밖에 없습니다. 이는 마치 갈증이 난 사람이 많은 물을 앞에 두고서도 먹지 않는 것과 같습니다.

'옥불탁(玉不琢)이면 불성기(不成器), 인불학(人不學)이면 부지도(不知道)'라는 말이 있습니다. 즉, 옥은 다듬지 않으면 그릇을 만들 수 없고 사람은 배우지 않으면 도를 알지 못한다.'라는 말입니다. 물은 공부의 비유라고 생각할 수 있습니다. 공부가 눈앞에 있는데도 그것이 내 것이 아니라고 생각하고 배우지 않는다면 잘못된 생각이 아닐까요?

비가 아무리 많이 와도 양동이에 물을 받아놓지 않는다면 그 물을 쓸 수가 없습니다. 불교 공부도 그렇습니다. 불교 공부가 굉장히 어렵다고 하지만 스스로 한 발씩 앞으로 나아가지 못한다면 결코 불교 공부를 할 수 없습니다. 그러므로 불자들은 스스로 열심히 닦고 앞으로 나아가야 합니다.

부처님 법은 12인연법입니다. '이것이 있으므로 저것이 있고, 저것이 있으므로 이것이 있고, 이것이 멸함으로 저것이 멸하고, 저것이 일어남으로써 이것이 일어난다.'고 하셨습니다. 아인슈타인 박사는 "좀 더 불교를 빨리 알았더라면 물리학을 더 많이 발전시킬 수 있었을 것이다."라고 말하며 무릎을 탁 치면서 크게 한탄했다고 합니다. 그는 불교가 철저한 인연법에 의한 종교임을 깨달았는데 다시 말해서 물리학은 불교의 연기법과 인연법으로써 상대성이론은 '이 것이 있으므로 저것이 있다.'라는 것이었습니다. 그는 바로 그 모습이 불교의 모습이라는 것을 깨달았던 겁니다. 또한 어떤 물리학자들은 "과학이 발전하면 발전할수록 불교를 정리한 것밖에 안 된다."라고 했습니다.

부처님 경전에도 이런 말이 있습니다. '황금을 태산처럼 쌓아둔 욕심 많은 사람은 만족할 줄 모르고, 지혜로운 사람은 이를 바르게 알아야 한다. 비록 오욕락을 얻었다고 하더라도 그것을 즐거워하지 않고 욕심을 버리고 집착을 버린다면 그것이 참 즐거움이다.'라고 하셨습니다.

물에 대해 재밌는 이야기가 있습니다. 충북 괴산 사공리에서 있었던 전설입니다. 세조가 왕이 된지 얼마 안 되어 나라에는 심한 가뭄이 들었습니다. 그런데 어느 스님께서 목이 말라 우물을 찾았지만 가뭄 때문에 우물이 다 말라 있었습니다.

그때 한 여인이 물을 주겠다고 해서 스님은 다섯 시간이나 기다렸지만 오지 않았습니다. 그 순간 여인이 물동이에 물을 지고 왔습니다. 그래서 스님은 "어디서 오는 길입니까?" 하고 물었더니 여인은 "십 리 밖 우물에서 길어 왔습니다." 하고 대답했습니다.

그 순간 스님은 주위를 살피다가 바위가 있는 곳을 발견하고 마을 청년들에게 바위 밑을 파보라고 했습니다. 얼마 후 물이 펑펑 쏟아져 나왔는데 물을 본 마을 사람들은 매우 기뻐했습니다.

그때 스님은 "이 물이 나중에는 큰 재앙을 불러올 수가 있다."고 했습니다. 마을 사람들은 놀라 "무슨 재앙입니까?" 하고 물었습니다. 스님은 "이 물이 흘러넘치면 이 마을이 큰 재앙을 맞을 테니까 어서 피해야 한다."고 말하였습니다. 마을 사람들이 "그럴 바에야 물을 파지 마시지 왜 우물을 파서 걱정을 하게 합니까?"

스님은 "이 우물이 세 번 넘치게 되면 말세가 오니까 걱정하지 말라."고 했습니다. 이 우물은 이후 두 번 넘쳤다고 합니다. 첫 번째가 임진왜란 때, 두 번째가 6.25 전쟁 때였다고 합니다. 이제 한 번 남았습니다. 하지만 아직 그 물은 넘치지 않았습니다.

언제 그 물이 넘쳐 말세 시대가 올지 모르겠지만 그런 우물을 판 그분의 깊은 뜻이 있었을 겁니다. 우리나라에 보면 그런 전설들이 많습니다. 통도사에 있는 세존비각이라든지 밀양 표충사에 있는 땀 흘리는 비석, 무안면 홍제사 부근에 있는 사명대사 비석에서 나라에 어려운 일이 있으면 땀이 흐른다고 합니다. 실제로 저도 보았구요. 저도 절에서 불교 공부를 하면서 세상을 얼마 안살았지만 눈에 보이지 않는 기이한 일들이 참으로 많이 일어나는 것 같습니다. 말하자면 눈에 보이지 않는 불가사의한 일들이 끊임없이 이어지고 있는 것입니다. 이것이 부처의 힘이 아니고 무엇이겠습니까. 꼭 눈에 보이지 않는다고 해서 없는 것은 아니지 않나 싶습니다. 여러분들께서도 그걸 한번 잘 새겨 보는 그런 시간이 되었으면 좋겠습니다.

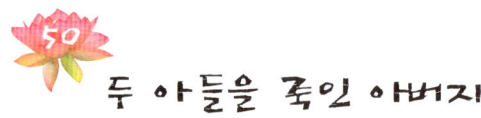

두 아들을 죽인 아버지

옛날 어떤 사람이 일곱 명의 아들을 길렀습니다. 그러던 어느 날 첫째 아들이 죽었는데 그는 장례도 치르지 않고 그대로 집에 내버려 둔 채 길을 떠나려고 하였습니다.

그것을 본 한 사람이 그에게 말하였습니다.

"사람이 살고 죽는 길이 모두 다른데 빨리 장례를 치러 먼 곳에 보내야 하는 것이 마땅하거늘 왜 집에 버려두고 육신을 썩게 하는가?"

어리석은 사람은 이 말을 듣고 가만히 생각하였습니다.

"만약 집에 그대로 두지 않고 꼭 장례를 치러야 한다면 마땅히 아들 하나를 또 죽여 두 머리를 메고 가는 것이 보다 멋있게 보일 것이다."

그리하여 그는 곧 다른 아들 하나를 더 죽여 그 머리를 오른손과 왼손에 들고 먼 숲에 가서 장례를 치렀습니다. 사람들은 그 어리석은 사람의 행동을 보고 일찍이 없었던 일이라 생각하고 매우 격분하였습니다. 참으로 괴상한 일이라고 생각되었던 것입니다.

참회를 다하지 못한 사람이 되지 말라

《백유경》에는 어리석음에 대한 갖가지의 이야기 98개가 있습니다. 그 이야기들 중에서 이번 이야기는 가장 어리석은 사람의 형태를 그리고 있습니다. 불교의 십악(十惡) 중에 가장 무거운 죄는 살아 있는 생명을 죽이는 살생(殺生)입니다. 불교에서는 사람이 다른 생명을 죽이고 살릴 권리인 '살생지병(殺生之柄)'이란 없으며 오직 자비정신으로 생물을 죽이지 못하게 금지할 '살생금단(殺生禁斷)'만이 있을 뿐입니다.

불교는 그 어떤 종교보다도 깊은 사고와 철학을 지니고 있습니다. 불교에서는 수행이 덜 되어 뉘우침이 없는 사람을 두고 '참회를 아직 다 못한 사람'이라고 합니다. 그럼 '참회'란 무엇을 뜻하는 것일까요? 사람이 아주 작은 일에도 참지 못해 화를 내거나 어리석은 행동을 하는 것은 자신에 대한 '참회'가 부족하기 때문입니다.

불교에서는 모든 사물을 평등과 존엄 속에도 차별하는 것을 '성문(性門)'이라 하며, 현재의 차별 속에서도 미래의 평등과 존엄을 보는 것을 두고 수문(修門)이라고 합니다. 비록 현재 내가 죄를 짓고 있으나 선지식을 만나 참회하면 부처가 될 수 있다는 걸 말합니다. 하지만 어리석은 사람은 결코 수문을 행할 수 없습니다.

단순히 남에게 멋지게 보이기 위해 죽은 아들의 장례식을 치르지 않고 오히려 또 하나의 아들을 죽여 그 머리를 이고 길을 떠나는 이 어리석은 남자의 모습은 가증하다 못해 기이하고 무서울 지경입니다. 하지만, 상가세나 스님이 이 우화를 빌려 말하고자 하는 핵심은 다른 데에 있다는 점을 알아야 합니다.

불가에서 '집을 떠난 사람'은 출가자를 의미합니다. 그러므로 출가를 한 사람은 몸과 행동, 마음 하나에도 이지러짐이 없어야 합니다. 그런데도 불구하고 이 우화 속의 남자는 아들의 장례식을 치르지도 않고 살생을 하여 마치 성자(聖者)가 된 것처럼 집을 떠났던 겁니다. 이는 마치 계율을 범하고도 참회를 하지 않는 것과 같습니다. 어리석은 사람이 장례를 치르기 위해 또 다른 아들을 죽인 것은 '진실로 참회할 바에는 다시 한 번 더 죄를 범한 뒤에 참회하리라.' 하는 것과 같습니다. 이는 '백 번의 도둑질을 하고도 단 한번만 뉘우치면 된다.'는 생각과 다를 바가 없습니다. 세상에는 이런 사람이 아직도 우리 주변에는 많이 있습니다.

얼마 전, 뉴스에서 계모가 아들을 죽여 가지고 멀리 가서 불태웠다는 이야기도 들었습니다. 참으로 무서운 세상에 우리는 살고 있습니다. 그녀가 불교의 자비 사상이나 보시 사상을 깨달았다면 이런 무서운 결과를 초래하였을까 하는 안타까운 생각마저 듭니다.

제가 재미있는 일화 하나를 소개하겠습니다. 지금 총무원의 포교원장이신 혜총 스님께서 실제로 겪었던 일입니다. 어느 날 혜총 스님이 산에 가서 꽃이 너무 예뻐서 따왔더니 은사이신 자운 율사께서 이런 말씀을 하셨다고 합니다. 자운(慈雲) 율사는 율장연구와 한국 불교 계율 중흥에 헌신한 큰스님입니다.

"그래 이놈아, 꽃이 예쁘냐?"

"네, 스님."

"그래 그 꽃이 너를 사랑하더냐?"

그 순간 혜총 스님은 크게 뉘우쳤다고 합니다. 꽃이 너를 사랑하지도 않는데 어찌하여 너는 그 꽃을 꺾는가? 라는 뜻이었습니다.

요즘 베스트셀러로 '꽃으로도 때리지 말라'는 책이 있습니다. 실로 가슴에 와 닿는 말입니다. 그 누구도 남을 해칠 권리는 없습니다. 그런데 자신이 괴롭다고 해서 아무런 상관도 없는 죄 없는 목숨들을 해치는 일이 비일비재하게 일어납니다. 이것을 불교적으로 해석하면 전생에 많은 업보(業報)를 지녔기 때문입니다.

저희 은사였던 월하 큰스님께서는 '자살도 타살'이라고 말씀하신 적이 있습니다. 세상이 괴롭고 힘들다고 해서 자살을 하는 것은 또 하나의 과보를 만드는 것과 같습니다. 우리나라가 OECD 가운데 자살률이 1위라고 하니 정말 놀라지 않을 수 없습니다.

사람이 자살을 하면 저승에도 갈 수 없고, 구천에서 귀신이 됩니

다. 죽으려는 그 용기로 이 세상을 살아간다면 그 어떤 고난도 능히 이겨 나갈 수가 있을 겁니다. 저도 교통사고가 크게 나 죽을 고비를 넘긴 적이 있습니다. 하지만 부처님께 간절한 기도를 한 덕분인지 이렇게 온전하게 살고 있습니다. 세상을 살아오면서 큰 고비를 느낀 사람은 세상을 새롭게 바라보는 눈이 생기는데 바로 '자비심과 관용심'입니다. 남을 이롭게 하고 남을 관대하게 용서하는 마음입니다. 그렇게 되면 자연스럽게 마음의 평화가 찾아온다는 것을 우리 불자들은 명심하시기 바랍니다.

《출요경》에는 '제 몸보다 남의 몸을 사랑하고 제 목숨을 남의 목숨에 견주는 이는 남을 해치지 않는다.'고 하였습니다. 또 《잡아함경》에는 전쟁에서 생물을 죽이지 않아 큰 자비를 얻은 이야기도 있습니다.

아주 먼 옛날에 제석천이 이끄는 천자들과 아수라왕이 이끄는 아수라 무리들 사이에서 전쟁이 일어났습니다. 강한 아수라 군대가 밀고 들어오자 제석천의 군대는 겁에 질려 마차를 되돌려 달아나다가 숲 근처를 지나게 되었는데, 그때 숲에는 금시조 새끼들이 있었습니다. 이때 제석천은 도망치는 와중에도 새끼들을 발견하고서 마부에게 말했습니다.

"어린 새들을 죽이면 안 된다. 마차를 돌려라."

"아수라 군이 뒤쫓아 오고 있습니다. 마차를 돌리면 우리가 죽음을 면하지 못할 것입니다."

"차라리 돌아가 아수라 군대에게 죽음을 당할지언정 저 중생들을 밟아 죽일 수는 없다."

마부는 하는 수 없이 마차를 되돌렸습니다. 이때 아수라들은 제석천 군대가 마차를 돌리는 것을 보고는 엄청난 전술이 숨어 있으리라 생각하고 지레 겁을 먹고 뿔뿔이 흩어져 달아나고 말았습니다.

부처님은 이 일을 두고 이렇게 말씀하셨다고 합니다.

"삼십삼천의 최고 왕인 제석천은 남을 사랑하는 자비심을 지녔던 까닭에 그 위력으로 아수라 군대를 물리칠 수 있었다. 바른 믿음을 지니고 수행하는 너희들도 언제나 남을 사랑하는 마음을 닦고 또 남을 사랑하는 마음의 공덕을 찬탄하여야 한다."

여러분도 이와 같이 자비를 베풀면 언젠가는 큰 복을 받을 수 있습니다.

51 재물 때문에 형이라고 부른 남자

옛날, 얼굴도 잘생기고 지혜로우며 재물도 많은 사람이 있었습니다.
세상 사람들은 그를 우러러 보았습니다.
그때 한 어리석은 사람이 실제 자신의 형이 아닌데도 불구하고
그를 두고 자신의 형님이라고 소문을 내었습니다.
그 까닭은 자신이 재물이 필요할 때 얻어 쓰기 위함이었습니다.
그 사람은 더 이상 자신이 재물을 얻어 쓸 필요가 없을 정도로 부자가 되자 이렇게 말하였습니다.

"그는 내 형이 아니다."

옆에 있던 사람이 이 소리를 듣고 그에게 말하였습니다.

"너는 어리석은 사람이다. 재물이 필요할 때는 그를 형으로 삼더니 재물이 필요 없게 되자 형이 아니라고 말하다니."

그는 대답하였습니다.

"나는 그의 재물을 얻기 위해 그를 형이라고 불렀지만 이제는 재물이 필요 없고, 또한 그 사람이 실제로 형이 아니기 때문에 부르지 않았다."

사람들은 이 말을 듣고 모두 그를 비웃었습니다.

이기심을 버리고 인욕(忍辱)을 생활화하라

사찰 곳곳마다 마치 물감을 풀어놓은 것처럼 산수유 꽃이 노랗게 물들어 한 폭 풍경화처럼 아름답습니다. 이럴 때는 가족들의 손을 잡고 마음껏 산길을 걷는 것도 건강과 화목에 좋을 것 같습니다.

오늘은 '재물 때문에 억지로 남을 형이라 부른 한 남자'의 이야기를 하겠습니다. 자신이 필요할 때는 갖은 아부를 하고 필요가 없을 때는 일언지하에 돌아서는 냉정한 시대에 우리는 살고 있습니다. 여러분들도 사회생활을 하다가 가끔 이런 경우를 경험했을 겁니다.

이러한 현대인의 사고 중심에는 '이기심과 개인주의'가 팽팽하기 때문입니다. 이기심이 존재하는 한 이 사회는 영원한 마음의 안락(安樂)을 구할 수가 없습니다.

지금 우리는 물질 만능 시대에 살고 있습니다. 하지만 불자 여러분, 과연 인간에게 있어 재물이란 도대체 무엇일까요? 사람이 재물이라는 그 자체에 너무 탐심(貪心)을 내게 되면 그에 대한 피해는 불을 보듯 자명합니다. 오늘날 물질 우선주의가 낳은 하나의 병폐입니다.

옛날 고대에는 과학과 철학, 그리고 기술이 철저히 구분되어 있었습니다. 말하자면 과학자가 머리가 되고 기술이 인간의 생활을 다양화시켰습니다. 또한 철학은 인간의 마음을 다스렸으며 이를 계기로 인간은 풍요로운 삶을 영유하게 되었던 겁니다. 하지만 상대적으로 인간의 마음을 움직인 철학은 점점 쇠퇴되어 결국 이 사회는 물질 문명으로 치닫게 되었습니다. 심지어 인간의 생명을 돈으로 매기는 불가사의한 사회가 되고 말았는데, 그 결과로 나타난 게 바로 인간 소외(人間疎外)입니다. 이로 인해 삶의 주체인 인격은 균형을 상실하게 되어 갖은 범죄가 일어나게 되고, 인간성은 말할 필요가 없을 정도로 피폐해졌습니다. 상가세나 스님의 세상의 미래를 보는 안목이 실로 놀라울 정도입니다.

옛날 우리나라는 양반, 상놈, 노비로 이루어진 철저한 계급사회였습니다. 물론 계급사회를 옹호하고자 하는 건 아닙니다. 그땐 아들이 부모에게 효를 다하고, 아내가 남편을 위하고, 신하가 임금을 받드는 사회였습니다. 말하자면 서로 존경하고 믿고 따르는 사회였습니다. 그때는 적어도 물질이 앞선 사회는 아니었다는 말입니다.

요즘에는 돈 앞에 고개를 숙이지 않으면 안 되는 시대를 살고 있습니다. 돈 앞에는 자식과 부모가 없고 남편과 부인이 없습니다. 요즘에는 '돈이 깡패'라는 말이 돌 지경입니다. 이천육백 년 전 부처님께서도 경제 논리를 펴시면서 물질에 대해 경계를 말씀하신 적이 있습니다. 옛날 말에 재물을 많이 탐하다가 죽으면 구렁이가 되어 아까워서 먹지도 못할 재물을 칭칭 감고 산다는 얘기가 있습니다. 얼마나 어리석은 짓입니까? 우리는 지금도 실제로는 좋은 사람이 아닌데도 재산이 많다는 이유 때문에 앞에서 굽실거리는 사람들을 많이 봅니다. 비단, 우리 중생들 뿐만이 아니라 정치인들은 더욱 그렇습니다.

오늘 《백유경》의 비유는 바로 이러한 것을 지적한 내용입니다. 재산이 많을 때는 굽실거리다가 더 이상 그것이 필요 없을 때 떠나 버리는 한 어리석은 인간의 모습은 오늘 우리의 본모습이 아닐까요? 그럼, 우리 삶에서 가장 아름다운 보물은 무엇일까요?

제가 군에 가서 겪은 일입니다. 저는 강원도에서 군 생활을 했는데 법당이 없는 것을 보고 나중 제대를 하여 법당을 세우기로 원(願)을 세웠습니다. 이후 꼭 일 년에 두 번은 지극 정성으로 군 법당에 가서 법문을 하기도 했는데 어느 날 갑자기 저에게 많은 보시가 들어 왔습니다. 이 때문에 저는 꿈에 그리던 법당을 세우게 되어 군 포교를 하게 되었습니다. 그때 군 법당을 짓는 데 보시를 했던 한 분이 꿈을 꾸었다고 하셨습니다. 그분의 꿈에 어떤 할아버지가 나타나 법당을 짓는 데 보시한 분들의 이름을 쭉 불렀으나 하필이면 자신의 이름을 쏙 빼더라는 것이었습니다. 가만히 생각을 해 보니까 보시를 하기로 했는데 그 약속을 까맣게 잊고 있었던 겁니다. 그 길로 그분은 제게 달려와 보시금을 전해 주셨습니다. 나는 이런 이야기를 들을 때마다 이 세상은 정말 보이지 않는 어떤 부처님의 힘이 존재하고 있다는 것을 뼈저리게 느꼈습니다.

이 세상은 '눈에 보이는 삶과, 보이지 않는 삶'이 있습니다. 이런 보이지 않는 삶 속에는 무엇인가 말할 수 없는 신비함이 존재하고 있습니다. 그것들은 때론 사랑과 정으로 나타나기도 하고, 어떤 때는 부처님의 가피로 나타나기도 합니다. 우리는 이를 볼 때 유형의 모습보다는 '사랑과 가피'라는 무형의 모습이 더욱 위대하다는 점을 느끼지 않을 수 없습니다. 이를 두고 《금강경》에서는 '인연 따라 이루어진 것이 아니라 생멸(生滅)의 변화를 떠난 무위(無爲)의 모습'이라고 합니다만 우리 삶 속에는 이러한 것이 더 크게 작용을 하고 있다는 점을 우리 불자들은 명심해야 하며 '무위의 깨달음'을 얻기 위해서는 지속적으로 마음공부를 해야만 합니다. 이것은 곧 나의 본성(本性)을 되찾게 되는 수행이기 때문에 치열하게 해야 합니다.

수행에 대한 구정(九鼎)조사의 일화를 소개하겠습니다. 태백산맥이 있는 오대산에는 중대(사자암), 동대(관음암), 서대(염불암), 남대(지장암), 북대(미륵암)라는 다섯 개의 암자가 있습니다. 이 이야기는 동대 관음암에 있었던 구정조사의 이야기입니다.

어느 여름, 한 젊은이가 길을 찾아 헤매다가 한 스님이 암자에서 어정쩡한 자세로 앉아 있는 것을 보고 물었습니다.

"스님, 지금 무엇을 하고 계시기에 그리 몸을 불편하게 하고 앉아 계십니까?."

그랬더니 그 스님은 이렇게 말씀하셨습니다.

"벼룩과 이에게 공양을 시키는 중일세."

벼룩과 이가 스님의 살을 뜯어먹고 있었던 겁니다. 이 모습을 본 젊은이는 그 순간 그 스님의 제자가 되기로 결심하였습니다. 하지만 스님은 젊은이에게 수행법은 가르치지 않고 계속 엉뚱한 일만 며칠 시켰습니다.

"밥을 해먹는 솥이 잘못 걸려 있는데 솥을 바로 걸어 보아라."

젊은이가 보기에는 솥이 못에 제대로 걸려 있었지만 큰스님의 지엄한 분부라 어쩔 수 없이 못을 다시 빼고 쳐서 솥을 바르게 걸었습니다. 그런데 이를 본 스님은 버럭 화를 내고는 "다시 솥을 걸어라."고 했습니다. 이러기를 무려 아홉 번이나 했다고 합니다. 그때 젊은이가 바로 구정조사이며 그 스님은 무념 스님이었습니다

도를 깨치러 온 구정조사에게 무념 스님은 얼마나 참을성이 있는지를 시험해 보았던 겁니다. 하지만 솥을 걸라는 스승의 명을 받고 밤새도록 아홉 번이나 솥을 고쳐 걸고도 마음에 추호의 불평이 없었다는 구정조사는 이후 큰스님이 될 수 있었다고 합니다. 그래서 무념 스님이 지어 주신 법명이 바로 아홉 개 구(九), 솥 정(鼎)자가 되어 구정조사가 되었던 겁니다. 이 이야기는 우리에게 사람의 인욕(忍辱)에 대한 가르침을 던져 줍니다.

오늘 이야기의 주제는 인간의 탐심에 대한 것이지만 끝맺음이 인욕으로 가게 되었습니다. 하지만 탐심과 인욕은 밀접한 관계가 있습니다. 항상 탐심을 절제하고 참아야만 마음의 행복을 얻을 수 있다는 걸 우리 불자들은 명심해야 합니다.

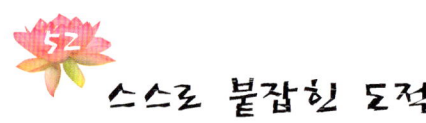
스스로 붙잡힌 도적

옛날 한 도적이 있었습니다.

그는 나라의 보배 창고에서 물건을 훔쳐서 멀리 도망갔습니다.

그러자 왕은 전국으로 병사를 파견하여 그를 잡아왔습니다.

도적은 금빛이 화려한 훔친 옷을 입고 있었습니다.

왕은 그 모습을 보자 도적에게 옷의 출처를 캐물었습니다.

그러자 도적이 말했습니다.

"이 옷은 우리 조부 때의 물건입니다."

왕은 도적이 입고 있는 옷을 발가벗기고 다시 입어보라고 하였습니다.

그러나 도적은 본래부터 입고 있었던 옷이 아니기에

어떻게 입을 줄을 몰랐습니다.

화려한 장식이 달린 옷은 처음 입어 보는 사람에겐 방법이 꽤 어려웠습니다.

도적은 손에 껴야 할 것을 다리에 끼고 허리에 달 것을 머리에 썼습니다.

왕은 그것을 보고 대신들을 모아 도적을 신문하기 위해 그에게 말하였습니다.

"만일 네가 그 옷을 조부 때부터 있었던 옷이라면 입을 줄 알아야 할 것이다. 왜 위아래를 뒤바꿔 입었는가? 옷 입는 방법을 제대로 모르는 것을 보면 너는 확실히 그 옷을 도둑질한 것이 틀림없다."

 ## 불법(佛法)을 제대로 믿고 따라라

참으로 어리석은 도적이라 아니할 수 없습니다. 그냥 훔친 것이 아니라고 하면 될 텐데 엉뚱한 말을 하여 오히려 들통 난 도적의 이야기는 우리들에게 시사하는 바가 큽니다. 물론 이 이야기의 핵심 주제는 전혀 도둑과는 상관없는 이야기입니다.

세상에는 완전범죄란 없으며 '꼬리가 길면 잡힌다.'는 말이 있습니다. 이는 나쁜 짓을 한 사람은 아무리 숨겨도 마침내 드러난다는 우리네 속담입니다. 불교에서 보면 인과법과도 매우 깊은 연관이 있습니다.

도둑의 사전적 의미는 '남의 물건을 훔치거나 빼앗는 따위의 나쁜 짓이나 또는 그런 짓을 하는 사람'을 말합니다. 하지만 넓게 보면 도둑이란 꼭 남의 물건을 빼앗아 가거나 훔쳐가는 것만이 아니라 사람의 마음을 훔치는 것도 도둑입니다. 예를 들면 수행이 깊은 스님의 도심(道心)을 훔쳐가 자기 것으로 만드는 사람이 있다면 이는 아름다운 도둑이라 할 수 있습니다.

여기에서 왕은 부처님이며 도적이 훔쳐간 것은 부처님의 법이라고 할 수 있습니다. 또한 도적들은 부처님의 법을 믿지 않는 외도(外道)들입니다. 그들은 부처님의 법을 훔쳐갔지만 그것을 제대로 사용하지 못하고 또한 법의 모양조차 알지를 못합니다. 이것은 마치 화려한 옷이 있으나 이것을 제대로 입지 못하는 것과 같습니다.

이와 같이 깨달음의 지혜가 없는 외도들은 아무리 부처님이 법을 펼쳐도 이를 받아들이는 지혜가 없기 때문에 아무런 소용이 없다는 말입니다. 이것이 오늘 우리가 배우고자 하는 《백유경》의 요지입니다.

그러면 어떻게 해야 우리 불자들은 부처님의 올바른 법을 받아들여 자신의 것으로 소화할 수 있을까요? 도란 말로 되지도 않으며 또 누가 수행을 대신해 준다고 해도 이룰 수 없습니다. 오직 자신만이 깨칠 수 있으며 또한 성불(成佛)의 길로 갈 수 있습니다. 그러기 위해서는 오직 자신이 치열한 수행을 해야만 합니다.

선가(禪家)에 대한 이야기를 하나 할까 합니다. 선가에서 도둑 이야기라면 빼놓을 수 없는 분이 계시는데, 그분은 경허 선사의 제자인 혜월 스님입니다. 경허 선사는 오늘날 '근대 한국 불교'에 간화선의 불씨를 지핀 큰스님으로 그에겐 내로라하는 제자가 세 명이 있었습니다.

수월과 혜월, 그리고 만공 스님입니다. 그래서 이 세 분을 '경허의 세 달(月)'로 부르기도 합니다. 이 중에서 수월 스님은 멀리 북간도에서, 혜월은 남녘땅에서, 만공은 중간 지점인 수덕사를 중심으로 법을 펼쳤습니다.

혜월 스님은 11세의 어린 나이로 동진 출가하여 평생 동자승처럼 살다 가신 천진불(天眞佛)로 알려져 있습니다. 특히 큰스님은 '귀신도 천진불 혜월을 속이지 못한다.'는 말이 있을 정도로 남의 말을 그대로 믿어 버리는 무심도인(無心道人)이셨습니다.

혜월 스님은 평생 글을 배우지 않아 일자무식이었지만 철저히 자기 수행을 몸소 실천하신 분이셨습니다. 때문에 '용성 스님이 있는 곳에 불경 편찬이 있고, 만공 스님이 있는 곳엔 중창 불사가 있고, 혜월 스님이 있는 곳엔 사전(寺田) 개간이 있다.' 할 정도로 평생 일을 손에서 놓은 적이 없었던 분입니다. 그분께서 실천하신 것은 바로 '일일부작, 일일불식(一日不作, 一日不食)'이었습니다. 말하자면 '하루 일하지 않으면 먹지도 말라.'는 뜻입니다. 그래서 혜월 스님은 많은 사찰을 개간할 수가 있었던 겁니다.

하루는 혜월 스님이 수덕사 정혜사에 있을 무렵인데 도둑이 들었습니다. 양식을 훔쳐내 지게에 지고 가려던 도둑은 가마니가 무거워 홀로 지게를 지려 하였으나 힘에 부쳐 쩔쩔맸습니다. 이때 누군가 밤도둑의 지게 짐을 들어올려 슬며시 밀어주었는데 놀란 도둑이 돌아보니 혜월 선사였던 것입니다. 그는 놀란 도둑에게 소리를 내지 말라고 입가에 손을 대고는 "쉬잇, 아무 소리도 하지 말고 조용히 내려가게. 양식이 떨어지면 또 찾아오시게나." 했다고 합니다. 혜월 스님은 얼마나 도둑이 배가 고프면 이렇게 깊은 산중에 들어와 부처님의 양식을 훔쳐 가겠는가? 하고 생각했던 것입니다.

성불을 이룬 공양주에 대한 재미있는 이야기를 하나 더 들려주겠습니다. 부산 연산동에 가면 마하사(摩訶寺)라는 절이 있습니다. 이 사찰은 신라 때 세운 것으로 십육나한(十六羅漢)이 안치되어 있는데 이 나한과 동지 팥죽에 관한 전설이 있습니다.

때는 지금으로부터 500여 년 전 선조 초엽 때였습니다. 어느 날 이 절 공양주가 동짓날이 되어 새벽 일찍이 동지 팥죽을 쑤려고 부엌에 나가 화로에 묻어둔 불덩이를 찾았으나 불이라곤 없었습니다. 그래서 안타까운 나머지 먼저 팥을 씻어 솥에다 안쳐 놓고 불씨를 얻으려고 아랫마을 산을 지키는 사람의 집으로 갔더니 그 사람 말이 조금 전 한 행자가 불을 얻으러 왔기에 팥죽을 주었더니 먹고 불씨까지 얻어 갔다고 했습니다. 공양주는 이상하다는 생각이 들었는데, 절에는 행자도 없을 뿐더러 불씨를 얻으러 누구를 보낸 일이 없었으므로 이상하게 여겨 절 부엌으로 돌아와 보니 화로에 불덩이가 벌겋게 들어 있었던 것입니다. 이것을 본 공양주는 참으로 이상한 일이라 여기고 그 불로 동지 팥죽을 쑤었습니다. 그런 다음 죽을 퍼서 나한(羅漢)전에 올리려고 갔더니 십육나한 중 오른쪽에서 셋째 나한 입술에 팥죽이 묻어 있었던 겁니다. 그 순간 공양주는 자신의 게으름 탓에 불씨를 잃어버린 것이 안타까워 그 순간 나한님에게 자신의 게으름에 대해 용서를 빌고 그때부터 열심히 기도하여 성불을 하였다는 이야기입니다.

지금은 없어졌지만 몇 십 년 전까지만 해도 그 나한님의 입술에는 동지 팥죽이 묻어 있었다고 합니다. 재미있는 전설이지요. 여러분들도 열심히 수행하여 부디 이 공양주처럼 성불하시기를 기원합니다.

53 아들의 자랑

옛날 어떤 사람이 여러 사람 앞에서 자기 아버지의 덕(德)을 자랑하였습니다.

"우리 아버지는 항상 인자하여 남을 해치지 않으며 말이 진실하고 또 보시를 많이 행한다."

그때 이 말을 듣고 있던 한 어리석은 사람이 말하였습니다.

"우리 아버지의 덕행은 네 아버지보다 나은데 무엇을 그리 자랑하는가."

둘 사이의 말을 가만히 듣고 있던 많은 사람들이 말하였습니다.

"아버지가 어떤 덕행이 있었던가를 말해 보라."

어리석은 사람이 말하였습니다.

"우리 아버지는 어릴 때부터 음욕(淫慾)을 끊어 조금도 더러움이 없다."

많은 사람들이 동시에 말하였습니다.

"만일 음욕을 끊었다면 어떻게 너를 낳았겠는가."

그제야 어리석은 사람은 입을 닫고 말았습니다.

그리하여 그는 많은 사람들로부터 비웃음을 사게 되었습니다.

 ## 정견(正見)을 가져라

　요즘 시대는 자기 PR시대라고 합니다. 그런데 다른 사람들보다 잘 난 게 없다는 것이 저의 자랑입니다. 굳이 자랑을 하자면 다른 스님들보다 키가 좀 크다는 것입니다. 저는 고등학교 때까지 키가 매우 작았는데 이상하게 고등학교 때부터 커서, 군대를 갔다 오니까 키가 훌쩍 커버렸습니다. 한번은 어릴 적 친구들을 만났더니 하는 말이 "네가 스님이 되어서 키가 컸다."는 말을 하였습니다. 그래서 내가 하는 말이 "절에서 도를 닦고 살다 보면 자연스럽게 키가 큰다."라고 하면서 크게 웃었던 추억이 있습니다.

　제가 우스개로 키가 크는 방법을 하나 가르쳐 드릴까요? 대개 키는 유전적 요인이 대부분이지만 저 같은 경우는 키가 작아 어릴 적부터 키를 키우기 위해 많은 노력을 했습니다. 물론 키 크는 약도 먹었지만 그보다는 운동을 많이 했습니다. 특히 아침에는 젖은 수건으로 심장에서부터 먼 쪽으로 온몸을 쭉쭉 밀면서 건포마찰을 많이 했습니다. 그랬더니 키가 자라는 것 같은 느낌이 들었습니다. 제가 어릴 적부터 얼마나 작았으면 이런 운동을 줄기차게 했겠습니까?

요즘 청소년들은 우리가 자랄 때보다 훨씬 키가 많이 자라는 것 같습니다. 아마 잘 먹기 때문일 겁니다. 하지만 상대적으로 키만 컸지 운동을 안 해서인지 약골이 많다고 합니다. 운동을 많이 해야 하는데 시험지옥으로 인해 그마저도 할 시간이 없다고 하니 그저 안타까울 따름입니다.

오늘 《백유경》 주제 이야기는 '아들의 아버지 자랑'입니다. 남에게 자랑할 것이 있다는 것은 매우 좋은 일입니다. 그러나 요즘 세상에는 워낙 뛰어난 인재들이 많기 때문에 오히려 자랑하다가 팔불출 소리를 들을지도 모릅니다. 그보다는 남을 칭찬하는 습관을 많이 들여야 할 것 같습니다.

'칭찬은 고래도 춤추게 한다.'는 말이 있지 않습니까? 무턱대고 내 아이가 공부를 못하거나 혹은 잘못한 일이 있다고 해서 나무라는 건 좋지 않습니다. 오히려 잘못한 점은 지적해 주고 잘한 점이 있으면 크게 칭찬을 해 주는 게 좋습니다. 그래야 내 아이가 세상을 바라보는 눈을 기를 수가 있습니다.

오늘 이야기의 주제는 음욕(淫慾)이지만 우리에게 들려주는 이야기의 핵심은 정견(正見)입니다. 이 세상은 깨끗함, 혼탁함, 더러움이 함께 더불어 공존하는 사회입니다. 이런 세상에서 자기 자신을 지켜 나가려면 불교에서 말하는 정견(正見)이 필요합니다. 즉 올바른 견해를 가져야 한다는 겁니다. 남이 자신의 아버지에 대해 '항상 인자하고 남을 해치지 않으며 말이 진실하고 또 보시를 많이 행한다.'고 자랑하는 것을 보고 시샘한 나머지, 엉뚱한 것으로 자신의 아버지를 자랑하여 무지를 스스로 드러 낸다는 이야기입니다.

덕은 그냥 얻어지는 게 아닙니다. 실제로 많은 선(善)을 행하면서도 사람이 덕을 얻지 못하는 건 그것을 빙자 삼아 자신을 내세우기 때문입니다. 사실, 올바른 보시는 남이 알게 모르게 해야만 공덕도 쌓이고 복도 짓게 됩니다.

이와 같이 남이 자랑하는 걸 그냥 보지 못하고 오히려 헛된 이야기를 해서 도리어 사람들에게 욕을 먹는 것도 이와 다를 바가 없습니다.

옛날 경허와 만공 스님의 일화는 '보시'란 어떤 것임을 가르쳐 줍니다. 경허와 만공 스님이 탁발을 나왔을 때였습니다. 길을 가다 마을에서 아이들이 방금 잡은 개구리를 팔고 있었습니다. 개구리가 곧 죽을 목숨인 것을 본 만공 스님은 탁발을 한 시줏돈으로 개구리들을 사서 개울가에 방생을 하였던 겁니다. 그리고 만공 스님은 경허 스님에게 가서 이 사실을 알렸습니다.

"스님, 스님, 제가 좋은 일을 하였지요."

경허 스님은 그 순간 화를 내었습니다.

"네가 개구리들을 방생한 것은 좋은 보시이나 남에게 알리는 순간, 너의 공덕은 사라지고 없느니라."

그제야 만공 스님은 깊이 깨달았습니다.

이렇듯이 공덕과 보시, 그리고 덕행은 자랑하는 것이 아니며 자랑할 것도 없다는 것을 알아야 합니다. 불교에서 '깨달음에는 원래 나무가 없다.'는 말이 있습니다. 큰 나무가 되기 위해서는 가지치기를 잘해야 합니다. 쓸데없이 영양분을 흡수하는 가지들을 쳐버려야 나무가 더욱 잘 자라기 때문입니다.

이와 같이 사람도 내 몸의 나쁜 것들을 가지 치듯 잘라 버려야만 큰 사람이 될 수가 있습니다. 원래 깨달음에는 많은 생각이 필요 없습니다. 오히려 깊은 생각에서 우러나오는 밝은 이치를 깨달았을 때 비로소 큰 사람이 될 수 있습니다. 그러므로 사람은 몸에 명예와 재물, 탐욕의 가지들을 많이 달고 사는 것은 오히려 화가 될 수 있다는 것을 명심해야 합니다.

여기서의 음욕은 나쁜 음욕이 아닙니다. 부모가 자식을 낳는 것이 음욕 때문이란 말은 틀린 말입니다. 이것은 사랑입니다. 사람이 결혼을 하면 아이를 가져야 하는데 요즘 우리 사회는 아이들이 많이 줄고 있으니 큰일입니다.

사람의 인자함은 올바른 수행 생활을 거친 덕행에서 우러나옵니다. 불교에서 말하는 인자함은 수행에서 나온다고 합니다. 마음을 닦고 행동하다 보면 몸에서 맑고 향기로운 냄새가 납니다. 이것이 바로 수행자의 인자함입니다.

또 덕은 겸양에서 생긴다고 합니다. 덕이라는 것은 함부로 생기는 게 아닙니다. 덕은 남에게 많이 베풀고 남에게 많이 주고 남을 많이 도와야만 쌓입니다. 이렇듯 우리 불자님들도 덕을 많이 쌓기 위해서는 보시를 많이 해야 합니다.

끝으로 양무제가 스스로 천하제일임을 달마 대사에게 자랑하다가 자신의 칼을 부러뜨린 이야기를 하겠습니다. 어느 날 양무제는 달마를 찾아왔습니다. 이때 양무제의 시종관인 지공(誌公)이 그런 눈치를 알고 먼저 입을 열었습니다.

"저의 양무제께서는 수많은 불사(佛事)을 하고 또한 수많은 학승(學僧)들을 길러 내어 그동안 쌓아 오신 공덕은 태산에 못지않을 것입니다."

지공은 침이 마르게 자신의 주인인 양무제를 수없이 자랑했습니다. 그러나 달마는 양무제로부터 새로운 말을 듣고 싶었습니다. 하지만 어리석은 지공은 달마의 마음을 헤아리지 못하고 계속 양무제의 공덕만을 이야기했습니다. 이때 달마가 지공의 말을 끊었습니다.

"절을 증축하고 학승을 기르고 불서(佛書)를 편찬한 일은 무공덕(無功德)이 올시다."

이때 지공과 양무제의 안색이 시퍼렇게 질렸습니다. 공덕이 지대하다는 말을 기대하고 있었던 양무제는 무공덕이라는 말이 떨어지자마자 화를 내며 칼을 들고 달마에게 물었습니다. 이것은 단칼에 달마의 의기를 짓누르고자 한 질문이었던 것입니다.

하지만 달마의 뜻밖의 대답을 들은 양무제는 칼날을 높게 쳐들었습니다. 이때 달마는 거대한 방패를 들어 단 한번에 양무제의 칼을 부러뜨렸습니다.

달마가 양무제에게 기대했던 것은 보시(布施)의 자랑이 아니라 오히려 침묵하는 것임을 가르쳐 주었던 겁니다.

우리 불자님들 중에는 절에 시주를 하고 남들에게 자랑하시는 분들이 있습니다. 이런 것은 좋은 일을 하고도 좋지 못한 인상을 주기 쉬우며, 공덕을 쌓는 데도 별다른 도움이 되지 못한다는 것을 알아야 합니다.

오늘은 공덕과 보시에 대해 이야기하였습니다.